现代人力资源管理与战略规划研究

王承坤　尚惠华　檀迎娟　著

中国商业出版社

图书在版编目（CIP）数据

现代人力资源管理与战略规划研究 / 王承坤，尚惠华，檀迎娟著．-- 北京：中国商业出版社，2023.12
ISBN 978-7-5208-2756-0

Ⅰ．①现… Ⅱ．①王… ②尚… ③檀… Ⅲ．①人力资源管理—研究②城市规划—研究 Ⅳ．① F243 ② TU984

中国国家版本馆 CIP 数据核字 (2023) 第 235022 号

责任编辑：葛　伟

中国商业出版社出版发行
（www.zgsycb.com　100053　北京广安门内报国寺 1 号）
总编室：010-63180647　编辑室：010-83128926
发行部：010-83120835/8286
新华书店经销
天津和萱印刷有限公司印刷
*
710 毫米 ×1000 毫米　16 开　17.25 印张　270 千字
2023 年 12 月第 1 版　2023 年 12 月第 1 次印刷
定价：65.00 元
****

（如有印装质量问题可更换）

本书编委会

王承坤　聊城市社会保险事业中心

尚惠华　江苏邦宇薄膜技术有限公司

檀迎娟　河北省地质矿产勘查开发局第九地质大队

逄淑娟　威海市交通工程建设事务服务中心

蒋冰洁　四川大学华西医院

王连庆　威海火炬高技术产业开发区行政审批服务局

前　言

随着经济社会的变革和环境的变化，人力资源管理逐渐展现出自身的特点。在当今时代，人才是企业发展的核心竞争力，人力资源管理成为企业成功的关键所在。人力资源不仅构成了社会竞争的基础条件，也是创造财富和价值不可或缺的要素，更是推动经济发展的重要力量。在这样的背景下，人力资源管理与战略规划扮演着至关重要的角色，它是将企业的经营战略和总体目标转化为切实的人力需求的过程。人力资源管理与战略规划为各项具体的人力资源管理工作提供了起点和依据，为未来一段时间内人力资源工作的展开指明了方向和路径。

鉴于此，笔者撰写了《现代人力资源管理与战略规划研究》一书。本书首先从人力资源、人力资源管理、人力资源管理的发展演进、人力资源管理的理论依据等不同方面切入，探讨人力资源管理的基本知识，并对人力资源环境、人力资源需求与供给预测以及工作分析与工作设计进行分析；其次，详细论述了人力资源招聘与培训开发、人力资源绩效管理与考核、薪酬管理与福利管理、职业生涯规划与管理、员工激励与团队管理；最后围绕人力资源的特色服务探析、人力资源战略与规划的制订、人力资源战略与规划的实践发展进行研究。

本书具有以下特点。

第一，理论观点新颖。本书对现代人力资源管理与战略规划进行了全面而独到的分析，结合实践经验和前沿研究，提出了创新的观点，为读者带来全新的思维方式。

第二，内容翔实和丰富。本书的内容涵盖了现代人力资源管理与战略规划的各个方面，包括招聘与选择、培训与发展、绩效管理、组织设计与变革、员工关系等。书中包含了丰富的案例与经典理论，使读者能够全面了解相关概念和实践，并能够应对各种挑战和问题。

第三，理论性和实践性相互结合。本书既有扎实的理论基础，又紧密结合实际，强调理论与实践的结合。每个理论和概念都会引入实际案例和应用示例，使读者能够更好地理解理论的实践意义，并能够将其应用于实际工作中。此外，书中还提供了实用的工具、技巧和建议，为读者提供指导和支持。

本书在写作过程中，得到了许多专家、学者的帮助和指导，在此表示诚挚的谢意。由于笔者水平有限，加之时间仓促，书中所涉及的内容难免有疏漏之处，希望各位读者多提宝贵的意见，以便笔者进一步修改，使之更加完善。

目 录

第一章　人力资源管理的基本知识

随着经济全球化的进一步发展和全球竞争的加剧，有效的人力资源管理已经成为组织发展和成功的关键所在。因此，加强对人力资源管理的理论和实践研究非常重要。本章围绕人力资源、人力资源管理、人力资源管理的发展演进、人力资源管理的理论依据展开论述。

第一节　人力资源概述

资源是人类赖以生存的物质基础。从经济角度看，资源是指能给人们带来新的使用价值和价值的客观存在物，泛指社会财富的源泉。资源分为两大类：一类是自然界的物质，也就是自然资源，如阳光、空气、水、土地、森林、草原、矿藏等；另一类是社会资源，包括人力资源、技术资源、信息资源等诸多类型。在各种资源中，人力资源是一种具有特殊性的社会资源，其表现为人的知识和体力。很明显，从从属关系来看，人力资源是社会资源的一种表现形式。

“人力资源（Human Resource）”这一概念是美国旧制度经济学家约翰·康芒斯[①]在1919年出版的《产业信誉》一书中首次提出的。在该书中，他确立了员工是组织的一种价值极高的资源的思想，其中明确使用了“人力资源”这一概念。

人力资源的现代意义是由管理大师彼得·德鲁克[②]于1954年在其名著《管理的实践》中首次提出的。德鲁克明确指出，人力资源相对于其他资源

① 约翰·康芒斯（John R. Commons，1862—1945），美国经济学家，制度学派早期代表人物。

② 彼得·德鲁克（Peter F. Drucker，1909—2005），现代管理学之父，其著作影响了数代追求创新以及最佳管理实践的学者和企业家，各类商业管理课程也都深受其思想的影响。

的特殊优越性在于，协调、整合、判断以及想象的能力，而在其他方面机器往往胜过人力。在《管理的实践》一书中，德鲁克还对人事管理职能的定位和作用进行了深入的阐述。正因如此，学术界一般认为德鲁克可以被称为现代人力资源管理的奠基人。

然而，让人们真正意识到人力资源在经济发展乃至组织中的重要性的是20世纪60年代以后美国经济学家西奥多·舒尔茨①提出的人力资本投资理论。人力资本投资理论将人力资源视为一切资源中最为重要的资源，第一次将人力资源对经济增长的贡献明确地提到了首要的地位，从而改变了传统经济学将人作为一种附属于资本的次要生产要素来看待的错误思想，可以称得上一场思想革命。该理论重点强调了人所具有的智力、受过的教育与培训以及所掌握的工作经验等的重要性，因为这些特征是能够为社会和组织带来经济价值的，其加深了人们对人力资源在社会以及组织中的重要性的认识，对宏观和微观的人力资源管理和开发具有极其重要的推动作用。从此，理论界和管理界对人力资源的关注越来越多，专家和学者从不同的角度，对人力资源进行了定义和阐释，有从数量角度的“人员观”、从能力角度的“能力观”，等等。

综合考虑宏观和微观层面，本书认为，人力资源是指一个国家、经济体或者组织所能够开发和利用的人的劳动能力的总和。

一、人力资源的相关概念

与人力资源相关的概念还有人口资源、劳动力资源和人才资源。

第一，人口资源是指一个国家或地区所拥有的人口的总量，是形成人力资源的自然基础。它表现为人口的数量。

第二，劳动力资源是指一个国家或地区在“劳动年龄”范围之内有劳动能力的人口的总和，也是指人口资源中拥有劳动能力并且进入法定劳动年龄的那部分人，偏重劳动者的数量。

第三，人才资源是指一个国家或地区具有较强的管理能力、研究能力、

①西奥多·舒尔茨（Theodore W. Schultz，1902—1998），美国著名经济学家、芝加哥经济学派成员、芝加哥大学教授及经济系系主任（1946—1961），在经济发展方面作出了开创性研究，深入研究了发展中国家在发展经济中应特别考虑的问题，从而获得1979年诺贝尔经济学奖。

创造能力和专门技术能力，且在价值创造的过程中起关键作用的那部分人。人才资源是人力资源的一部分。

在数量上，人口资源是最多的，是人力资源形成的数量基础。劳动力资源是人口中拥有劳动能力而且在法定“劳动年龄”范围的人。人才资源则侧重了人口的质量。

二、人力资源的特征分析

人力资源是进行社会生产最基本、最重要的资源，和其他资源相比，人力资源具有社会性、能动性、时效性以及可开发性等特征。

(一) 人力资源的社会性特征

人力资源的社会性是指人所具有的体力和智力明显受到时代和社会因素的影响。这与自然资源是不一样的。社会政治、经济和文化的不同，必将体现在人身上的不同。例如，外国人和中国人在思想意识、价值观念上会有很大的不同。所以，不能将人力资源看成单纯的生产要素，而必须从人性的角度加深对人的理解，只有这样才能把握人的价值创造过程，妥善使用和开发人力资源，并在满足人的经济需要的同时，满足人的各种社会需求。又如，通过工作的设计、组织方式的调整以及非物质激励等方式来激发员工的工作热情，就是通过满足员工的很多社会需求来实现人力资源对组织的更大价值。

(二) 人力资源的能动性特征

人力资源的能动性是指人总是有目的、有计划地使用自己的智力和体力。这是人力资源与其他资源本质的不同，也是价值创造过程中最为主动的因素。作为人力资源的“人”具有很多独一无二的特质，但人力资源和其他资源最大的区别在于，人对于工作是有绝对自主权的。人的发展是无法依靠外力来完成的，人力资源发展代表的是个人的成长，而个人的成长往往必须从内在产生。所以，只有人本身，才能充分进行自我利用、发挥所长。正因如此，激励问题在人力资源管理中才显得非常重要。

（三）人力资源的时效性特征

人力资源的时效性是指人力资源在不同的时间点上具有很大的差异性。人力资源与时间紧密相关，其必须加以使用才能创造价值。人力资源没有投入生产或价值创造过程中的那些时间是无法保存的，也不创造价值。这强调了在实践中充分利用人力资源的重要性。因此，从宏观角度来讲，各国政府都在努力通过各种措施降低失业率，从而让人力资源尽可能地参与价值创造过程；而从微观角度来说，组织则想方设法让自己的员工尽可能充分利用工作时间来创造价值，而不是看着员工消极怠工或者因为工作的组织安排或管理方式不当导致员工的工作时间白白浪费。从这个意义上讲，闲置的人力资源是一种巨大的浪费，它会“过期作废”。而对自然资源而言，只存在开发利用的程度问题而已。

（四）人力资源的可开发性特征

人力资源的可开发性是指人力资源可以被发掘、培养的特征。人力资源不是一种既有的存量，知识、技能、能力和经验等人力资源的核心要素是可以不断积累和更新的。只有通过人力资本投资等手段不断提升人力资源内在人力资本含量，才能保持和增加人力资源的价值创造潜能。事实上，随着时间的流逝，人力资源的潜在价值或贡献能力也会发生变化，即过去价值较高的人力资源很可能因为技术水平等的变化而出现贬值甚至失去价值的情况，而持续性的人力资源开发往往是保持人力资源时效性的重要方式。正因如此，培训和开发成为现代人力资源管理中一个越来越重要的模块。

第二节　人力资源管理概述

人力资源管理是现代组织管理中一个不可或缺的组成部分，组织是一切经营活动的根本推动力，因此可以将激烈的市场竞争视为组织人才之间的竞争。人力资源的管理是否到位，将直接关系到组织在市场竞争中的生存与发展。

一、人力资源管理的含义理解

人力资源管理（Human Resources Management，HRM）是运用现代化的管理手段，对组织中人力这一特殊资源进行获取、配置、开发和使用等一系列活动，目的是充分发挥员工潜力，调动员工的积极性，为组织创造价值，确保组织战略目标的实现。

(一) 人力资源管理的目标分析

组织要在市场上获得竞争优势，很大程度上取决于其充分利用人力资源的能力。人力资源管理既要关注组织目标的实现，又要关注员工的全面发展，两者缺一不可。因此，人力资源管理的目标包括以下几个方面。

1. 实现组织既定的目标

组织管理的目的是实现组织既定的目标。人力资源管理是组织管理的一部分，它从属于组织管理。因此，人力资源管理的目标要以实现组织目标为前提，根据组织目标来设定其目标，并且随着组织目标的改变而变化。

2. 提升员工的满意度

员工是人，有感情，有思想。要使员工保持生产能力，组织不应该只追求绩效的提升，更应该重视员工的满意度。满意的员工会自动地提高生产效率，但不满意的员工更倾向于辞职、旷工，并且工作质量很低。让员工有满意的工作、生活质量，可以提供高品质的服务，从而为组织创造更多的绩效。

3. 发挥员工的主观能动性

人力资源的本质特征是具有主观能动性。全面有效地发挥员工的主观能动性，是组织实现组织目标和获取竞争优势的有效手段。在组织正常运作过程中，每一位员工对工作的态度和积极性存在较大的差异，而他们的态度和积极性往往受组织环境、自我发展空间、福利状况以及人际关系等因素影响。因此，组织应尽力创造一个相对宽松的工作环境，使员工的主观能动性得以充分发挥，同时也为组织创造出更多的价值。

(二) 人力资源管理的基本功能

现代人力资源管理的基本功能主要体现在以下五个方面。

第一，获取功能。获取功能是人力资源管理的首要功能，也是其他功能得以实现的前提。只有获取了人力资源，组织才能对之进行开发与管理。获取功能就是以组织目标为依据，人力资源部门确定工作说明书，制订与组织目标相适应的人力资源需求与供给计划，并根据人力资源供需计划和职位分析结果开展员工的招聘工作。

第二，维持功能。维持功能是指让已经获取的员工留在组织中。员工是有感情、有思想的，为了使员工对组织产生认同感，可以通过提供合理的薪酬福利和创造良好的工作环境，留住组织的核心员工，保持员工有效工作的积极性，从而使员工安心和满意地工作。

第三，开发功能。开发功能是人力资源管理最重要的功能之一，人力资源开发的目的在于对组织内员工的素质与技能的培养和提高，使他们的潜力得以充分发挥，最大限度地实现个人价值。广义的人力资源开发包括人力资源数量和质量的开发，但一般而言，人力资源开发是指人力资源的质量开发，它主要包括开发计划的制订、培训和教育的投入与实施、员工职业生涯的开发等。

第四，整合功能。整合功能是指员工了解和接受组织的宗旨与价值观，使员工和睦相处、协调共享、取得群体认同的过程，即通过组织文化、价值观和技能培训，提高员工与组织之间的凝聚力，能动地推动人与事的协调发展，实现人与人之间的互补增值以及关系的和谐。

第五，调整功能。调整功能是对员工实施合理、公平的动态管理的过程。组织可以通过绩效考核与绩效管理等活动发挥人力资源管理中的控制和调整功能，从而对组织的人力资源进行再配置，帮助员工提高工作效率，寻找与员工需要和能力相匹配的发展路径。调整功能主要包括进行科学合理的员工绩效考评与素质评估，并以考评与评估结果为依据对员工进行动态管理，如晋升、调动、奖惩、离职、解雇等。

以上人力资源管理的五项基本功能是相辅相成、彼此互动的。获取是基础，它为其他功能的实现提供了条件；维持是保障，只有将人留在本组织

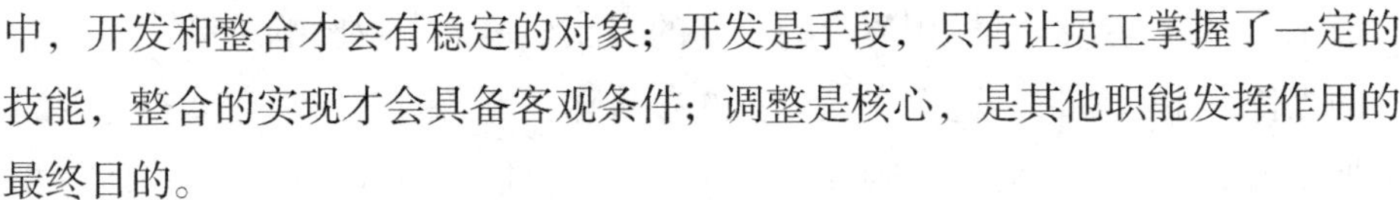

中，开发和整合才会有稳定的对象；开发是手段，只有让员工掌握了一定的技能，整合的实现才会具备客观条件；调整是核心，是其他职能发挥作用的最终目的。

（三）人力资源管理的具体作用

组织间竞争的根本是人才的竞争，人才的差距从根本上决定着组织间的差距。随着经济的快速发展和全球化进程的不断加快，人力资源成为组织应对复杂市场环境的最主要力量。人力资源管理是根据组织目前的发展状况和未来的战略目标，有计划、有目的地开展工作。它不仅为组织的创新提供动力，还为组织的发展创造良好的工作氛围，因此，做好人力资源管理工作对组织的发展发挥着不可或缺的重要作用。

第一，有利于增强组织的竞争力。人力资源是组织生存和发展的最根本要素，也是组织拥有的重要资源，还是组织的核心竞争力所在。人力资源管理的一个主要任务就是对组织员工的培训和开发，通过对员工的培训，不断提高员工的素质。组织的决策也越来越多地受到人力资源管理的约束，人力资源管理逐渐被纳入组织发展战略规划中，成为组织谋求发展壮大的核心因素，也是组织在市场竞争中立于不败之地的至关重要的因素。

第二，有利于提高组织的经济效益。组织经济效益是指组织在生产经营活动中的支出和所得之间的比较。减少劳动消耗的过程，就是提高经济效益的过程。因此，通过科学的人力资源管理，合理配置人力资源，有利于减少劳动损耗，控制人力资源成本，提高经济效益。

第三，有利于提升员工的工作绩效。根据组织目标和员工个人状况，组织运用人力资源管理设法为员工创造一个适合他们工作的环境，使员工和工作岗位相匹配，为员工做好职业生涯设计，并通过不断培训，做到量才使用、人尽其才，充分发挥其个人专长。正确评价每个员工所作的贡献，并根据员工的贡献和需要进行有效的激励，营造和谐向上的工作氛围。在具体运作中实行员工岗位轮换制，通过轮换发现员工最适应的工作种类，确保组织结构和工作分工的合理性及灵活性，从而提高员工的工作绩效和组织的工作效率。

第四，有利于员工提升工作、生活质量。工作、生活质量是指组织中所有员工，通过与组织目标相适应的公开的交流渠道，有权影响决策，改善自己的工作、生活质量，进而产生更多的参与感、更高的工作满意度和更少的精神压力的过程。人力资源管理的各项活动，包括人力资源规划、培训与开发、工作分析、安全与健康等，都会影响员工的工作、生活质量。

第五，有利于组织战略目标的实现。人是组织生存和发展的最根本要素。组织的管理目标是由人来制订、实施和控制的，在工作过程中，管理者是通过员工的努力来实现工作目标的。人力资源管理能够创造灵活的组织体系，为员工充分发挥潜力提供必要的支持，让员工共同为组织服务，从而确保组织在经济环境下目标的实现。

二、人力资源管理职能的表现

人力资源管理的目标是通过一系列人力资源管理活动来实现的，这些管理活动是人力资源管理职能的具体表现。我们将其概括为以下八个方面。

(一) 人力资源规划

人力资源规划是根据组织的总体战略目标和具体情况，利用科学的预测方法，预测组织一定时期内的人力资源需求和供给，并根据预测的结果制订出平衡供需的计划，最终实现组织人力资源的最佳配置。人力资源规划的重点在于对组织人力资源管理现状的信息进行收集、分析和统计，并依据这些数据和结果，结合组织战略制订未来人力资源工作的方案。

(二) 职位分析与胜任力模型

职位分析包括两部分活动：一是根据组织的规模、结构等具体情况，对各职位所要从事的工作内容和承担的工作职责进行清晰的界定；二是确定各职责所要求的职务资格，如知识、技能、能力、职业素质、工作经验及工作态度等。职位分析的结果一般体现为职位说明书。人员聘用的要求是人岗匹配，适岗适人。招聘合适的人才并把人才配置到合适的地方，才算完成了一次有效的招聘。因此，职位分析是人力资源管理最基本的工具。胜任力模型是指为完成某项工作、达成某一目标所需要的一系列不同素质要求的组合。胜任力模型是通过对职位分析得到的职位规范的重要补充。

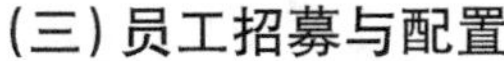

(三) 员工招募与配置

组织的价值和竞争力是由那些掌握并应用知识的员工所创造的，因此，在组织的可持续发展中，对人力资源的吸收也成为组织发展的重要环节。根据人力资源规划和职位分析的要求，开展招聘与选拔、录用与配置等工作，是人力资源管理的重要活动之一。组织首先通过招募吸引足够数量的候选人来申请组织空缺的职位；其次采用科学的方法对候选人进行评价以选拔出最合适的人选；最后对入选的人员合理配置其岗位。招募与配置是相互影响、相互依赖的两个环节，只有招聘到合适的人员并进行合理配置，才能达到招聘的目的。

(四) 培训与开发

对于新招聘的员工来说，要想尽快适应并胜任工作，除了自己努力学习外，还需要组织提供帮助。对于老员工来说，可以通过培训来调整和提高自己的技能，并帮助他们最大限度地开发自己的潜能。对员工进行培训和开发，可以促进员工更好地提高工作效能，增强员工对组织的认同感和归属感，提升员工自身的责任感。员工的培训与开发过程包括建立培训体系、确定培训需求和计划、组织实施培训过程以及对培训结果的反馈等活动。另外，培训工作必须做到具有针对性，要考虑不同受训者群体的具体需求。

(五) 绩效管理

绩效管理是考评者根据既定的工作目标或者绩效标准，采用一定的考评办法，对员工的工作表现和工作成果等作出评价。组织通过绩效考评来衡量员工的工作绩效，并对考评的结果进行反馈和协调，对于绩效突出的员工给予物质或精神方面的奖励，对于绩效差的员工给予批评甚至惩罚，最终达到激励员工的目的。同时，通过绩效考评，组织还能及时发现员工在工作中存在的问题，并加以改进。在进行绩效考评时，必须保证考评结果的公平性和公正性。

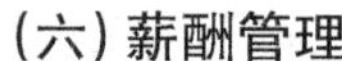

（六）薪酬管理

薪酬管理是人力资源管理的重要组成部分，是推动组织战略目标实现的重要工具之一。薪酬包括工资、奖金和福利等，它是员工地位和成功与否的标志，同时也体现出人力资源对公司所作的贡献。组织要从员工的需求出发，在保证内外部的公平性下，制订符合组织战略目标和发展计划的薪酬体系。这样的薪酬体系不仅能够帮助组织吸引和留住员工，还能影响组织员工的责任感和工作努力程度。当组织处于不同的发展阶段时，应及时调整组织的薪酬制度和激励措施，以保持组织人才的创造力。

（七）员工职业生涯规划

员工职业生涯规划是指员工通过对自身情况和客观环境的分析，确定自己的职业目标，并为实现目标而制订的行动计划和行动方案。组织人力资源部门要善于把员工的职业发展目标和组织的发展目标有效地结合起来，这是组织进行职业生涯规划管理的目的所在。通过对员工提供职业发展咨询来关注员工的职业定位，帮助员工制订个人职业发展计划，为员工提供一条可依循且充满成就感的职业发展道路，使组织和个人能够共同发展。员工职业生涯规划管理有利于提高组织人力资本的投资收益，有助于促进组织更好地发展。

（八）员工关系管理

当今社会，人才是组织最重要的资产。在人才竞争日益激烈的背景下，组织必须加强员工关系管理，构建和谐的员工关系。人力资源管理涉及劳动关系的各个方面，如劳动用工、劳动时间、劳动报酬、劳动保护、劳动争议等内容。员工关系管理就是对组织中的各主体依法确立劳动关系，建立劳动合同，合理处理劳动关系中发生的各种纠纷和争议，以确保员工在劳动过程中的安全与健康。对于员工来说，需要借助劳动合同来确保自己的利益得以实现，同时做到自己对组织应尽的义务。对于组织来说，需要借助劳动合同规范员工的行为，维护员工的基本利益。总之，员工关系管理的目的在于明确双方的权利和义务，为组织建立一个良好的工作环境，最终实现组织和员

工关系的和谐发展。

虽然人力资源管理的各个职能的侧重点不同，但是它们是一个不可分割的有机整体，只有每个环节都做到位，才能保证人力资源管理工作的正常运行。

第三节　人力资源管理的发展演进

纵观历史和现实，我们可以清晰地看到，人力资源管理遵循着一条从传统劳动人事管理到人力资源管理的演进轨迹。对人和事的管理是伴随着组织的出现而产生的，并伴随着工业革命的产生而发展起来的。20 世纪 70 年代以来，人力资源在组织中所起的作用越来越大，传统的人事管理已经不再适用，因此开始从管理的观念、模式、内容、方法等全方位地向人力资源转变。从 20 世纪 80 年代开始，西方人本主义管理的理念与模式逐步凸显。人本主义管理就是以人为中心的管理，现代人力资源管理就是在此基础上应运而生的。

一、传统人事管理的特征分析

随着工业革命的发生，机器大工业取代了手工业，使职业的分工更加专业化，因而最早的工作分析诞生了。工作分析除了包括工序、班组与岗位设置研究，还包括生产方法等方面的研究。在传统人事管理之下，组织将员工视为同其他机器、设备一样的成本负担，员工与组织的关系属于单纯的雇佣关系，相互之间没有归属感和信任感。传统人事管理工作呈现以下特征。

第一，传统人事管理工作只限于人员招聘、选拔、分派、工资发放、档案管理之类琐碎的工作。后来，这一工作逐渐涉及职务分析、绩效评估、奖酬制度的设计与管理、人事制度的制订、员工培训活动的规划与组织等。

第二，传统人事管理基本上属于行政事务性的工作，活动范围有限，以短期导向为主，主要由人事部门职员执行。

第三，传统人事管理在组织中的地位较低，其内容很少涉及组织高层战略决策。人们普遍认为，人事管理是一项技术含量低且无需特殊专长的低档次活动，无法与生产、财务、销售等工作相提并论。因此，传统人事管理工作的重要性并不被人们所重视，人事管理只属于执行层次的工作，无决策权力可言。

二、现代人力资源管理与传统人事管理的差异

到了20世纪80年代，组织迅猛发展，组织的管理水平不断提升。心理学及管理学界涌现出人本主义思潮，强调在组织管理中以人为本，注重挖掘人的发展潜力，由此，现代人力资源管理便应运而生。它与传统人事管理的差别，已经不仅是名词的转变，两者在性质上也已经有了本质的转变。

第一，传统人事管理的特点是以“事”为中心，只见事，不见人，或者只见事的某一方面，而不见人与事的整体性、系统性，强调事的单一方面的静态的控制和管理，其管理的形式和目的是“控制人”；而现代人力资源管理以“人”为核心，强调一种动态的、心理的、意识的调节和开发，管理的根本出发点是“着眼于人”，其管理归结于人与事的系统优化，从而促进组织取得最佳的社会效益和经济效益。

第二，传统人事管理把人看作一种成本，将人当作一种“工具”，注重的是投入、使用和控制。而现代人力资源管理把人作为一种“资源”，注重产出和开发。将人视为“工具”，就可以随意控制他、使用他；将人视为“资源”，就必须保护他、引导他、开发他。

第三，传统人事管理是某一职能部门单独使用的工具，似乎与其他职能部门的关系不大，但现代人力资源管理与此截然不同。实施人力资源管理职能的人事部门逐渐成为决策部门的重要伙伴，提高了人事部门在决策中的地位。人力资源管理涉及组织的每一个管理者，人力资源管理部门的主要职责在于制订人力资源规划、开发政策，侧重于人的潜能开发和培训，同时培训其他职能经理或管理者，以提高他们对人的管理水平和素质。

与传统人事管理相比，人力资源管理者的角色有了很大变化。人力资源管理者不只是做一些烦琐的事务性工作，而是要担当多种重要的角色。具体情况如表1-1所示[①]。

① 丁桂凤.人力资源开发与管理[M].北京：中国经济出版社，2016：6.

表 1-1　人力资源管理者的多重角色

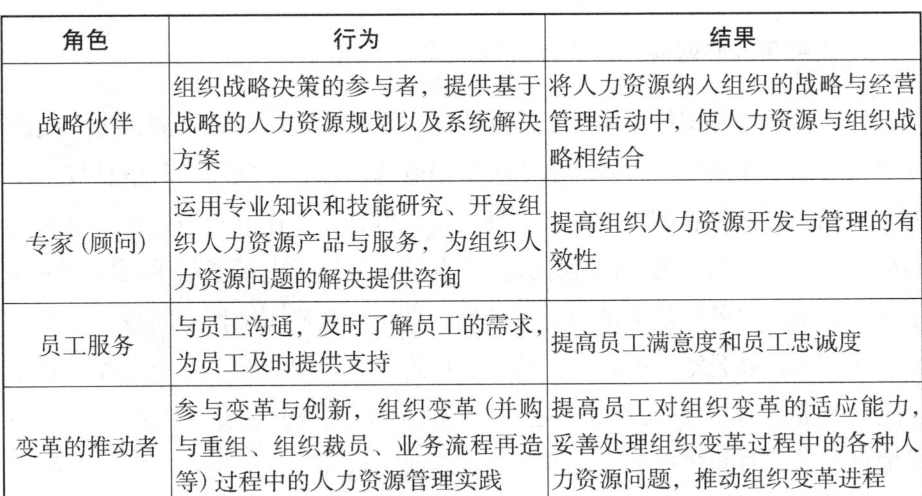

角色	行为	结果
战略伙伴	组织战略决策的参与者，提供基于战略的人力资源规划以及系统解决方案	将人力资源纳入组织的战略与经营管理活动中，使人力资源与组织战略相结合
专家（顾问）	运用专业知识和技能研究、开发组织人力资源产品与服务，为组织人力资源问题的解决提供咨询	提高组织人力资源开发与管理的有效性
员工服务	与员工沟通，及时了解员工的需求，为员工及时提供支持	提高员工满意度和员工忠诚度
变革的推动者	参与变革与创新，组织变革（并购与重组、组织裁员、业务流程再造等）过程中的人力资源管理实践	提高员工对组织变革的适应能力，妥善处理组织变革过程中的各种人力资源问题，推动组织变革进程

三、未来人力资源管理面临的挑战

当今社会正在进入知识经济、网络经济及经济全球化的时代，其以知识经济为内涵视角，以互联网为技术视角，以经济全球化为外延视角。在这多维时代背景中，对于人力资源管理应作何调整，具体可从以下方面进行探讨。

（一）树立知识经济与人力资源管理新理念

知识型员工指的是那些掌握、运用符号和概念，利用知识或信息工作的人。20 世纪初，体力型员工与知识型员工的比例关系为 9∶1；20 世纪中叶为 6∶4；20 世纪末为 3∶7；2010 年则约为 2∶8。20 世纪是以体力劳动者为主要对象的人力资源管理时代，21 世纪则是以知识型员工为主体对象的人力资源管理时代。组织之间的竞争，知识的创造、利用与增值，资源的合理配置，最终都要靠知识的载体——知识型员工来实现。而这些主要用“头脑”进行工作的知识型员工，其受教育程度、需求结构、工作期望、价值观念、行为能力等，都不同于主要进行体力劳动的员工。对于追求自主性、个体化、多样化和创新精神的知识型员工群体来说，激励他们的动力更多地来自工作的内在报酬本身。因此，管理对象的历史性变化必然逐渐引发管理理念和管理模式的变革。

（二）革新互联网与人力资源管理方式

自20世纪90年代中期以来，互联网在全球范围内迅速发展，极大地改变了人们的工作及生活方式。在人力资源管理领域，互联网及其信息技术正在引发工作方式和管理方式的历史性变革。例如，工作方式历史性变革的核心概念之一是远程办公。远程办公是指办公人员通过电子通信手段在传统集中化工作场所之外的任何地点进行分散化办公，其典型工作空间特征是小型办公室和家庭办公室（SOHO），同时包括公务旅行中的客房办公室和车厢办公室。21世纪正在更大范围内进行一场工作方式或办公模式的革命，主要是地点分散、时间弹性的工作方式取代工业时代那种集中地点、统一时间的传统工作方式。

管理方式的重大变革是人力资源管理的电子化，其是指通过应用IT技术手段在互联网上实现人力资源管理的电子化。目前，欧美国家的许多大公司尤其是IT行业的知名公司，如通用、IBM、微软、朗讯、思科等，都在不同程度上进入人力资源管理的中期电子化阶段。在我国，一些著名外商投资企业以及联想等国有IT企业，也已经进入人力资源管理的初期电子化阶段，同时越来越多的国有企事业单位以及其他组织单位开始筹划人力资源管理的电子化项目。

人力资源管理的电子化范围将随着IT技术及人力资源管理软件的成熟发展而逐步扩大。初期阶段主要局限于事务性管理活动层面，如人事信息管理、福利管理、考勤管理、休假管理等；中期阶段从事务性管理层面扩展到常规性管理活动层面，涉及网上招聘、网上培训、网上考评、网上沟通等职能；后期阶段将在系统整合的基础上实现自上而下的战略性电子化人力资源管理。人力资源管理电子化不仅能够极大地降低管理成本、提高管理效率，而且更重要的是能够提升管理活动的价值。也就是说，它能够使人力资源管理者从低价值的事务性工作中解脱出来，投入更多的时间和精力从事高价值的战略性管理活动。

（三）确立经济全球化与人力资源管理新课题

经济全球化具有三个标志性特征：市场全球化、生产要素配置全球化、组织全球化。经济全球化及其所具有的基本特征对人力资源管理产生日益明显的影响，并给人力资源管理带来了一些新课题。

第一，稀缺人才的“零距离”国际竞争问题。经济全球化的标志性特征之一是生产要素配置的全球化，其中包括人力资源要素配置的全球化。因此，人力资源将成为全球共享的财富，劳动力将突破一国的市场区域而进行跨国界的流动，因而将会引发全球性人力资源竞争。全球化紧缺人才竞争所表现的空间形式已是短兵相接的“零距离”竞争，而如何应对“零距离”的稀缺人才竞争，如何克服人才竞争中的“马太效应”，如何吸引和留住组织所需要的人才，已经成为经济全球化时代背景下人力资源管理的新课题。

第二，组织跨国并购中的人力资源整合问题。近年来，为了规避或降低竞争结局的风险及成本，“双赢”或“多赢”的竞争模式正在取代传统的两败俱伤的“博弈”竞争逻辑，由此，组织间尤其是大公司的跨国兼并和收购之风盛行。组织并购中涉及多方面资源的重新洗牌问题，如产品、市场、技术、资本以及人力资源的整合等，其中，人力资源整合具有统领性效应。不同的组织具有不同的组织文化、管理模式、管理制度、管理风格以及员工组合结构，其在兼并和收购过程中是否有能力以及如何进行优势互补，实现人力资源存量、组织文化、管理制度的优化整合，并通过人力资源和人力资源管理制度的有效整合，实现产品、市场、技术、资本的整合，是决定组织并购成败的关键。

第三，组织在国际化中的“跨文化”管理问题。经济全球化以及人力资源配置全球化的过程是一个组织国际化的过程。经济全球化使组织的融资、技术、生产、销售等经营活动国际化，跨国组织进一步向全球市场扩展，同时出现越来越多不够跨国组织规格的国际经营组织，这是组织国际化的外在标志；跨国组织的扩展和国际经营组织的大量出现又加快了人力资源配置的全球化进程，使跨国组织和国际经营组织的员工结构形成多元化特征，不同程度上成为“移民”组织，这是组织国际化的一个内在标志。组织国际化中凸显出“跨文化”管理的问题。如何在一个员工来自不同国家和地区的国际化组织中，形成一种多元文化成分有机融合的组织文化，并使这种“跨文化”型组织文化体现于制度化管理之中，正在成为经济全球化时代人力资源管理的新课题。

综上所述，新时代人力资源管理面临着诸多挑战，只有明确经济发展全球化的战略目标，深入分析知识型员工的特点，充分利用电子信息技术手段，才能顺应历史的潮流，做好人力资源管理的工作。

第四节　人力资源管理的理论依据

一、人力资本理论

（一）人力资本理论的相关概念

人力资本是指人们花费在人力保健、教育、培训等方面的开支所形成的资本。这种资本就其实体形态来说，是活的人体所拥有的体力、健康、经验、知识和技能及其他精神存量的总称。它是生产增长的主要因素，是具有经济价值的一种资本。

人力资本与人力资源是有区别的。人力资源是一种数量化概念，人力资本则是一种质量化概念；人力资源反映不出人的素质差异，而人力资本则反映出人的能力差异；人力资源是未开发的资源，而人力资本则是人力资源开发的结果；人力资源自然状况强，不能反映人的素质要素的稀缺性及市场供求关系，而人力资本则正与之相反。

人力资本与物力资本也是有区别的。物力资本是体现在机器设备等物质生产资料上的资本；而人力资本是体现、凝结和储存在特定的人身上，与其天然所有者的个体不可分离。

1. 人力资本的特征分析

（1）人力资本体现、凝结、储存在特定的人身上，与其天然所有者的个体不可分离，不能转让买卖，是一种具有显著个体性或私人性的资本。

（2）人力资本可以经过投资形成，可以在未来获得预期收益的资本化的人力资产，是可以进行货币计量的。

(3) 人力资本的形成与效能的发挥和个人的生命周期紧密联系在一起，受个体的体力、生命年限、个人偏好等自然条件的限制。

(4) 人力资本不仅是个人经济资源，也是含义更为广泛的社会资源。

2. 人力资本的投资形式

人力资本是人口质量的投资，从形式上看，这种投资主要包括以下几个方面。

(1) 各级正规教育。人力资本理论认为，正规学校教育是人力资本投资的最主要的形式。

(2) 在职培训。在职培训是提高劳动者工作能力、技术水平、熟练程度的重要的人力资本投资形式。

(3) 医疗卫生保健。它包括影响一个人的寿命、力量强度、耐久力、精力的所有费用，目的是促进人的健康发展，既与人的数量有关，也与人的质量有关。

(4) 劳动力国内流动费用。

(5) 提高组织经营能力，以作出最佳决策。

(6) 家庭用于养育子女所花费的时间等，也是一种人力资本投资。

(二) 人力资本理论的相关联系

1. 人力资本投资与经济发展的联系

(1) 人力资本投资的作用大于物力资本投资的作用，确定人力资本投资和物力资本投资的合理比例，是促进经济增长的重要条件。因此，资本积累的重点应该从物力资本转移到人力资本。

(2) 人力资本的积累是经济增长的重要源泉。第一，人力资本投资收益率大于物力资本投资收益率。第二，人力资本在各生产要素之间的相互替代作用越来越重要。经济发展不能单纯依赖自然资源和人的体力劳动，生产中需要更多的智力因素取代原有的生产要素。

2. 人力资本理论与知识资本理论的联系

人力资本理论与知识资本理论的产生背景、作用不同。现代人力资本理论是在解释“经济增长之谜”的情况下，由舒尔茨、贝克尔等人经过长期研究提出的，并由罗默、卢卡斯等加以深化发展。知识资本理论起源于知识经济时代，知识资本的提出正好解释了经济发展的动力问题。现代人力资本理论探讨的是人在促进技术进步和经济发展中的特殊作用，而知识资本理论的主要任务是探讨经济持续增长的源泉。

在知识经济迅猛发展的今天，人力资本理论将研究重点放在人的知识能力方面，知识资本是现代人力资本理论在知识经济时代的必然产物。知识资本理论在人力资本与组织市场价值之间架起了桥梁，揭示了人力资本与结构性资本之间的相互关系。

在组织战略知识管理中，可以通过制度安排和组织安排来促进人力资本积累及其与结构性资本的有效互动，进而实现其市场价值。这样，组织人力资本与组织市场价值之间的关系日益明晰，从而将人们的眼光引向了非直接性资产——凝结在人力资本之中的组织知识和技能，使组织真正找到成功经营的有效方法。所以说，知识资本理论是对现代人力资本理论的深化。

总体而言，现代人力资本理论突破了资本同质性假设，使人在生产中的决定性作用得到复归，它证明了人特别是具有专业化技术和知识的高素质的人，是促进经济增长的真正动力。

现代人力资本理论的形成与演化共经历了三个阶段：20 世纪 60 年代以劳动力要素分析为中心的形成阶段、80 年代以内生技术增长模型为中心的发展阶段和 90 年代以知识资本理论为中心的深化阶段。不同阶段对人力资本在经济发展中的作用机制的认识不同，由外生的宏观作用到内生的以组织为基础的微观作用，是现代人力资本理论演化的基本思路。

二、人性假设理论

（一）人性假设的理论认知

人性是指人所特有的区别于动物的一切人普遍具有的各种属性的总和。它包括社会属性、精神属性和自然属性。因此，人性是人的一般特性，是人类的共性。

管理学中的人性假设是指人们根据一定社会时期内管理活动赖以成立的特定经济、政治和文化条件，对管理活动中人的需要和人的本性所作出的一种预设。它属于管理理论的深层次结构，通过间接地影响管理理论和人们的管理思想、管理制度来发挥自己的作用。在西方，自1957年美国管理学家麦格雷戈（D. M. McGregor）首次在管理学研究中提出“人性假设”问题以来，众多的西方管理学家对此作了大量的论述。其中，有代表性的人性假设有：“经济人”“社会人”“自我实现人”“复杂人”等。麦格雷戈认为，人性假设概括起来有以下三点：管理的理论与管理者的观念是居第一位的，而管理的政策与具体措施是居第二位的，不能本末倒置、不加区别；强调在管理中要着重开发人力资源，发掘人的潜在力量；管理人员要采取哪种理论假设要看具体情况，但是所持理论的观点要旗帜鲜明。

此外，人力资源管理在本质上是对人的管理，如果不能把人管理好，也就不能管理整个组织。所以，对人的管理是一切组织管理的首要任务和核心问题，而要管理好人，就离不开对人的正确认识，也就必须从人性出发，采取符合人性特点的管理措施。

在管理学的发展历程中，不同的人性假设形成了不同的管理理论，这些理论都是当时管理实践状况的反映，在当时特定的社会状况中，都蕴含着某种程度的合理性，但也不可避免地存在着片面性和局限性。人性假设理论一方面对管理理论的形成和发展有着决定性的作用；另一方面对人类的管理活动起着制约的作用。因此，对人性正确、深刻的认识和理解，直接影响着现代组织管理的成效。管理者总是把自己对人的理解或对人性的看法作为出发点，来选择、制订和实施一套合理、有效的对人的管理方式。

（二）“经济人”人性假设理论

1. 与“经济人”人性假设理论相对应的管理方法

在这种人性假设的基础上，管理的重点是生产任务和劳动生产率。组织以金钱来刺激员工的劳动积极性，对消极的员工采取严厉的惩罚措施，并制定严格的管理制度、工作规范，加强各种法规管制。这是典型的“胡萝卜加大棒”的管理方式，对提高组织的效率起到了积极的作用。

依据“经济人”人性假设的理论，可以采取下述管理方法。

（1）制定各种严格的工作规范，加强各种管理制度，同时对消极的员工严厉惩罚。

（2）管理者的主要责任是执行管理职能，保证生产任务的有效完成。管理工作是少数人的事，与广大员工无关，员工的责任就是干活，认真地听从管理者的指挥。

(3) 管理工作的目的不再将稳定与权威放在第一位，而是将效率放到了首位。为了提高效率而强调科学、理性、精密性和纪律性，强调标准化的作业方式、理性化的组织结构、集权化的领导方式。

(4) 用经济报酬来激励工作生产，把员工的工作动机归于经济需求。管理者认为只要满足了员工的经济需求，员工就会为组织提供劳动，从而实现劳资双赢的局面，所以，激励手段主要是经济刺激。

在这种假设的思想指导下，对员工实施的管理只想“控制”，缺乏尊重，强调了人的较低层次的需要，而忽视了人的社会心理需求。在这种管理模式下，员工的工作缺乏主动性和积极性，工作绩效平平。美国古典管理学家泰勒 (F. W. Taylor) 的科学管理方法就是“经济人”假设的具体体现。泰勒所提倡的“时间—动作分析”，虽然有其科学性的一面，但其基本出发点是考虑如何提高生产率而未考虑员工的思想感情。

2.“经济人”人性假设的评价

“经济人”人性假设改变了当时放任自流的管理状态，加强了社会上对消除浪费和提高效率的关心，促进了科学管理体制的建立。其中的一些管理方法，直到现代仍然被广泛使用。首先，它注意到了人的最基本需要——生理与安全需要，并且强调生理和安全需要对人的生存发展的重要性，这是值得肯定的。其次，尽管“经济人”假设忽视了员工的情感和思想，把员工看成“机器人”，但是它在任务管理中强调劳动定额，强调实行完善的监督，强调明确的分工和职责，这是现代管理需要吸取的。最后，“经济人”假设强调金钱对员工的激励作用，特别是强调实行绩效工资制，对调动员工的积极性是有意义的。

“经济人”人性假设的不足主要表现在以下方面：首先，把金钱作为唯一的管理手段，忽视组织中思想工作的重要性；其次，只重视任务的完成，不注重员工的心理需要；再次，把员工看成被动的服从者，作为一种“机器”来看待，没能看到员工的能动性，否认了员工的自觉性、主动性、创造性与责任心；最后，认为大多数人缺少雄心壮志，只有少数人起统治作用，因而把管理者与被管理者绝对对立起来，反对员工参与管理，否认员工在生产中的地位与作用。

(三)“社会人”人性假设理论

1. “社会人”人性假设的含义

“社会人”又称社交人，是人际关系学家梅奥（G. E. Mayo）根据霍桑实验的结果于1933年在其出版的《工业文明的人类问题》一书中提出的。“社会人”假设认为人不是各自孤立存在的，不是机械的、被动的动物，而是作为某一个群体的一个有所归属的“社会人”，是一种社会存在。人具有社会性的需求，如良好的人际关系的需求、人与人之间的关系和组织的归属感比经济报酬更能激励人的行为。因此，管理者应建立和谐的人际关系来促进工作效率和效益的提高。“社会人”的基本假设主要包括如下方面。

(1) 从根本上说，人是由社会需求而引起工作的动机，并且通过同事的关系而获得认同感。

(2) 建立新型的人际关系，领导者要了解员工，善于倾听并和员工沟通，使正式组织的经济需要和非正式组织的社会需要取得平衡。

(3) 人是“社会人”，影响人的积极性的因素除物质因素外，还有社会的心理因素。人与人之间的关系在调动员工积极性方面起着决定性作用，员工对同事的社会影响力，比管理者所给予的经济诱因更为受重视。

(4) 生产效率的高低，主要取决于员工的士气，而士气则取决于家庭生活、社会生活及组织中的人与人之间的关系是否协调一致。

(5) 在正式组织中存在着非正式群体，这些非正式群体有其特殊的行为规范，对其成员有着很大的影响。

(6) 由于技术进步和工作合理化，使员工对工作本身失去了意义。这些丧失的意义必须从工作中的社会关系中寻求。

“社会人”人性假设注意到了员工精神方面的需要，这和以前的理论相比是一个重大的进步，使人性第一次受到了尊重。“社会人”人性假设不仅看到员工具有满足自然性的需要，并且进一步认识到员工还有尊重的需要、社交的需要等其他一些社会需要。

2. 与“社会人”人性假设相对应的管理方法

依据“社会人”人性假设的理论，应当采取下述管理方法。

（1）管理人员不仅要注意完成生产任务，在完成生产任务的同时更应该关心员工，满足员工的需要。

（2）管理人员不能仅仅重视生产过程中的指挥、计划、组织和控制，而更应该重视员工之间的关系，培养并形成员工的归属感和整体感，以及重视非正式组织的作用。

（3）在实行奖励时，着重提倡集体奖励，不主张个人奖励制度。

（4）管理人员不应只限于制订计划、组织工序、检验产品等，其职能应该发生相应改变，即在员工与上级之间起到联络作用。一方面，要听取员工的意见和要求，了解员工的思想感情；另一方面，要向上级呼吁、反映。

（5）注重“参与管理”的新型管理方式，让员工不同程度地参加组织决策的研究和讨论。

3.“社会人”人性假设的评价

随着社会生产力的发展，组织之间竞争的加剧和组织劳资关系的紧张，使管理者开始重新认识“人性”问题。“社会人”假设下的管理对策不再把重点放在正式组织的运作上，而是着眼于对员工的关心和移情理解，不是强调控制而是强调支持。在这方面，西方的许多组织都收到了显著的效果。

“社会人”人性假设的出现开辟了管理和管理理论的一个新领域，并且弥补了古典管理理论的不足，为之后行为科学的发展奠定了基础。“社会人”的假设认为，人与人之间的关系对于激发动机、调动员工积极性比物质奖励更为重要。因此，这一点对组织制订奖励制度有一定的参考意义。但是这种假设中的人际关系，并未改变资本主义社会的雇佣关系、剥削关系，也没涉及社会生产关系的改变，因此它不能解决资本主义社会的阶级矛盾与冲突。它过于偏重非正式组织的作用，对正式组织有放松研究的趋势；它是一种依赖性的人性假设，对人的积极主动性及其动机研究还缺乏深度；它在追求团体归属感的同时否定了个性和独立性；它过分否定了人的现实的经济需求。

（四）“复杂人”人性假设理论

1.“复杂人”人性假设与超 Y 理论的含义

随着管理心理学研究的不断深入，管理学者发现，人类的需要和动机是复杂多变的。人的需要在不同的情境、不同的年龄是有区别的。20 世纪

60年代，美国学者埃德加·沙因（Edgar H. Schein）提出了“复杂人”的观点。沙因认为，不仅人们的需要与潜在欲望是多样的，而且这些需要的模式也是随着年龄与发展阶段的变迁，随着所扮演的角色的变化，随着所处境遇及人际关系的演变而不断变化的。沙因认为，“经济人”“社会人”“自我实现人”反映了人性的各个侧面，但每种人性观都不够全面，应该有一种全新的人性观。综合前三者的合理内核，他提出了“复杂人”人性假设。

“复杂人”人性假设理论的基本内容主要如下。

（1）人的需要是多种多样的，随着人的发展和生活条件的改善而不断地变化，需要的层次也不断改变，人的需要需用多种方式来满足。

（2）人在同一时间内会有各种需要和动机，并且各种需要和动机又互相作用、相互影响，形成错综复杂的动机模式，共同决定人的行为。例如，两个人都想得到奖金，但其动机可能不一样。

（3）由于人在组织中的工作和生活条件是不断地变化的，因此会不断产生新的需要和动机。在人生活的某一特定时期，动机模式的形成是内部需要与外界环境相互作用的结果。

（4）人在不同单位或同一单位的不同部门工作，会产生不同的需要。一个在正式组织中受到冷遇的员工，可能在非正式群体中找到自己的社交需要与自我实现需要的满足。

（5）由于人的需要不同、能力各异，对同一管理方式会有不同的反应，因此，没有一种管理方式适用于所有人，管理要根据不同的时间、地点、情况因人而异，也就是说要进行动态管理。

2. 与“复杂人”人性假设相对应的管理方法

依据“复杂人”人性假设的理论，应当采取下述管理方法。

（1）管理者要有权变的观念，要依据组织所处的内外环境的变化确定不同的管理方式。在特定情境中，管理者要学会采取适合该情境的管理或领导方式。

（2）管理者要善于发现员工的需要和动机的差异，并充分关注员工的需要，从人的角度和环境的角度考虑采用不同的管理方式，因人而异，因时而异，不能千篇一律。

（3）根据组织形式不同采取不同的管理策略和措施，不能过于简单化和一般化，要具体情况具体分析。有的采取较为固定的组织形式效果好，有的则采取灵活、变化的组织形式效果较好。

（4）绩效考核采取多种方法，既看工作结果，也看行为表现；考核标准不能一致，应根据工作的特点而改变。

3.“复杂人”人性假设的评价

管理理论对人性的认识，从“经济人”人性假设到“社会人”“自我实现人”“复杂人”人性假设，经历了一个不断发展、逐步深化的过程。“复杂人”人性假设吸收了前三种假设的优点，但没有取得突破性进展，而是进行调和与完善，具有辩证思想，认为没有普遍使用的管理方法，强调从具体情况出发，根据不同的场合、不同的对象，灵活采用不同的措施，其提倡管理人员应该掌握各种管理的原则并灵活使用。

“复杂人”人性假设是有片面性的，过于强调人的差异性，而在一定程度上忽视了人的共同性，从而使“复杂人”人性假设陷入不可知论的境地。“复杂人”人性假设不能从“人”所处的个体的生产关系出发去认识人的需要，认识人的生产积极性，因而它也只是看到了“人性的复杂”这个现象，无法认识“复杂人性”的本质。

三、激励理论

在经济发展的过程中，劳动分工与交易的出现带来了激励问题。激励理论是行为科学中用于处理需要、动机、目标和行为四者之间关系的核心理论。行为科学认为，人的动机来自需要，由需要确定人们的行为目标，激励则作用于人的内心活动，激发、驱动和强化人的行为。激励理论是业绩评价理论的重要依据，它说明了为何业绩评价能够促进组织业绩的提高，以及怎样的业绩评价机制才能够促进业绩的提高。

（一）内容型激励理论

内容型激励理论是指针对激励的原因与起激励作用的因素的具体内容进行研究的理论。这种理论着眼于满足人们需要的内容，即人们需要什么就满足什么，从而激起人们的动机。内容型激励理论重点研究激发动机的诱因，主要包括马斯洛的需要层次理论、赫茨伯格的双因素论和麦克利兰的成

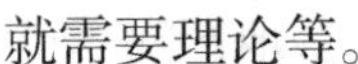

就需要理论等。

1. 马斯洛的需要层次理论

亚伯拉罕·哈罗德·马斯洛（Abraham Harold Maslow）于1943年初次提出了需要层次理论，他把人类纷繁复杂的需要分为生理的需要、安全的需要、友爱和归属的需要、尊重的需要和自我实现的需要五个层次。1954年，马斯洛在《激励与个性》一书中又把人的需要层次发展为七个，由低到高分别为：生理的需要、安全的需要、友爱与归属的需要、尊重的需要、求知的需要、求美的需要和自我实现的需要。

马斯洛认为，只有低层次的需要得到部分满足以后，高层次的需要才有可能成为行为的重要决定因素。七种需要是按次序逐级上升的。当下一级的需要获得基本满足以后，追求上一级的需要就成为驱动行为的动力。但这种需要层次逐渐上升并不是遵照“全”或“无”的规律，即一种需要百分之百地满足后，另一种需要才会出现。事实上，社会中的大多数人在正常的情况下，他们的每种基本需要都是部分地得到满足。

马斯洛把七种基本需要分为高、低两级，其中生理的需要、安全的需要、友爱与归属的需要属于低级的需要，这些需要通过外部条件使人得到满足，如借助于工资收入满足生理需要，借助于法律制度满足安全需要等。尊重的需要、求知的需要、求美的需要和自我实现的需要是高级的需要，它们是从内部使人得到满足的，而且一个人对尊重、求知、求美和自我实现的需要，是永远不会感到完全满足的。高层次的需要比低层次的需要更有价值，人的需要结构是动态的、发展变化的。因此，通过满足员工的高级需要来调动其生产积极性，具有更稳定、更持久的力量。

2. 赫茨伯格的双因素理论

激励因素—保健因素理论是美国的行为科学家弗雷德里克·赫茨伯格（Frederick Herzberg）提出来的，又称双因素理论。赫茨伯格曾获得纽约市立学院的学士学位和匹兹堡大学的博士学位，以后在美国和其他30多个国家和地区从事管理教育和管理咨询工作，是犹他大学的特级管理教授。他的主要著作有：《工作的激励因素》《工作与人性》《管理的选择：是更有效还是更有人性》。双因素理论是他最主要的成就，在工作丰富化方面，他也进行了开创性的研究。

20世纪50年代末期，赫茨伯格和他的助手们在美国匹兹堡地区对200名工程师、会计师进行了调查访问。访问主要围绕两个问题：在工作中，哪些事项是让他们感到满意的，并估计这种积极情绪持续多长时间；又有哪些事项是让他们感到不满意的，并估计这种消极情绪持续多长时间。赫茨伯格以对这些问题的回答为材料，着手去研究哪些事情使人们在工作中获得快乐和满足，哪些事情造成不愉快和不满足。结果他发现，使职工感到满意的都是属于工作本身或工作内容方面的；使职工感到不满的都是属于工作环境或工作关系方面的。他把前者叫作激励因素，后者叫作保健因素。

激励因素是指能带来积极态度、满意和激励作用的因素，是那些能满足个人自我实现需要的因素，包括成就、赏识、挑战性的工作、增加的工作责任，以及成长和发展的机会。如果这些因素具备了，就能对人们产生更大的激励。从这个意义出发，赫茨伯格认为传统的激励假设，如工资刺激、人际关系的改善、提供良好的工作条件等，都不会产生更大的激励；它们能消除不满意，防止产生问题，但这些传统的激励因素即使达到最佳程度，也不会产生积极的激励。按照赫茨伯格的意见，管理部门应该认识到保健因素是必需的，不过它一旦使不满意中和以后，就不能产生更积极的效果。只有激励因素才能使人们有更好的工作成绩。

保健因素的满足对职工产生的效果类似于卫生保健对身体健康所起的作用。保健从人的环境中消除有害于健康的事物，它不能直接提高健康水平，但有预防疾病的效果；它不是治疗性的，而是预防性的。保健因素包括公司政策、管理措施、监督、人际关系、物质工作条件、工资、福利等。当这些因素恶化到人们认为可以接受的水平以下时，就会产生对工作的不满意。但是，当人们认为这些因素很好时，它只是消除了不满意，并不会产生积极的态度，这就形成了某种既不是满意，又不是不满意的中性状态。

赫茨伯格及其同事又对各种专业性和非专业性的工业组织进行了多次调查。他们发现，由于调查对象和条件的不同，各种因素的归属有些差别，但总的来看，激励因素基本上属于工作本身或工作内容，保健因素基本上属于工作环境和工作关系。但是，赫茨伯格注意到，激励因素和保健因素都有若干重叠现象，如赏识属于激励因素，基本上起积极作用；但当没有受到赏识时，又可能起消极作用，这时又表现为保健因素。工资是保健因素，但有时也能产生使职工满意的结果。

赫茨伯格的双因素理论同马斯洛的需要层次理论有相似之处。他提出的保健因素相当于马斯洛提出的生理的需要、安全的需要、友爱与归属的需要等较低级的需要；激励因素则相当于尊重的需要、自我实现的需要等较高级的需要。当然，他们的具体分析和解释是不同的。但是，这两种理论都没有把“个人需要的满足”同“组织目标的达到”这两点联系起来。

但是，双因素理论促使组织管理人员注意工作内容方面因素的重要性，特别是它们同工作丰富化和工作满足的关系，因此是有积极意义的。赫茨伯格告诉我们，满足各种需要所引起的激励深度和效果是不一样的。物质需求的满足是必要的，没有它会导致不满，但是即使获得满足，它的作用往往也是很有限的、不能持久的。要调动人的积极性，不仅要注意物质利益和工作条件等外部因素，而且要注意工作的安排，量才录用，各得其所，并注意对人进行精神鼓励，给予表扬和认可，注意给人以成长、发展、晋升的机会。随着温饱问题的解决，这种内在激励的重要性越来越明显。

3. 戴维·麦克利兰的成就需要理论

美国哈佛大学教授戴维·麦克利兰（David C. McClelland）把人的高级需要分为三类，即权力需要、交往需要和成就需要。

在实际生活中，一个组织有时因配备了具有高成就动机需要的人员，使组织成为高成就的组织，但有时是由于把人员安置在具有高度竞争性的岗位上才使组织产生了高成就的行为。麦克利兰认为前者比后者更重要。这说明高成就需要是可以培养出来的，并且目前已经建立了一整套激励员工成就需要的培训方法，来提高生产率和为在出现高成就需要的工作时培养合适的人才。

成就需要理论也称为激励需要理论，是20世纪50年代初期，麦克利兰集中研究了人在生理和安全需要得到满足后的需要状况，特别对人的成就需要进行了大量的研究，从而提出了一种新的内容型激励理论——成就需要理论。成就需要理论的主要特点是：它更侧重于对高层次管理中被管理者的研究，所研究的对象主要是生存、物质需要都得到相对满足的各级经理、政府职能部门的官员以及科学家、工程师等高级人才。由于成就需要理论的这一特点，它对于组织管理以外的科研管理、干部管理等具有较大的实际意义。

麦克利兰认为，在人的生存需要基本得到满足的前提下，成就需要、权力需要和交往需要是人的最主要的三种需要。成就需要的高低对一个人、一个组织的发展起着特别重要的作用。该理论将成就需要定义为根据适当的目标追求卓越、争取成功的一种内驱力。

该理论认为，有成就需要的人，对胜任和成功有着强烈的要求；同样地，他们也担心失败。他们乐意甚至热衷于接受挑战，往往为自己树立一定难度而又不是高不可攀的目标；他们敢于冒风险，又能以现实的态度对付冒险，绝不以迷信和侥幸心理对付未来，而是对问题善于分析和估计。他们愿意承担所做工作的个人责任，但对所从事的工作情况希望得到明确而又迅速的反馈。这类人一般都喜欢长时间的工作，即使真出现失败也不会过分沮丧。一般而言，他们喜欢表现自己。成就需要强烈的人有事业心，喜欢那些能发挥其独立解决问题能力的环境。在管理中，只要给他们提供合适的环境，他们就会充分发挥自己的能力。权力需要较强的人则有责任感，愿意承担需要的竞争，并且能够取得较高的社会地位的工作，喜欢追求和影响别人。

该理论还认为，具有归属和交往需要的人，通常从友爱、情谊、人与人之间的社会交往中得到欢乐和满足，并总是设法避免因被某个组织或社会团体拒之门外而带来的痛苦。他们喜欢保持一种融洽的社会关系，享受亲密无间和相互谅解的乐趣，随时准备安慰和帮助危难中的伙伴。交往需要是人们追求他人的接纳和友谊的欲望。交往需要欲望强烈的人渴望获得他人赞同，高度服从群体规范，忠实可靠。

4. 奥尔德弗的 ERG 理论

ERG 理论是“生存—相互关系—成长需要理论”的缩写。克雷顿·奥尔德弗（Clayton Alderfer）认为，人的需要有三类：生存需要（Existence）、相互关系需要（Relatedness）和成长需要（Growth）。

第一，生存需要指的是全部的生理需要和物质需要，如吃、住、睡等。组织中的报酬、对工作环境和条件的基本要求等，也可以包括在生存需要中。

第二，相互关系需要是指人与人之间的相互关系、联系（或称之为社会关系）的需要。这一类需要类似马斯洛需要层次中部分安全的需要、全部友爱与归属的需要以及部分尊重的需要。

第三，成长需要指一种要求得到提高和发展的内在欲望，人不仅要求充分发挥个人潜能、有所作为和成就，而且有开发新能力的需要。这一类需要可与马斯洛需要层次中部分尊重的需要及整个自我实现的需要相对应。

该理论认为，各个层次的需要得到的满足越少，越为人们所渴望；较低层次的需要越是能够得到较多的满足，较高层次的需要就越渴望得到满足；如果较高层次的需要一再得不到满足，人们会重新追求较低层次需要的满足。这一理论不仅提出了需要层次上的满足到上升的趋势，而且指出了从挫折到倒退的趋势，这在管理工作中很有启发意义。同时，ERG 理论还认为，一个人可以同时有一个以上的需要。

（二）过程型激励理论

过程型激励理论重点研究从动机的产生到采取行动的心理过程。主要包括弗鲁姆的期望理论、海德的归因理论和亚当斯的公平理论等。

1. 弗鲁姆的期望理论

期望理论是心理学家维克托·弗鲁姆（Victor Vroom）提出的。期望理论认为，人们之所以采取某种行为，是因为此种行为可以有把握达到某种结果，并且这种结果对其有足够的价值。换言之，动机激励水平取决于人们认为在多大程度上可以达到预期的结果，以及人们判断自己的努力对于个人需要的满足是否有意义。

2. 海德的归因理论

归因理论是美国心理学家海德（F. Heider）于 1958 年提出的，后由美国心理学家韦纳及其同事的研究而再次活跃起来。归因理论是探讨人们行为的原因与分析因果关系的各种理论和方法的总称。归因理论侧重于研究个人用以解释其行为原因的认知过程，亦即研究人的行为受到激励是“因为什么”的问题。

3. 亚当斯的公平理论

公平理论又称社会比较理论，是美国行为科学家约翰·斯塔希·亚当斯（John Stacey Adams）在《工人关于工资不公平的内心冲突同其生产率的关系》《工资不公平对工作质量的影响》《社会交换中的不公平》等著作中提出来的一种激励理论。该理论侧重于研究工资报酬分配的合理性、公平性及其对员工生产积极性的影响。

（三）修正型激励理论

修正型激励理论重点研究激励的目的（改造、修正行为），主要包括斯金纳的强化理论和挫折理论等。

1. 强化理论

强化理论是美国心理学家和行为科学家斯金纳（Skinner）等人提出的。强化理论是以学习的强化原则为基础的关于理解和修正人的行为的一种学说。所谓强化，从其最基本的形式来讲，指的是对一种行为的肯定或否定的后果（报酬或惩罚），它至少在一定程度上会决定这种行为在今后是否会重复发生。

根据强化的性质和目的，可把强化分为正强化和负强化。在管理上，正强化是奖励那些组织上需要的行为，从而加强这种行为；负强化是惩罚那些与组织不相容的行为，从而削弱这种行为。正强化的方法包括奖金、对成绩的认可、表扬、改善工作环境和人际关系、提升、安排担任挑战性的工作、给予学习和成长的机会等；负强化的方法包括批评、处分、降级等，有的时不给予奖励或少给奖励也是一种负强化。

2. 挫折理论

挫折理论是关于个人的目标行为受到阻碍后，如何解决问题并调动积极性的激励理论。挫折是一种个人的主观感受，面对同一遭遇，有的人可能陷入极大的挫折中，而有的人则不一定视其为挫折。

（四）综合型激励理论

行为主义激励理论强调外在激励的重要性，而认知派激励理论强调的是内在激励的重要性。综合型激励理论则是这两类理论的综合、概括和发展，它为解决调动人的积极性问题指出了更为有效的途径。

心理学家库尔特·勒温（Kurt Lewin）提出的“场动力理论”是最早期的综合型激励理论。这个理论强调，对于人的行为发展来说，先是个人与环境相互作用的结果。外界环境的刺激实际上只是一种导火线，而人的需要则是一种内部的驱动力，人的行为方向决定于内部系统的需要的强度与外部引线之间的相互关系。如果内部需要不强烈，那么，再强的导火线也没有多大的意义。

波特（Porter）和劳勒（Lawler）于1968年提出了新的综合型激励模式，将行为主义的外在激励和认知派的内在激励综合起来。在这个模式中含有努力、绩效、个体品质和能力、个体知觉、内部激励、外部激励和满足等变量。

在这个模式中，波特与劳勒把激励过程看成外部刺激、个体内部条件、行为表现、行为结果相互作用的统一过程。一般人都认为，有了满足才有绩效。而他们则强调，先有绩效才能获得满足，奖励是以绩效为前提的，人们对绩效与奖励的满足程度反过来又影响以后的激励价值。人们对某一作业的努力程度，是由完成该作业时所获得的激励价值和个人感到作出努力后可能获得奖励的期望概率所决定的。很显然，对个体的激励价值越高，其期望概率越高，则他完成作业的努力程度也越大。同时，人们活动的结果既依赖于个人的努力程度，也依赖于个体的品质、能力以及个体对自己工作作用的知觉。

波特和劳勒的激励模式还进一步分析了个人对工作的满足与活动结果的相互关系。他们指出，对工作的满足依赖于所获得的激励同期望结果的一致性。如果激励等于或者大于期望所获得的结果，那么个体便会感到满足。如果激励和劳动结果之间的联系减弱，那么人们就会丧失信心。

第二章　人力资源环境分析

人力资源环境分析是人力资源规划的重要环节之一，客观科学的环境分析可以提高人力资源规划的有效性。基于此，本章主要探讨人力资源环境及其分析的原则、内容、步骤与方法。

第一节　人力资源环境概述

环境是指由相互依存、相互制约、不断变化的各种因素组成的一个系统，是影响组织管理决策和生产经营活动的现实各因素的集合。相比于别的影响因素，环境在组织的结构设置、内部过程及管理决策中的影响作用或许更大。就人力资源管理领域而言，环境包含对人力资源管理活动产生影响的各种因素。这些因素既包括来自组织内部的因素，也包括来自组织外部的因素。

人力资源管理环境是一个多维的、不断变化的开放系统。一般而言，环境尤其是外部环境的外延是无限的。但是，环境主要是指对组织人力资源管理的决策和运作产生一定影响的因素和外力。它们可能影响组织的运行，进而对人力资源管理的战略、政策的形成以及实施产生影响。

一、人力资源外部环境

外部环境是指组织在决策过程中必须考虑的、在组织边界之外的物质及社会因素，包括组织外所有的因素和事件。外部环境并非如人们一开始想象的那样，是一个单一整体，而是一个由多个部分组成的开放系统。在这个系统中的每一个组成部分，都可以对组织的政策和行为起到影响作用。

（一）自然环境

自然环境是指组织工作涉及地区的地理、气候、资源、生态等环境。自然环境与人类生存活动密切相关，具有稀缺、难以再生等特点。因此，人类社会为了生存和发展不断加强对自然资源的开发，也带来自然资源日益短缺、生态环境污染日益严重、全球气温不断上升等一系列发展问题。这些问题已经成为全球关注的焦点。如今，人们保护自然环境的意识不断加强，不注重保护自然环境的组织会受到媒体、公众的谴责，从而对组织造成不利的影响。各国政府也在不断加大保护自然资源和环境的力度，不断提高排污标准，造成组织能源成本不断提高。所有这些都直接或间接地给组织带来威胁或机会。组织在自身发展的过程中应尽到自己的社会责任，自发保护自然环境。

（二）政治法律环境

政治法律环境是指政治团体及其活动以及国家制订的相关法律法规等因素。这些因素对组织具有直接或者潜在的约束力，通过规定经营范围影响组织的投资行为。

组织应当时刻关注国家的政治制度与体制，特别是与自己经营业务关联紧密的法律法规。因为这些法律法规对组织的工作具有直接的约束力。例如，环境保护法对那些严重破坏环境的生产行为进行严厉处罚。就人力资源领域而言，政治法律环境包括当地政府的服务意识和行政效率、与人力资源相关的政策法规，如人才引进、户口落户、职业培训及地方性劳动法规等。随着社会的不断发展，我国在不断完善相关的法律法规来保护劳动者和环境。例如，《中华人民共和国劳动合同法》《中华人民共和国就业促进法》《中华人民共和国妇女权益保障法》《中华人民共和国工会法》等各有不同程度的修正。组织在开展人力资源管理活动时，必须遵守这些法律法规。

（三）经济环境

经济环境是指一个国家的经济制度、经济结构、产业布局、资源状况、经济发展水平以及未来的经济走势等。构成经济环境的关键要素涉及多方面内容，包括利率水平、通货膨胀程度及趋势、失业率、消费者收入与支出、

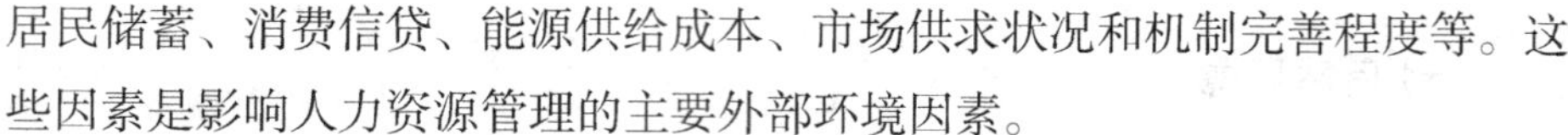

居民储蓄、消费信贷、能源供给成本、市场供求状况和机制完善程度等。这些因素是影响人力资源管理的主要外部环境因素。

（四）人力资源市场

人力资源市场是社会人力资源供求的存储库，是组织满足人力资源需求的最重要途径，是组织人力资源管理应该时刻关注的一个重要的外部环境因素。人力资源市场总是处于不断变化之中。社会人口平均寿命、经济结构调整、产业政策转变、国家教育发展水平等都会影响到市场中劳动力的供求总量。组织制订人力资源战略时，必须对人力资源市场进行深入分析，掌握一定时期内劳动力的存量，了解社会劳动力的市场需求及其供给，判断劳动力供给价格，才能有的放矢，掌握主动权；也可以从人力资源市场中的人才数量、人才质量和人才结构等方面进行分析。

（五）社会文化环境

文化是指在某个地理区域内持同一语言的群体中的个体在其知觉、信仰、评价、沟通和行为过程中表现出来的共同特征。每一个社会都有其核心文化价值观。这些价值观和文化传统都是经过一代又一代相传而来。它们往往间接、潜在而又持久地制约和影响着人们的观念和思维，进而改变或影响人们的行为。因此，组织人力资源管理必须重视社会文化环境对员工的影响，采取有针对性的措施，趋利避害。不同的社会群体之间的社会文化差异是显著的。中国文化讲究集体意识，个人应当服务于集体，甚至为了集体利益可以牺牲个人利益。

（六）科学技术环境

人类社会发展得以日新月异，完全归功于科学技术的飞速发展。在过去的半个世纪里，最迅速的变化就发生在技术领域，改变了世界和人类的生活方式。科学技术的不断发展，使组织的岗位不断发生变化，很多岗位因技术的革新而消失，而新出现的岗位要求员工必须具备更高的能力特别是掌握新知识、新技术、新技能的能力，才能适应岗位需求。在新技术不断更新的现代社会，要想单纯依靠在人力资源市场中招聘足够的符合要求的员工是不

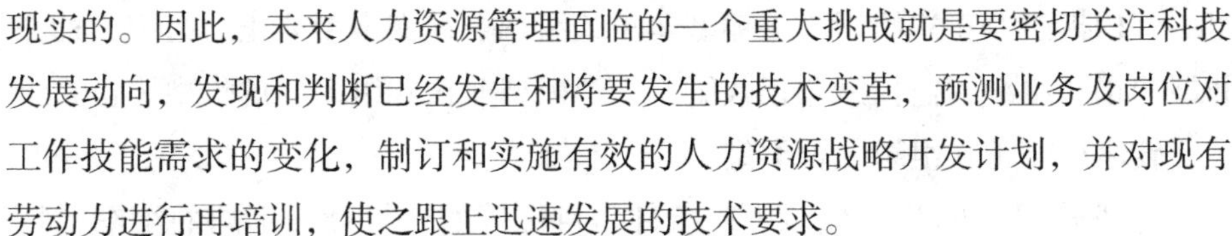

现实的。因此，未来人力资源管理面临的一个重大挑战就是要密切关注科技发展动向，发现和判断已经发生和将要发生的技术变革，预测业务及岗位对工作技能需求的变化，制订和实施有效的人力资源战略开发计划，并对现有劳动力进行再培训，使之跟上迅速发展的技术要求。

二、人力资源内部环境

组织内部环境由存在于组织内部并影响组织运行的因素构成，主要包括组织的现有人力资源状况、组织结构、组织文化、非正式组织、工会等。与外部环境不同，人力资源内部环境的各种因素处于组织的范围之内，因此组织能够直接影响它们。

第一，工会。随着社会的发展，工会的职能也在不断延伸。具体到人力资源管理方面，主要是根据工会章程和法律法规的发展及现实的劳动关系，参与到岗位设计、工作分析、员工招聘管理、员工薪酬管理和员工培训等方面事务。

第二，组织文化。组织文化是指组织在一定价值体系指导下所选择的那些普通的、稳定的、一贯的行为方式的总和。价值观尤其是价值目标，是组织文化的核心构成。组织文化包含组织制度文化和组织外显文化两个层面。组织制度文化主要体现在管理的制度方面。组织外显文化则通过日常工作行为来体现。组织文化在人力资源管理实践中作用巨大，起着激励员工自豪感和责任感并内化为发展动力、凝聚员工共同认知并内化为向心力、规范群体价值观念评判标准并内化为共同行为准则等作用。在人力资源管理中，留住核心劳动力的关键在于把组织文化的核心内容灌输到员工思想之中，让员工认同和接受文化。

第三，非正式组织。非正式组织是在正式组织之内，没有经过正式的任命或相关程序，由于情感因素自发形成的一种非正式的群体和体系。自发性和情感性决定非正式组织不可能具有严密的结构，其处于一种比较松散和隐秘的状态。每一个组织内部都会存在非正式组织。

从对正式组织的影响来说，非正式组织可以分为消极、中性、积极三个等级。从非正式组织自身的凝聚力来说，可以分为高、中、低三个等级。根据影响程度和凝聚力程度的不同组合，非正式组织又可以分为团队型非正式组织、积极型非正式组织、兴趣型非正式组织、社交Ⅰ型非正式组织、社交Ⅱ型非正式组织、监控型非正式组织、消极型非正式组织、危险型非正式组织、破坏型非正式组织九种类型。

非正式组织因为形成原因、条件、目标等的差异性，不同的组织在特征、作用和发展倾向方面也会表现出明显的差异。因此，组织在协调非正式组织时，应根据非正式组织的类型特征，采取不同的办法。在一个组织内，正式组织与非正式组织是协作中相互作用、相互依存的两个方面。总体而言，非正式组织对正式组织具有积极和消极两个方面的作用。积极方面是促进信息的沟通、满足成员不同需要、增强凝聚力、提高正式组织的弹性和应变能力等。消极方面是对正式组织滋生谣言、泄露机密、控制内部成员行为、影响效率、抵制变革等。

第四，组织结构。组织结构是组织的全体成员为实现组织目标，在管理工作中进行分工协作，在职务范围、责任、权力方面所形成的结构体系。它是组织的流程运转、部门设置、职能规划、职位数量和岗位职责的最基本结构依据。

按照复杂性、正规化和集权化三个组织结构维度的差异，组织可以划分为机械式组织和有机式组织。机械式组织又可以称为管理行政组织，它的组织结构特征是高复杂性、正规化和集权化。这种组织严格保持着职权层级，管理跨度十分小，特别强调规则条例和正规化的功能，在管理上不够人性化。有机式组织又称扁平式组织，它的组织结构特征是低复杂性、低正规化和分权化。扁平式组织通常设置较宽的管理跨度，以减少管理层次，提高组织处理问题的反应速度。它关注的重点是人性化和团队合作，而非标准化的工作和规则条例。不论是机械式组织还是有机式组织，只有采取与之相匹配的人力资源管理活动，才可能获得高绩效。

第五，现有人力资源状况。现有人力资源状况是组织进行人力资源战略和规划的起点。只有厘清组织现有人力资源的数量、质量、结构分布等，才能科学开展下一步的预测、规划、招聘、培训等人力资源管理实践工作。人力资源数量分析的重点是通过测量各种业务所包含的工作量与人员需求，判断现有人员数量是否与组织业务量相符合。人力资源质量分析主要是分析现有员工队伍的受教育程度以及所受的职业培训状况。人力资源结构分布分

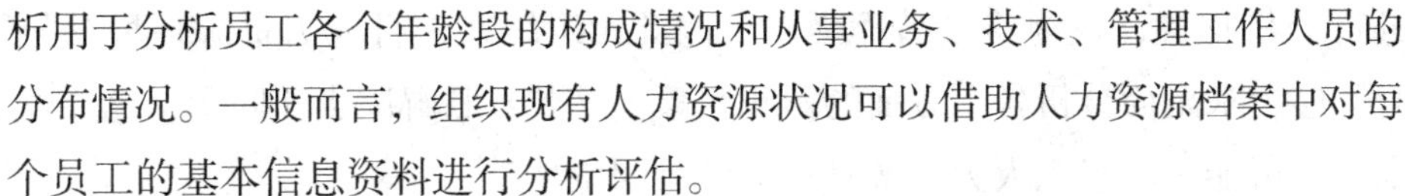

析用于分析员工各个年龄段的构成情况和从事业务、技术、管理工作人员的分布情况。一般而言，组织现有人力资源状况可以借助人力资源档案中对每个员工的基本信息资料进行分析评估。

第二节　人力资源环境分析的原则

环境分析的对象是组织赖以发展的客观环境，如果在取得信息的过程中出现失真，那么后续基于此信息的分析就很难制订出恰当的人力资源规划。但是，在实践中不同的人面对相同的环境，采用相同的分析方法和步骤也可能得出差距比较大的结果。因此，在进行人力资源环境分析时要把握一系列原则，才能保证分析信息的客观真实。

一、客观性原则

环境因素是客观存在的，但因为采集途径、采集方法、个人偏好等存在偏差，经过采集人员处理的信息并不一定是真实的反映。因此，环境分析的客观性取决于收集信息的客观性。这就需要信息采集人员本着认真负责的态度，严谨开展信息的整理和分析工作。特别是针对关键因素，应仔细核实信息源，尽量避免使用非原始的资料。同时，人力资源环境分析人员要改善自己的心智模式，保持客观的心态看待各类情况，切忌带着先入为主的假设或者成见去收集和分析已经发生的特定情况。

二、系统性和前瞻性原则

人力资源管理的许多外部因素之间、内部因素之间、内外部因素之间是相互影响的；同时，人力资源环境分析服务的对象即人力资源战略和人力资源规划具有系统性的特征。因此，在进行人力资源环境分析时要注意各方面的联系和相互作用。

人力资源环境分析是通过分析历史信息，科学预测情势发展，从而为组织的下一步决策提供依据。缺乏真实、可靠的历史信息，便无从寻找其规律进而预测接下来的变化。同样地，拥有真实信息，但不对可能的变化情况

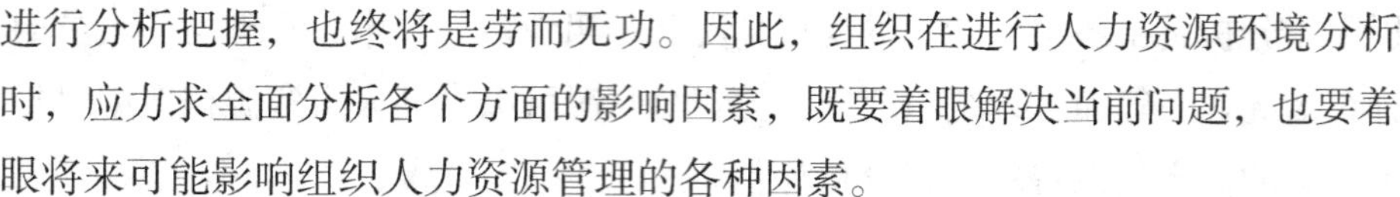

进行分析把握，也终将是劳而无功。因此，组织在进行人力资源环境分析时，应力求全面分析各个方面的影响因素，既要着眼解决当前问题，也要着眼将来可能影响组织人力资源管理的各种因素。

三、全局性和重点性原则

人力资源战略和规划受政治、法律、经济、社会、自然等宏观环境和组织微观环境的影响。因此，作为其基础的环境分析就必须考虑多方面的因素。一方面，要从全局的角度出发，找出所有可能影响的环境因素，为下一步分析重点影响因素打好基础。另一方面，各个因素之间的影响力大小不同。有的环境因素是不变的、独立的，产生影响作用不受其他因素干扰；有的环境因素是可变的、非独立的，产生影响作用需要某一些环境作为中介。如果不能正确区分主要影响因素，将难以为决策提供有效的帮助。组织要找出对人力资源管理实践影响力大的重点因素，并对其进行仔细分析。

第三节　人力资源环境分析的内容

一、人力资源宏观环境分析的内容

第一，自然环境分析。自然环境对组织影响的主要动向是：自然资源日益短缺，能源成本趋于提高，环境污染日益严重，政府对自然资源管理的干预不断加强。所有这些都直接或间接地给组织带来威胁或机会。

第二，政治法律环境分析。法律因素是指中央和地方的法规和有关规定，其中劳动法等法规对人力资源管理实践产生重要影响。例如，劳动法对组织执行劳动法律、法规的情况进行约束，这是依法维护职工合法权益的重要保障。

第三，社会经济环境分析。一个国家或地区的经济是影响人力资源管理的主要外部环境因素。一般而言，经济繁荣时，招聘合格的员工存在一定困难；经济衰退时，适用的求职者则供过于求。社会经济环境具体是指组织所面临的各种外部经济条件，主要包括一个国家或地区的经济特征、消费者收入与支出、物价水平、消费信贷及居民储蓄等宏观因素。目前，社会经济方面的各种变化改变了就业和职业模式，就增长比例而言，就业岗位增长最快的首推计算机领域。就业与职业变化的另一个侧面是不同规模的组织工作岗位具有不同的增减模式。

第四，人力资源市场分析。人力资源市场是组织的一个外部人员储备，通过这种储备组织能够获得它所需要的员工。组织员工的能力在很大程度上决定着组织目标的完成度。由于组织可从外部雇佣新的员工，因此人力资源市场便是组织人力资源管理必须考虑的一个外部环境因素。人力资源市场是随时变化的，这会引起组织人力资源的变化，组织内部每个人的变化会影响到管理者处理人力资源问题的方式。换言之，人力资源市场的变化会引起组织内部劳动力的动态变化。

第五，社会文化环境分析。社会文化因素对人力资源管理也具有重要影响，组织对此也应加以重视。社会文化环境是指一个国家或地区的文化传统、价值观、教育水平、社会结构、风俗习惯等情况。社会文化是经过千百年逐渐形成的，它影响和制约着人们的观念和思维，影响着人们的行为。

第六，科学技术环境分析。科学技术是影响人类前途和命运的重大力量，组织发展必须密切关注科学技术的发展动态。技术对人力资源管理的影响是多方面的。新技术的出现，使在某些需求领域中招聘合格的员工变得十分困难。在这种情况下有必要对现在的人力资源进行再培训。目前随着大数据、“互联网 +” 时代的到来，组织对人力资源的需求数量和需求结构正在发生变化。

二、人力资源微观环境分析的内容

(一) 工会

工会是人力资源内部环境分析不能忽略的一个要素。我国工会在调节劳动关系上也发挥着重要的作用，因此，需要对我国工会的构成、功能、决策方式等进行分析研究。

中华全国总工会是我国各地方总工会和各产业工会全国组织的领导机关。工会的最高领导机关是工会的全国代表大会和它所产生的中华全国总工会执行委员会。在中华全国总工会执行委员会全体会议闭会期间，由主席团行使执行委员会的职权，主席团下设书记处，主持中华全国总工会日常工作。

工会的地方各级领导机关是工会的地方各级代表大会和它所产生的总工会委员会，各级地方总工会委员会是地方各级工会代表大会的执行机构。产业工会是按照产业系统建立起来的工会组织。产业工会的设置主要分为全国产业工会和地方各级产业工会。全国产业工会的设置是由中华全国总工会根据需要确定的。各级地方产业工会组织的设置，由同级地方总工会根据本地区的实际情况确定。企业、事业单位、机关、社会组织等基层单位，有会员 25 人以上的，应当建立基层工会委员会；会员不足 25 人的，可以单独建立基层工会委员会，也可以由两个以上单位的会员联合建立基层工会委员会，也可以选举组织员 1 人，组织会员开展活动。

(二) 非正式组织

人力资源管理的内部环境中存在正式组织和非正式组织。一般而言，通过组织结构图和工作说明来描述正式组织。相对而言，正式组织更易于观察、分析和诊断。组织中的非正式组织群体，是指在组织中自然形成的一种群体关系。非正式组织群体关系的存在，显示员工之间广泛的社会关系，其凭借非正式的渠道，以感情为基础，使群体成员的行为不受正式的约束。有的时候，一些通过正式组织解决不了的问题，可以通过非正式组织得到解决。

组织中非正式组织群体的作用具有两重性，这取决于非正式组织的目标和正式组织的目标的一致程度。当非正式组织的目标与正式组织的目标一致时，就会促进组织目标的实现；当非正式组织的目标与正式组织的目标不一致时，就会影响组织目标的实现。

非正式组织群体有时会形成约定俗成的工作标准，当这一标准与组织计划所规定的标准没有冲突时，组织计划就能够较顺利地完成；若这一标准与组织目标相冲突，则会阻碍或干扰组织目标的实现。这一作用使组织在超额完成任务时，会表现得尤为突出。非正式组织可以弥补正式组织沟通范围的不足。非正式组织群体的活动不受行政界限的限制，可以超越行政权力的时空，比正式组织沟通的范围大。因此，正式组织可以利用非正式组织群体这一特点来弥补自身的不足，扩大沟通的范围，做好自己的工作。例如，当组织实施一些重要决策或决定时，除了通过正式组织系统动员、布置外，还

要利用非正式组织的力量。

人力资源管理实践是为实现组织目标服务。由于非正式组织对组织员工的心理满意度、工作积极性等也有较大的影响，因此人力资源管理环境研究要对非正式组织进行分析，以利于在工作中对非正式组织进行引导。一般而言，每个非正式组织群体在形成及其活动过程中，都会逐渐浮现或产生领军人物，这些领军人物对群体的影响较大。因此，在分析具体的组织时，还要对这些人物进行个案研究。

（三）组织文化

组织文化是组织在一定社会经济文化背景下，逐步形成和发展起来的日趋稳定的价值观、组织精神、行为规范、道德准则、生活信念、传统习惯等（表 2-1）。

表 2-1　组织文化在组织管理中的主要作用

作用	具体内容
激励作用	组织文化犹如一种内在于组织的精神，这种无形的动力可以激发员工的自豪感、责任感，从而转化为推动组织群体前进的动力
凝聚作用	组织文化能够培养员工的组织共同体意识，这是组织凝聚力的源泉，能在组织内部造成一种和谐、公平、友好的气氛，促进全体员工的团结、信任、理解和相互支持，使之形成群体的向心力
规范作用	组织文化的一个重要特征就是根据组织整体利益的需要，产生一系列以价值观念为核心的评判标准。它虽然不是规章制度，但在实践中员工作出符合组织目标的行为，这就起到了规章制度的规范作用
稳定作用	组织文化具有相对稳定性。组织文化一旦形成并模式化后，就具有很强的稳定性。这是因为组织长期形成的渗透组织各个领域的文化，可以成为深层心理结构中的基本部分，在较长时间内对成员的思想感情和行为发生作用

人力资源管理的最高层次就是运用组织文化进行管理。组织文化是人力资源环境分析的重要对象。对组织文化进行研究可从以下方面入手。

第一，由于组织文化是长时间形成的，因此，要先对组织发展的历史以及组织文化形成的历史进行研究。

第二，不仅要对表层的组织文化进行研究，而且要深入最深层，了解员工进行决策时所暗含的假设，如果某些假设是共同的，它们就有可能与组织文化有关。

第三，一个组织中可能还有多种亚文化。一方面，组织文化对组织在特定的情况下会有积极的作用；另一方面，组织文化一旦形成就具有一定的稳定性。但当环境的变化速度较快时，会引起组织结构、运作方式的改变，而组织文化的变化相对较慢时，其就会起到阻碍作用。现在，这种情况越来越多地出现，这就要求在对人力资源环境进行具体分析时更加重视对组织文化的研究分析。

（四）组织结构

组织结构体系是组织治理的重要体现，完善的组织结构有利于实现绩效的提高。组织的发展从某种程度上来说，取决于组织结构的优化或提升。拥有明晰的组织结构，组织中的各个管理职能才能有效地发挥其应有的作用。组织结构的实施和运行最终要通过人力资源配置来实现，因此应该进行人力资源配置分析。组织人力资源的配置，就是通过考核、选拔、录用和培训，把符合组织发展需要的各类人才及时、合理地安排在所需要的岗位上，使得人尽其才，提高人力资源生产率，最大限度地为组织创造更多的社会效益。

（五）组织人力资源现状

组织现有的人力资源是人力资源规划的基础，是将来发展的起点。因此，必须对组织现有的人力资源状况有一个全面的了解和充分的认识。组织人力资源现状分析包括人员数量分析、人员类型分析、年龄构成分析、职位构成分析和工作人员素质分析等。

第一，针对人员数量分析。人力资源数量分析的重点是探讨现有的人力资源数量是否与组织各部门的业务量相吻合，也就是探讨现有的人力资源匹配是否最佳。因此，必须测量各种业务所包含的工作量以及处理某些工作的工作时间与人员需求。目前，各组织采用的计算方法有很多，如工作效率法、业务分析法、预算控制法、行业比例法、标杆对照法等。在组织实践中，通常是将各种方法结合起来，参照行业最佳典范来规划本组织的岗位人数。但由于各组织的情况有差别并且不断变化，人力资源数量分析应在不断的变化中调整，因此它是个动态的过程。

第二，针对人员素质分析。工作人员素质分析是分析现有工作人员的受教育程度及所受的培训状况。一般而言，受教育与培训程度的高低可显示工作知识和工作能力的高低，任何组织都希望能提高工作人员的素质，使其对组织贡献更大的力量。但事实上，人员受教育程度及培训程度的高低，应以满足工作需要为前提。因此，为达到适才适用的目的，人员素质必须和组织的工作现状相匹配。管理层在提高人员素质的同时，也应该积极提高人员的工作效率，以人员创造工作，以工作发展人员，促进组织的发展。

第三，针对年龄构成分析。分析员工的年龄结构，在总的方面可按年龄段进行，统计整个组织人员的年龄分配情况及员工平均年龄等。了解年龄结构，旨在了解以下情况：①组织人员是年轻化，还是日趋老化；②组织人员吸收新知识、新技术的能力；③组织人员工作的体能负荷；④工作职位或职务的性质与年龄大小的匹配要求。

第四节　人力资源环境分析的步骤与方法

组织在编制人力资源战略与规划之前，必须准确评估组织内外部环境，并对其变化带来的挑战和机会作出合理预测，才能适应环境的变化，进而科学开展招聘、选拔、开发、培训、薪酬、福利等人力资源实践。

一、人力资源环境分析的步骤

第一，识别环境因素。对组织进行外部环境分析，需要先明确环境因素包括的要素。有的因素在短期内就能对组织的决策和活动产生影响，而有的因素则需要通过长期的发酵才能发挥影响作用。因此，在收集信息时，应尽量收集全面（表 2–2）。

表 2–2　组织收集信息时的注意事项

序号	具体内容
1	细分需要收集的内容，可以更明确区分组织机会和威胁。从宏观环境到微观环境因素列出清单
2	在收集途径上，综合利用互联网、广播、电视、政府公报等渠道，进行多重比较，确保信息真实、可靠
3	在收集主体上，组织应当充分参与。发达国家有着较为专业的信息统计和发布公司，相比之下，我国的信息发布情况还有进步的空间。因此，在收集信息时，组织应当确立“以我为主”的原则

第二，确认关键因素。明确组织外部环境的组成因素后，就需要确认组织发展过程中的关键因素。这需要和组织所处环境等联系起来。

第三，预测关键因素的变化趋势。根据确定的关键因素和收集的有关信息，预测这些因素可能发生的变化。预测方法可分为定量方法和定性方法。其中，定量预测技术适用于历史数据完整、各变量之间的关系不会发生重大变化的情况；定性预测技术适用于历史数据不全、各种变量变化较大的情况。

第四，描绘关系图。环境分析的最后一步就是把各种因素制成关系图，利用模型综合分析关键环境因素对组织的影响。通过对每一因素进行可能性分析和可行性分析，甄别这些因素给人力资源活动带来影响的程度大小，从而掌握人力资源实践面临的机遇和挑战。

二、人力资源环境分析的方法

（一）脚本分析法

脚本分析法是一种定量分析和定性分析相结合的战略环境分析方法。它寻求扩大环境因素分析范围的可能性，以此来提醒决策者不要忽视某些环境因素，同时将这些可能性整合到组织易掌握和应用的情景中。脚本分析法分为两类：定量脚本法和定性脚本法。其中，定量脚本法以数学预测为基础，对每个脚本在环境中发生的可能性进行概率估计，评价变量之间的关系以及一个变量变化对另一个变量的影响；定性脚本法是根据环境中已知的趋势对未来变化的明确主题进行直觉性的猜测。一个脚本是用来描述一个方案未来的各种可能性，在一个程序中多个脚本将帮助决策者避免错误。换言之，针对不确定的环境，决策者将选择不同的脚本方案即采取不同的战略以应对不同的环境。

个人信息管理体系（PIMS）侧重确定影响组织发展的主要战略性因素。这为组织战略环境分析提供极大的量化支持。但是，其所列信息过于细致、繁杂，数据初期收集存在困难，面对快速变化的、不确定的环境，组织往往会被如此细致的数据捆住手脚，丧失转瞬即逝的战略机会。而脚本分析法是在假定环境已知的情况下进行组织战略及其结果的预期，在一定程度上对环境的动态性进行了预测，得到的预测结果是生动形象的。虽然它不能消除环境不确定性的挑战，但对指导组织面对未来的实践活动仍然具有很好的参考价值。

(二) PEST 分析法

PEST 分析法是外部环境分析的基本工具，从政治（Politics）、经济（Economic）、社会（Society）和技术（Technology）宏观因素对组织战略的影响进行分析。一般而言，组织在判断自身所处背景时，主要就是从这四个方面进行分析。其中，政治因素包括政治制度与体制、政局、政府的态度、政府制定的法律、法规等；经济因素包括利率水平、财政货币政策、通货膨胀率、失业率水平、居民购买力水平、汇率、能源供给成本、市场化程度等；社会因素包括人口环境和文化背景，其中人口环境涉及人口规模、年龄结构、人口分布、种族结构以及收入分布等；技术因素包括那些引起革命性变化的新技术、新工艺、新材料的出现，以及发展趋势和应用背景等。

第一，PEST 分析法的拓展变形形式。随着经济全球化不断发展，全球化已成为影响组织经营的一个重要环境因素，因此在该方法中又添加了全球化（Globalisation）这一因素。有时也会用到 PEST 分析法的拓展变形形式，如 STEEPLE 分析，STEEPLE 是社会（Social）、技术（Technological）、经济（Economic）、环境（Environmental）、政治（Political）、法律（Legal）、道德（Ethical）的缩写。

第二，PEST 分析法的优劣性。PEST 分析法由于扫描的环境因素足够宽泛而为很多组织所青睐。但是，其太过追求全面而导致扫描的环境因素缺少针对性，无法对环境进行进一步系统分类，导致组织在战略决策时无法抓住重点。超量信息分析不仅增加组织的成本，而且对组织制订战略来说反而成为负担，使组织决策缺乏果断性，影响组织对战略机会的把握。此外，PEST 法在扫描环境时，只是以相对静态的环境为主要分析对象。

第三，PEST 分析法的作用。PEST 分析法在人力资源战略制订方面主要有以下四个方面的作用：①促使组织能够系统认识环境的分析方法；②有助于组织能够顺利识别关键影响因素，这些因素尽管是个别现象或者与某些特定场合相关，却与组织战略制订密切相关；③作为一种研究框架，PEST 分析法能通过研究历史性、前瞻性的外部因素，帮助组织识别各种影响。

综上所述，通过分析外部环境，可以帮助组织找到对自身有影响的因素，从而对未来进行预测，并在情况发生变化时更好地判断应该采取什么样的应对措施。其中的一些因素预测起来有相对较大的把握，如出生率可以预测 15 年以后劳动力的潜在规模；而某些因素预测起来则比较困难。

（三）SWOT 分析法

SWOT 分析法又称态势分析法或优劣势分析法，SWOT 是优势（Strength）、劣势（Weakness）、机会（Opportunity）和威胁（Threat）英文名称的缩写。这种分析框架认为，在组织制订战略过程中，内部因素和外部因素具有同等重要的影响力。SWOT 分析法在实际的应用时，需要结合实际情况[①]。基于这个框架的分析，组织可以对组织的内部、外部环境进行综合概括，从而确定面临的优势、劣势、机会和威胁。这种分析方法可以实现组织战略与内部资源、外部环境的有机结合，使组织有效利用有利条件和机遇，控制或化解不利因素和威胁，形成独特的能力。

第一，SWOT 分析法的组成部分。该分析框架从层次上可以分为两个部分：第一部分是用来分析内部条件的优势（Strength）和劣势（Weakness），缩写为 SW；第二部分是用来分析外部环境的机会（Opportunity）和威胁（Threat），缩写为 OT。通过这种方法，组织可以区分有利的、值得提倡的因素以及不利的、必须避免的事情，从而明确组织将来的发展战略。基于

① 李松梅. 医疗设备维修管理应用 SWOT 分析法的相关探讨 [J]. 中国设备工程，2023(4)：47.

SWOT 分析，组织就可以进一步明确需要急迫解决的问题、可以暂缓的问题；涉及整体战略的问题、只涉及战术层面的问题等。运用这种方法，可以对组织人力资源所处的情势进行全面、系统、准确的分析，从而根据分析结果制订相应的人力资源战略、规划及对策等。

第二，SWOT 分析法的运用。SWOT 分析法将与组织人力资源有关的优势、劣势、机会和威胁等一一列举出来，并依据矩阵形式排列，然后把各种因素相互匹配起来加以分析，从中得出一系列相应的结论。这些结论往往包含一定的决策性。SWOT 分析法在人力资源中的运用分为两个部分：第一部分是通过分析组织的优势和劣势、机会和威胁来决定组织的人力资源战略；第二部分是通过分析组织内外的人力资源优势和劣势、机会和威胁来制订人力资源战略的实施路径和办法。

（四）环境不确定性分析法

有许多环境因素会对组织产生影响，组织必须面对这一现实并处理好环境不确定性的影响。具有不确定性的结果导致决策人很难估计外部环境的变化，从而增加组织的风险。组织可以通过分析不确定性因素，将环境影响减少到使人能够操作的程度。

1. 环境不确定性的类型划分

组织面临的环境不尽相同，不同环境所呈现出的不确定性也有高低之分。不确定性的程度可以用环境的简单或复杂程度、环境的稳定或不稳定（动态）程度进行划分。①环境的简单或复杂程度，是指与组织发展有关的外部因素的数量。在一些复杂的环境中，许多种类不同的外部因素会对组织产生牵制和影响。复杂程度可能来自组织面临的环境的多样性，也可能来自处理环境影响所需知识的程度。②环境的稳定或不稳定程度，是指外部环境变化的速度。某些外部环境因素的变化速度明显超过其他因素。环境的简单或复杂程度以及稳定或不稳定程度组成不同的环境状况，由此形成的不确定性程度也都不同（表 2–3）。

表 2–3　环境不确定性分类

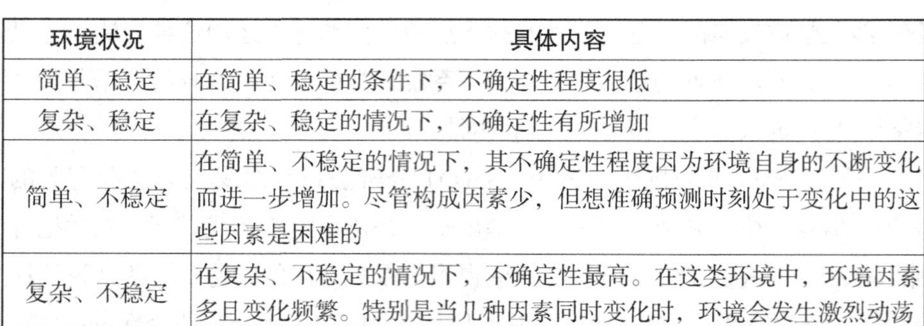

环境状况	具体内容
简单、稳定	在简单、稳定的条件下，不确定性程度很低
复杂、稳定	在复杂、稳定的情况下，不确定性有所增加
简单、不稳定	在简单、不稳定的情况下，其不确定性程度因为环境自身的不断变化而进一步增加。尽管构成因素少，但想准确预测时刻处于变化中的这些因素是困难的
复杂、不稳定	在复杂、不稳定的情况下，不确定性最高。在这类环境中，环境因素多且变化频繁。特别是当几种因素同时变化时，环境会发生激烈动荡

2. 环境不确定性的削弱方法

外部环境具有不确定的特性，这种不确定性程度的差异造成具体环境的差异。环境的不确定性致使组织想准确评估外部环境并抓住其变化规律变得相当困难。从这个意义而言，环境的不确定性增大组织面临的风险。影响组织经营的外部环境因素很多，而这些环境因素又是不确定的。因此，组织必须找到分析这些不确定因素的办法，才能有效减少这些环境带来的不利影响。

组织可以采用一般性战略来降低环境不确定性的程度。内部战略的做法是调整或改变组织自身的行动以改变环境；外部战略的做法是通过改变环境来满足组织的需要。组织在掌握环境的不确定性程度之后，便可以根据危险程度高低，采取相匹配的战略。例如，单独选择外部战略或者内部战略，或者选择两者综合的混合战略等，以减少环境不确定性程度。

3. 环境不确定性分析法的优缺点

环境不确定性分析法的优点在于：组织可以根据自己所处的环境类型，选择与之相匹配的战略，可以参照其他组织，也可以学习成功组织的经验，找出最适合的战略。环境不确定性分析法的缺点在于：不同组织对环境复杂与否、稳定与否的感知是相对的。对于不同组织要进行具体分析。

第三章　人力资源需求与供给预测

人力资源需求与供给预测是人力资源数量规划的基础，依据对需求与供给的预测可以使人力资源规划更具科学性。基于此，本章主要探讨人力资源存量、人力资源需求预测、人力资源供给预测以及人力资源供需平衡。

第一节　人力资源存量分析

人力资源存量是指人力资源总量之中的部分资源受政治、经济、文化和社会的各种因素影响，出于主观或者客观的原因，处在可投入而未投入或未完全投入社会生产活动的生命活动时间段内，这部分资源是可供市场需求调节并进入流动的资源量。人力资源存量是人力资源的时点量，具有明显的物资聚散的状态特征。因此，人力资源存量用于指分散在社会各个层面人力资源的相对不均等的潜在、溢出、沉积、凝固、短缺状态。

人力资源存量是在人力资源与生产资料相结合的运动中产生的。尤其在市场经济规律的作用下，人力资源与生产资料要达到有效结合，就必然要在无终止的变化与组合中产生存量变化。在现实社会中，人为地导致人力资源与生产资料无法有效结合的情况比比皆是。剩余人力资源未能与生产资料相结合便成为人力资源存量。只要存在经济活动刺激因素，人力资源存量始终会处于变化状态。

人力资源存量分析是把经济学上的存量分析引入人力资源管理研究领域，计算特定时间、空间范围的人力资源数量和质量。人力资源存量分析对推动政治、经济、文化、社会的发展都有着深远的影响，无论是在理论研究方面还是在社会实践方面都有重要意义。

一、外部人力资源存量分析

组织外部的人力资源指的是组织潜在的人力资源。对组织所在地区，特别是对组织所在地的人力资源数量、质量、结构进行分析，有助于组织制订人力资源战略和规划。人力资源作为一个经济范畴，有其自身的规律性，其中，数量与质量是人力资源规律性的两个方面（表 3–1）。

表 3–1　人力资源总量的计算公式

序号	计算公式
1	人力资源总量 = 劳动力人口数量 × 质量
2	人力资源总量 = 劳动力人口数量 × 劳动力人口平均质量

（一）外部人力资源数量分析

外部人力资源数量指的是构成劳动力人口的那部分人口的数量，其单位是“个”或者“人”。而劳动力人口指的是具有劳动能力的人口。

人口总体如果依据其自然形态划分，年龄是划分的重要标准之一。在劳动年龄上、下限之间的人口称为“劳动适龄人口”或者“劳动年龄人口”。劳动力人口的数量与劳动适龄人口的数量大致相等。劳动年龄的划分在不同的国家略有差异。中国现行的劳动年龄规定为：男性 16 ~ 60 周岁，女性 16 ~ 55 周岁。在劳动适龄人口内部，存在着一些丧失劳动能力的病残人口；在劳动适龄人口之外，也存在着一些具有劳动能力、正在从事社会劳动的人口。在计算人力资源数量时，应当对上述两种情况加以考虑，对劳动适龄人口的数量加以修正。外部人力资源的数量即一个国家或地区范围内劳动适龄人口总量减去其中丧失劳动能力的人口，加上劳动适龄人口之外具有劳动能力的人口。

1. 外部人力资源数量的构成

人力资源数量构成包括 8 个部分如表 3-2 所示，其中 1 ~ 3 构成就业人口的总和；1 ~ 4 是现实的社会劳动力供给，是直接的、已经开发的人力资源；5 ~ 8 并未构成现实的社会劳动力供给，是间接的、尚未开发的、处于潜在形态的人力资源。

表 3–2　人力资源数量构成

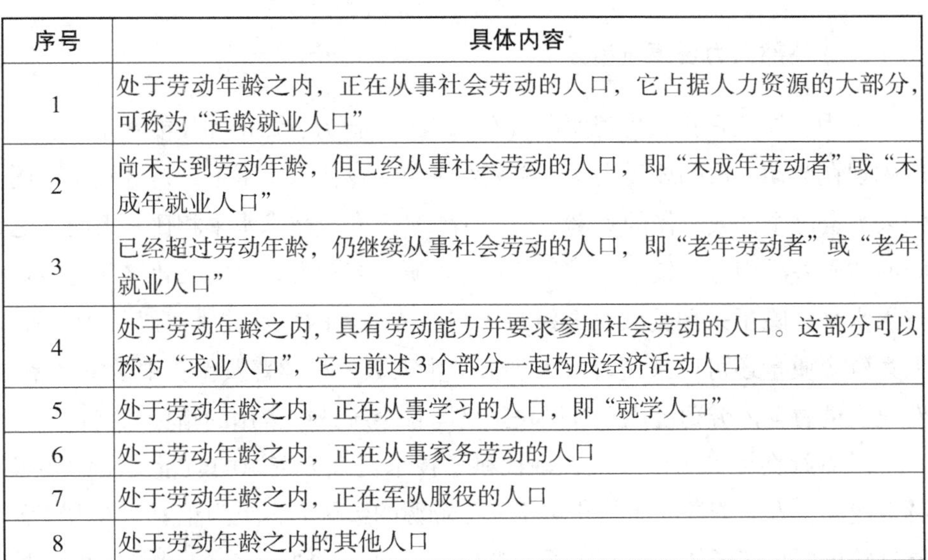

序号	具体内容
1	处于劳动年龄之内，正在从事社会劳动的人口，它占据人力资源的大部分，可称为“适龄就业人口”
2	尚未达到劳动年龄，但已经从事社会劳动的人口，即“未成年劳动者”或“未成年就业人口”
3	已经超过劳动年龄，仍继续从事社会劳动的人口，即“老年劳动者”或“老年就业人口”
4	处于劳动年龄之内，具有劳动能力并要求参加社会劳动的人口。这部分可以称为“求业人口”，它与前述 3 个部分一起构成经济活动人口
5	处于劳动年龄之内，正在从事学习的人口，即“就学人口”
6	处于劳动年龄之内，正在从事家务劳动的人口
7	处于劳动年龄之内，正在军队服役的人口
8	处于劳动年龄之内的其他人口

2. 外部人力资源数量影响因素

影响人力资源数量的因素主要有以下几个方面。

（1）人口迁移。人口迁移即人口的地区间流动。人口迁移由多种原因造成，主要是经济原因，即人口由生活水平低的地区向生活水平高的地区迁移，由收入水平低的地区向收入水平高的地区迁移，由物质资源缺乏的地区向物质资源丰富的地区迁移。人口迁移的主要部分是劳动力人口的迁移，这会引起局部地区人力资源数量的增减和人力资源总体分布的改变。目前，从人口迁移的方向看，中国接受过高等教育的人口，由中西部不发达地区向东部发达地区迁移的趋势明显。

（2）人口的年龄构成。人口的年龄构成是影响人力资源数量的一个重要因素。在人口总量一定的条件下，人口的年龄构成直接决定人力资源的数量。

（3）人力资源总量及其再生产状况。人力资源来源于社会总人口的一部分，人力资源的数量体现为劳动力人口的数量。换言之，人口的状况决定人力资源的数量。由于劳动力人口是人口总体中的一部分，因此人力资源数量首先取决于一国人口总量及通过人口的再生产形成的人口变动。从动态方面看，人口总量的变化体现为自然增长率的变化，而自然增长率又取决于出生

率和死亡率。

(二) 外部人力资源质量分析

人力资源质量指人力资源所具有的体质、智力、知识和技能水平，它一般体现在劳动人口的体质水平、文化水平、专业技术水平上，是区别于不同的人力资源个体或总体的关键。与文化水平、专业技术水平相比，人与人之间的体质差异相对比较小，所以我们着重研究劳动力人口的文化水平与专业技术水平。除了采用受教育等级与年限、劳动者的职称技术等级等指标外，人力资源质量还可以采用每万人中大学生人数、小学普及率、中学普及率、专业人员占全体劳动者比重等国民经济与社会统计中常用的指标来衡量。

随着社会生产力的发展，现代科学技术对人力资源的质量提出的要求越来越高。人力资源的质量相对于人力资源的数量而言更为重要。人力资源质量的重要程度还体现在其内部的替代性方面。一般而言，人力资源的质量对数量的替代性较强，而数量对质量的替代性较弱，有时甚至不能代替。人力资源开发的根本目的，在于把更多人转化为对生产贡献大、为社会经济发展带来更高效益的高质量劳动力。人力资源的质量主要受以下几个方面的影响。

第一，遗传和其他先天因素。人类的体质和智能具有一定的继承性，这种继承性来源于人口代际遗传基因的保持，并通过遗传与变异使人类不断地进化、发展。人口的遗传，从根本上决定了人力资源的质量及可能达到的最大限度。但是不同的人在体质水平与智力水平上的先天差异是比较小的，当然不包括那些因遗传、疾病而致残的人。

第二，营养因素。营养因素是人体正常发育的重要条件，一个人儿童时期的营养状况必然影响其未来成为人力资源时的体质和智力水平。营养也是人体正常活动的重要条件，只有充足而全面地吸收营养，才能维持人力资源原有的质量水平。

第三，教育方面的因素。教育是人类传授知识、经验的一种社会活动，是一部分人对另一部分人进行多方面影响的过程，这是赋予人力资源一定质量的一种最重要、最直接的手段。它能使人力资源的体质、智力水平都得到提高。

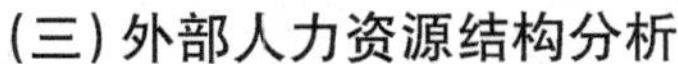

（三）外部人力资源结构分析

外部人力资源结构是指一个国家或地区的人力资源总体在不同方面的分布构成，它包括年龄、性别、质量、地区、城乡等方面。人口是决定人力资源结构及其变动的最基本因素。此外，社会经济发展水平、经济结构、经济关系、人口受教育程度、自然地理条件等方面的因素，也在不同程度上对人力资源结构及其变动产生影响。

人力资源结构的不同，可以反映人力资源总体及其内部的不同性质与状态，从而构成社会对人力资源使用的基础因素。特别是在目前劳动力流动幅度不大的情况下，各个地区人力资源的总体及其结构决定着可以投入社会经济活动的劳动力总量及分布状况，并在相当大程度上影响着各地区的就业总量及结构。人力资源结构可以通过以下标准进行划分。

第一，人力资源的性别结构。男性和女性人口在从事社会经济活动方面对不同职业的适应能力有很大的不同。一般而言，男性劳动力比女性劳动力的劳动能力强、参与率高、适应性强、参加社会劳动的年限长、流动性强。因此，人力资源的性别结构会影响到整个社会人力资源的供给与使用状况。从性别构成上来说，我国的男性人口一直稍多于女性人口。

第二，人力资源的地区结构。人力资源的地区结构即人力资源在不同地区的分布，可以以自然地理区、经济区、行政区来划分，它是地区生产力配置的基础。要达到人力资源合理分布的目标，须根据各地区经济发展的短期和长期需求与人力资源的现实状况，对人力资源进行规划。此外，还应该考虑人口与人力资源在总量方面和地区间分布的变动，对人力资源进行合理配置。

第三，人力资源的城乡结构。城乡结构也是人力资源结构的一个重要方面。人力资源的城乡结构是由人口的城乡分布决定的，并且受到城乡间人口流动的影响，它反映社会经济发展的总水平及农业与非农业部门的发展状况。人力资源城乡结构的变化，以农村劳动力进入城市为主要流向。

第四，人力资源的质量结构。一般而言，人力资源在体质方面的差异不会过大，因此，人力资源的质量结构主要就在于“智力”方面，这体现在劳动力人口特别是经济活动人口的受教育程度上。此外，社会劳动者达到职业技能不同等级的比例，也是人力资源质量结构的一个方面。

不同的社会经济状况、不同的生产力发展水平要求有不同的劳动力质量与之相适应。不能脱离现实的生产力水平而简单地认为高质量劳动力数量越多越好，比例越大越好。这是因为，超过社会经济客观需要的过多的高质量人力资源，不仅不能充分发挥其作用，而且其中一部分还不得不从事质量要求较低的社会劳动，形成人力资源的巨大浪费。由于高质量人力资源不同类别之间的替代性较差，因此合理的人力资源质量结构不仅要求不同等级、不同层次的人力资源保持适宜的比例，而且要求各个等级、各个层次的人力资源内部从事不同性质劳动、不同职业类型的人力资源也保持适宜的比例。

二、内部人力资源存量分析

组织内部人力资源指的是组织现有的人力资源状况。对组织内部的人力资源存量进行分析，有助于组织了解自己的人力资源的数量、质量、结构是否与组织的发展战略和人员需求预期相吻合。对组织内部的人力资源存量进行分析，既要研究现有的人力资源的数量、质量、类型、年龄，又要研究员工的需求变化、工作情绪的好坏等情况，以便确定完成各种业务所需的相应人才。

（一）内部岗位配置分析

人力资源规划的一个重要目标，是把各类人员分配到最能发挥其专长的岗位上，做到人尽其才、才尽其用，否则就会造成人力资源的浪费。在进行岗位配置分析时，必须先对岗位及其人员进行分类，用矩阵表列出组织现有的人力资源及其使用情况，从中可以分析组织人力资源的实际使用状况和使用效果。组织的工作内容需要相互联系、前后衔接，每个部门的人力资源配置都应与其所承担的工作量相适应，否则必然出现一些部门人手紧张、任务不能按时完成的现象。当然，出现工作量不足、人员空闲等现象也会造成人力资源的浪费。

（二）内部人力资源数量分析

人力资源分析的重点是探讨现有的人力资源数量是否与组织各部门的

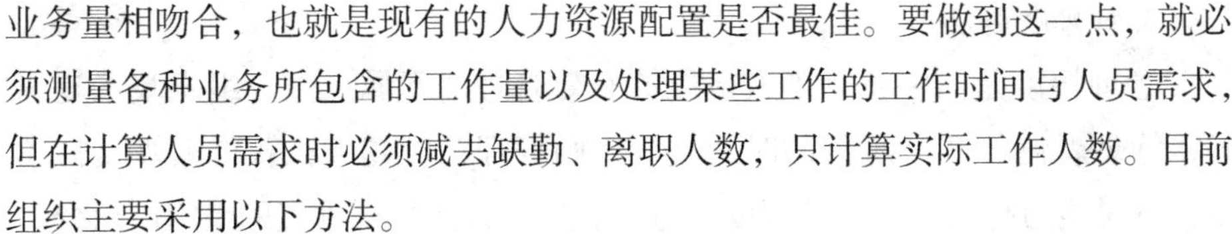

业务量相吻合，也就是现有的人力资源配置是否最佳。要做到这一点，就必须测量各种业务所包含的工作量以及处理某些工作的工作时间与人员需求，但在计算人员需求时必须减去缺勤、离职人数，只计算实际工作人数。目前组织主要采用以下方法。

1. 工作分析法

工作分析法是以按照工作分析结果而编制的工作描述和工作规范为基础，计算完成各种工作所需的人员。在进行工作分析时，各工作的内容按发生频率、处理时间等进行调查，并以此为基础计算工作量。工作量的计算一般以月为单位，发生频率按年、月、日作记录，处理时间则以分钟为单位比较好。以每月的总工作量所需的时间除以每月的工作时间，就可以计算出每项工作所需人员。

2. 动作研究法

动作研究法是在工作地点测量工作人员做某项工作或进行某一操作单元所需的时间。这种方法需要对工作人员的工作技能、努力程度及工作环境等因素进行评价以便调整时间，同时还需考虑工作人员的私事、疲劳和延误等情况，以便决定延长的时间，从而求出此项工作在正常的技能、努力程度与工作环境等状况下完成的标准时间，然后以此计算标准的人员需求。这种方法主要用于制造业的生产职位，也适合那些重复又简单的事务性工作。它利用码表测定工作时间作为基础而求得标准时间，然后以此计算所需标准人员的数量。标准时间是指生产一个单位产品所需的时间，是由纯工作时间乘以（1 ÷ 休息比率）求得的，一天总需要时间可以由标准时间乘以一天目标生产量求得。

3. 工作抽样法

工作抽样法是运用统计学的概率原理以随机抽样的形式，利用数学计算测定某个部门在一定时间内实际做的工作与规定时间的百分比，再以此百分比测量人员的利用效率。这种方法不但可用于生产性岗位，也可运用于重复性的业务。由于使用工作抽样法同时可观察许多样本，因此它比动作研究法要节省人力和经费，但分析人员必须事前充分了解研究对象的内容和业务流程。工作抽样法的步骤如下：①决定观察次数；②根据测量的结果计算工作的标准时间；③运用动作研究法计算所需要的人员数量。

4. 管理幅度法

管理幅度是指一位管理人员能够有效管理的下属人数。组织政策越明确、管理者制订政策所需的时间越少，则管理幅度越大；获得上级支持越多、下属能力越强，其管理幅度也越大。这种方法根据垂直的组织层次分类决定合适的管理幅度，再以此为基础进行多层次的垂直分类，以便决定各层次的管理人数，最后计算出人员数量。

5. 线性责任图法

线性责任图法是将组织内的业务与员工以矩阵的形式加以排列，并将各个员工对各项业务的责任记入矩阵表内。这样就可明确地表现出业务和决策是由谁在何时进行以及达成的程度。线性责任图比组织结构图或工作说明书更能了解组织内的责任与权限关系，因此可作为计算人员定额的资料，也可以个别职务的责任程度和现在负责该职务的人数为基础，计算出在各责任水准上需要多少人员。

6. 绩效分析系统法

绩效分析系统法是记录作业人员在一两个月期间，每人每日工作的名称、工作时间和工作量。根据记录可了解到某项业务在某一时间内可完成哪些工作。每项业务的处理时间则根据统计方法设定标准，并以此为基础计算所需要的人员数量。这种方法适合重复的业务，其使用程序包括以下几个内容。

(1) 设计个人的业务记录表。每当工作人员做完工作，立即记录工作名称、处理时间和工作量。如果工作无法用数字表示，就用工作完成的百分比来表示工作进度。

(2) 调查开工率。开工率可利用前面所说的工作抽样法计算得出结果。

(3) 确定个人业务记录表的统计方法与统计标准。对个人的业务记录表进行统计，然后将实际需要的时间与个人工作时间加以比较，以检验两者是否存在显著的差别。如果要修正，应与记录者面谈。另外，应将每项工作单位处理的标准时间计算出来，此统计的标准时间可利用平均数或中位数等方法计算。

(4) 计算所需的人员数量。利用前面已计算出的数据进行进一步计算。

（三）内部人力资源类型分析

经过内部人力资源的类型分析，可以了解一个组织的主要业务。若以工作的职能区分，可分为技术人员、业务人员及管理人员；若以工作的性质区分，可分为直接人员和间接人员两种（表3–3）。

表3–3　组织内部人力资源分类

分类标准	具体内容
以工作的职能划分	业务人员：指从事销售、原材料、仓库、运输等工作的人员
	技术人员：指从事生产、工程、设计和研究工作的人员
	管理人员：指从事总务、人力资源管理、会计、策划及服务等工作的人员
以工作的性质划分	直接人员：指直接从事某一项工作的人员，如技术人员
	间接人员：指工作性质并非与某种工作的处理有直接的关系，却是这种生产过程所必须提供的人员，如管理人员

组织内部人力资源结构的配置比例因组织性质、规模而有所不同。通常，直接人员占有较大的比例，约为60%，而间接人员约为40%，甚至更低。另外，如果某类人员的配置不能满足需要，组织就需要迅速开展培训或向外招聘合适的人员。若组织外部的人力资源市场能顺利供给所需人员，就不会引起内部人力资源的紧张；反之，组织则需要对培训进行大量投资。

第二节　人力资源需求预测

一、人力资源需求预测的影响因素

人力资源需求是指一个组织按照自己的发展规划，为提供一定量的产品和服务而需要招聘的人员数量与类型。影响人力资源需求的因素很复杂，既有社会、政治、经济等方面的外部因素，也有组织的战略、管理水平及现有员工素质等内部因素，还有人力资源自身因素如现有人员的素质、结构、流动以及过剩与短缺状况。

人力资源需求预测其实不仅是预测未来所需的人才，合理使用现有的人力资源显得更重要。要看现有的人员能否满足组织提高效率的需要。如果现有的人员配置合理，那么现有工作对人力资源的需求就不太重要，而可以着眼于未来。人员流动对组织来说成本相当高，包括离职成本、重置成本和培训与开发成本等。对于专业技术人员和管理人员来说，流动成本可能更高。人员流动性对人力资源需求提出更高的要求，人员流动可能导致组织前期的人力资源需求预测不准确，这就要求组织根据人员流动情况面向未来进行合理的动态性、前瞻性预测。

二、人力资源需求预测的基本过程

人力资源需求预测是根据组织战略规划，在了解组织现有人力资源结构和分布的基础上，通过相应的步骤和方法，确定组织未来某个特定时期或阶段中对人力资源的数量、结构和素质的需求。人力资源需求预测是人力资源战略与规划的核心内容，是制订人力资源规划、实施培训与开发方案的基础。通常，组织人力资源需求包含组织当前的人力资源需求、未来特定时期内因业务调整而引起的人力资源需求变化和未来特定时期内因人员流动而引起的人力资源需求，一般可以通过以下几个步骤完成。

第一，现有人力资源盘查。对组织现有人力资源状况（包含总量、结构和素质）进行盘查，统计和确定现有人力资源是否缺编或超编，确定现有人员的人岗匹配性，核实人员是否胜任其所在岗位。

第二，现有人力资源需求确定。结合对组织现有人力资源盘查的结果以及当前发展需要的人员需求，与组织内各部门管理人员沟通，确定组织各部门当前的人力资源需求，并汇总得到组织当前的人力资源需求。

第三，确定组织未来特定时期内与业务发展相匹配的人力资源需求。根据组织未来特定时期内的总体战略目标，确定组织各业务单元和部门与业务发展相匹配的人力资源需求。需要特别指出的是，与组织未来特定时期内业务发展相匹配的人力资源需求，并非一定增长。例如，当组织实施战略收缩时，与业务发展相匹配的人力资源需求可能是负增长或者结构性变化的。

第四，确定人员流动引起的未来特定时期的人力资源需求。依据人力资源盘查的结果，预测未来特定时期内人员退休、晋升、调动、辞职、辞退和死亡等可能的人员变化情况，预测未来特定时期内因人员变动情况而引起的人力资源需求。

第五，汇总组织人力资源总需求，编制组织人力资源需求表。汇总组织当前人力资源需求、未来特定时期内与业务发展相匹配的人力资源需求和因人员变动引起的人力资源需求，并按时间顺序编制人力资源规划时期内各个特定时期内的人力资源需求表。

第六，反馈与调整。由于组织人力资源需求受到组织内外部许多因素的影响，因此组织人力资源需求会根据组织运行的实际状况进行反馈与调整，如一些特殊技术人才的引进等。

第三节　人力资源供给预测

一、人力资源供给预测的影响因素

(一) 外部供给影响因素

外部人力资源供给是组织获取人力资源的重要途径。外部人力资源供给状况可能成为组织发展的制约因素，甚至有可能成为组织发展的瓶颈。因此，做好组织外部人力资源供给预测，对组织具有非常重要的作用，这需要对组织外部人力资源供给的影响因素有清晰全面的认识。

1. 地域性因素

地域性因素主要包括组织所在地的人力资源供给现状、全国性的人力资源分布和人力资源的跨地域流动性等。组织所在地的人力资源供给现状涉及所在地的人口数量与质量，具体包括不同年龄段的人口分布、可工作人口数量、受教育程度和本地经济状况等。全国性的人力资源分布是指国家人口在全国的分布状况。例如，经济发达地区就业机会多，进而吸引全国各地的优秀人才，呈现优秀人才集聚的情况；北京、上海、广州、武汉和成都等地拥有大量知名高等院校，能够提供大量优秀的高等院校毕业生。人力资源的跨地域流动性主要受制于个体观念、交通运输系统发达程度、地区环境气候和人文习俗等因素的影响。

2. 社会文化心理因素

社会文化心理因素主要涉及国家或区域性的文化与生活习俗。例如，中国社会受传统家文化的影响，青年人去离家远的地方工作的可能性不高，特别是对于“80后”“90后”独生子女来说，不少父母希望他们能够留在身边；少数人可能由于不习惯其他地方的生活习俗，而无法到其他地区工作。近年来，因价值观差异的难以管理、流动性大，以及“自愿性失业”等心理因素，都将对外部人力资源供给产生一定的影响。但需要指出的是，在全球化的趋势下，不同国家之间文化价值观的差异也有导致国际人才的流动受阻的可能性。

（二）内部供给影响因素

对内部人力资源供给进行预测时，需要考虑组织战略、组织结构和组织人员流动等因素对组织特定时期内的人力资源供给。对组织内部特定时期的人力资源供给，是以组织当前的在岗员工数量和结构状态为基础的，但内部人力资源供给有可能因组织战略、组织结构和组织人员流动情况变化引起组织特定时期的人力资源供给状况。

第一，组织结构与内部人力资源供给。组织结构主要涉及组织层级数和组织管理幅度。对于层级数和管理幅度小的瘦高型组织结构，层级内（如中基层级）的人力资源供给数量相对较少，组织在进行管理人员选拔和人员晋升时，候选人可选范围相对较小；而对于层级数少和管理幅度大的组织，中基层人员数量相对较大，因此，中基层级内的人力资源供给数量相对较大，在组织进行管理人员选拔和人员晋升时，候选人相对较多。

对于矩阵制组织特别网络制组织结构，其人力资源供给状况则比较综合和灵活，人员变化通常是横向流动，因此人员供给的综合性较强。此外，对于事业部制而言，内部人力资源供给的总量是非常大的，其可能存在的问题是不同事业部之间人力资源供给结构是否平衡。

第二，组织战略与内部人力资源供给。组织内部人力资源市场的可供给程度首先取决于组织发展战略。例如，如果组织准备实施收缩战略，超过50岁的员工就要考虑提前退休。假设组织在进行人力资源现状盘查时，发现有大量高、中级经理年龄在50岁以上，则说明组织的高、中级管理人员将过剩，即组织未来内部有经验的高、中级管理人员将供过于求。相反地，如果组织实施扩张战略，则造成组织内部高、中级管理人员供给不足。一般而言，组织战略的变化，主要是造成组织人力资源战略结构性供给状况的变化，组织内部的人力资源供给总量在特定时期内基本上保持不变。

第三，组织人员流动与内部人力资源供给。组织人员流动状况可以从总体人员流动率和结构性人员流动率的情况分析。查明人员流动的组织影响因素，对组织内部人力资源供给预测非常重要。这需要组织建立良好的内部沟通和人力资源盘查制度，以及时常掌握组织成员的思想状况和心理状况，掌握组织可能发生的人员流动趋势。此外，组织的人力资源获取政策、人力资源管理职能专业性程度等管理措施，也有可能影响到组织内部的人力资源供给。例如，如果采取以外部获取为主的战略，那么将造成内部人员晋升受阻，进而造成组织中基层人员的过剩。

二、人力资源供给预测的基本过程

人力资源供给预测是指为满足组织未来对人员的需求，根据组织的内部条件和外部条件，选择适当的预测技术，对组织未来从内部和外部可获得的人力资源结构、数量与质量进行预测（表 3–4）。

表 3–4　人力资源预测的注意事项

序号	具体内容
1	供给预测是为了满足需要，不是所有的供给情况都要预测，而是只对组织未来所需人员的供给情况进行预测
2	人员供给有内部和外部两个来源，因而必须考虑内外两个方面
3	应该选择合适的预测技术，用较低的成本达到较高的目的
4	需要预测出供给人员的数量和质量

人力资源供给预测是一个较为复杂的过程，通常按照以下几个步骤进行。

第一步，核查组织现有人力资源存量与结构，即对组织内现有的人力资源数量、结构和质量等进行盘查。

第二步，了解组织人力资源可能出现的调整情况。了解组织现在及未来特定时期内可能出现的人力资源调整情况，包括组织员工职务在现有和未来可能出现的调整政策以及历年的调整统计，统计出员工的比例。

第三步，确定组织内的人力资源供给。根据第一步和第二步的结果，统计得出组织内部在未来特定时期内的人力资源供给状况。

第四步，组织外部人力资源供给影响因素分析。对影响组织外部人力资源供给的因素进行分析，包括宏观经济状况、国家政策法规和外部人力资源市场状况等。

第五步，确定组织外部人力资源供给。基于组织外部影响因素分析，采用定性与定量的方法确定组织外部人力资源供给状况。

第六步，编制综合人力资源供给预测结果。汇总人力资源内部供给和外部供给的预测结果，编制综合人力资源供给预测结果。

第四节　人力资源供需平衡

人力资源需求预测与供求平衡规划是保障企业人力资源配置与发展的重要环节[①]。完成人力资源需求和供给情况的预测后，就需要对人力资源的供需状态进行评估，然后对供需失衡包括结构失衡和数量失衡进行调整。

一、人力资源供需平衡的具体内容

人力资源供需平衡分析是建立在人力资源供需预测的基础上的，是组织人力资源规划工作的核心和最终目的所在。人力资源供需平衡实际上是外部人力资源市场与组织内部人力资源市场的一种动态平衡，主要包括以下几个方面。

第一，专项人力资源计划之间的平衡。一般情况下，为满足发展的需要，组织会制订一些专项人力资源计划，包括人员补充计划、培训计划、使用计划、晋升计划、薪资计划等。不同的计划之间相互联系并相互影响，因此在人力资源规划的制订过程中就应该充分注意这些计划之间的协调与平衡。

① 蔡静 .H 集团人力资源需求预测与供需平衡研究 [D]. 厦门大学，2019：1.

在经过一定程度的培训强化以后，接受培训的员工都会接受一些岗位上的调整变动，他们所承担的责任和即将发挥的作用也会发生很大的变化。在这一过程中，员工的培训计划与组织的人员使用计划是相互联系的，甚至还要考虑到薪资计划。通过这些专项计划的相互作用，组织最终完成人力资源的供需平衡。

第二，组织需要与员工个人需要的平衡。组织进行专项人力资源规划的另一个重要目的就是，解决组织的需要与内部员工的需要之间的矛盾。只有这两种矛盾在某一层面上达到供需平衡，才能维持组织内部结构的稳定。

第三，人力需求与人力供给的平衡。在组织的发展过程中，从总量上看，组织的人力资源供求失衡是一种常态，供求完全平衡是几乎不可能出现。平衡是一种状态，平衡不是相等，而是供给和需求在结构和数量上处于一种均势。从结构上看，组织所需的人员结构与供给结构总会有这样或那样的偏差，大多是组织急需的人员招聘不到，供给不足，而不太需要或根本不需要的人员供给过剩。综合结构和总量两种因素，组织经常处于人力资源供求失衡状态。组织处于人力资源的供需失衡状态，可以分为结构性失衡、供不应求和供过于求等情况。

实现人力资源供需平衡是人力资源规划的目的之一，无论是人力资源需求预测还是人力资源供给预测都是为了实现未来一段时期的人力资源供需平衡。人力资源的供给趋于平衡的过程，是人力资源有效配置和流动的过程，也是检验人力资源规划具体实施的过程。只有尽力实现人力资源的供需平衡，组织才能提高人力资源使用效率，开源节流，降低人力资源成本。

二、人力资源供需失衡的调整方法

实现组织的人力资源供需平衡需要通过人员结构调整、人员培训等各种办法和途径，使人力资源供需失衡转为供需平衡的状态。人力资源的供不应求、供过于求和结构失衡是人力资源规划中需要解决的人力资源失衡问题。根据这些人力资源供求不平衡的具体原因和特点，可采用不同的调整方法。

(一)人力资源供不应求的调整方法

第一，内部招聘。内部招聘是指当组织出现职务空缺时，从组织内部调整员工到该岗位，以弥补空缺的职位。内部招聘可以节约组织的招聘成本，丰富员工的工作，提高员工的工作兴趣。但对于比较复杂的工作，内部招聘的员工可能需要一段时间的培训。

第二，内部晋升。当较高层次的职务出现空缺时，组织有内部晋升和外部招聘两种手段。组织一般优先考虑提拔组织内部员工。因为在许多组织里，内部晋升是员工职业生涯规划的重要内容，对员工有较大的激励作用。而且，内部员工更了解组织的情况，与外部招聘人员相比能够更快地适应工作环境和提高工作效率。同时，组织也节省了外部招聘成本。但是如果组织缺乏生气，则可以考虑从外部招聘人员，以增加组织内部活力。

第三，管理人员接替计划。管理人员接替计划的具体做法是按照岗位接替模型，由人力资源部门对组织的每位管理人员进行详细调查，并确定哪些人有权利升迁至更高层次的位置；制定相应的组织岗位接替模型，列出组织重要管理岗位可以替换的人选。

第四，技能培训。对组织现有员工进行必要的技能培训，使之不仅能适应当前的工作，还能适应更高层次的工作。这样，就为内部晋升政策的有效实施提供了保障。如果即将进行经营转型，组织应该及时对员工进行新的工作知识和工作技能的培训，以保证组织在转型后，原有的员工能够符合职务任职资格的要求。这一措施的最大好处是可以防止组织冗员现象的出现，保持人力资源队伍的稳定。

第五，提高技术水平。当市场工资上升时，组织可以考虑提高技术含量，以降低组织对人力资源的需求。采取各种激励措施，鼓励员工对自身工作岗位进行各种技术改革，提高岗位的技术含量，以解决人力资源的供不应求问题。当然，提高技术改革水平还需要与员工技术培训相结合。

第六，返聘。在组织急缺人员或组织需要某些退休员工来支持时，可以考虑对退休或即将退休的员工进行返聘。

第七，外部招聘员工。当组织技术人员供不应求时，从外部招聘可以较快地得到熟练的员工，及时满足组织生产的需要。在调整关键岗位员工的时候，如果组织有内部调整、人员晋升等计划，则应该优先考虑启动这些计划，然后考虑外部招聘。

（二）人力资源供过于求的调整方法

在人员过剩的情况下，组织通常采用重新安置的方法来调整供需的平衡。重新安置可以解决组织内部局部出现剩余人员的问题。当某些岗位出现人员剩余，而另一些岗位却存在人员短缺现象时，就可以把剩余人员安置到需要人员的岗位上去。不过，重新安置的一个前提是剩余人员必须具有新工作岗位所需的技能和知识。因此，重新安置需要提早计划。

实际上，在制订人力资源平衡措施的过程中，不可能是单一的供不应求或供过于求，人力资源往往出现结构性失衡，如高层次岗位人员供不应求、低层次岗位人员供过于求。组织应该根据具体情况，对供不应求和供过于求的员工采用相应的调整方法，制订出合理的人力资源规划，使各部门人力资源在数量和结构等方面达到协调平衡。需要注意的是，在正常情况下，组织应该以内部调整为主，把某类富余员工调整到空缺的岗位上。但如果组织缺乏活力，则可以通过招聘一些外部员工，给组织带来一些新的生产技术和管理措施等，并且此时应该以外部调整为主。

第四章　工作分析与工作设计

工作分析是指对工作内容、工作任务、工作环境和所需技能等方面进行系统的研究和分析的过程，它旨在深入了解工作的本质，以便确定岗位的要求和职责。一旦完成了工作分析，组织可以使用这些信息来进行工作设计。工作设计是将工作分解为特定任务和职责的过程，以便提高工作效率和员工满意度。本章重点探讨工作分析的解读与实施、工作设计与工作评价、工作说明书的编写。

第一节　工作分析的解读与实施

一、工作分析的解读

(一) 工作分析的成果

工作分析的成果包括工作描述、工作规范、工作说明书。工作说明书作为工作分析的最终结果，包含了工作分析所获得的所有信息，并把它们以标准化的形式编制成人事文件。

1. 工作描述

工作描述又称工作说明，是用书面形式对组织中每种职位的工作性质、工作任务、工作职责与工作环境所作的描述。它是工作说明书的重要组成部分。

工作描述的主要功能是让员工了解工作概要，建立工作程序与工作标准，阐明工作任务、责任与职权，有助于员工的招聘、考核和培训等。工作描述的主要内容包含了五个方面：工作识别、工作概要、工作职责、工作关系、工作环境。

（1）工作识别。工作识别是将该工作与组织中其他工作相区分的显著标志，包括工作名称、工作地点及其他识别标志。

第一，工作名称。工作名称是指一组在重要职责上相同的职位总称，是区分不同岗位的主要标志。在确定工作名称时，需要注意以下方面：①工作名称应该较准确地反映职位的主要职责；②工作名称应该指明任职者在组织等级中的相关位置；③工作名称会影响任职者的心理状态，一个合适的、经过美化的名称不仅会增加工作的社会声望，而且可以提高员工对工作的满意度。

第二，工作地点。工作地点是指工作时所在的实际位置。对一般的组织来说，可以用工作所在的部门、分部门、工作小组的名称来定义，但对于一些特定的职位，如地区销售专员、快递公司服务派送员以及不同路线的巡逻警察，则需要找出其在组织中的工作地点标志。任职者往往会把工作地点作为与待遇或工作满意度相关的重要因素考虑。

第三，其他识别标志。例如，工作在组织中的编码、编制日期、撰写人、审核人、薪资等级，这类标志主要是为了便于管理和提供特殊的类属信息。

（2）工作概要。工作概要是对工作内容的简单概括，通常是用简练的语句对工作内容和工作目的进行归纳。工作概要一般用动词开头描述工作任务，并且只需包括最关键的工作任务即可。例如，某公司“数据处理操作监督员”的工作概要可以写为：指导所有的数据处理，进行数据控制及按要求准备数据。

（3）工作职责。工作职责的描述明确地界定了每个工作岗位应该做哪些工作，拥有哪些相应的权限，是员工工作的基础指导手册。工作职责是工作描述的一个重要方面。

（4）工作关系。工作关系是指任职者与组织内外其他人员之间的关系，包括所属工作部门、直接上级职位、直接下级职位、可晋升和平调的职位等。工作关系不仅表示了权力关系，而且是员工职业发展的重要指示器，其中暗含着员工可能的职位晋升路线。

（5）工作环境。工作环境描述主要包括对工作的物理环境和心理环境的描述，一般应包括工作场所、工作时间、工作环境的危险性、职业病、工作均衡度、员工的舒适度等内容。对工作环境进行测定有时需要借助一些外部

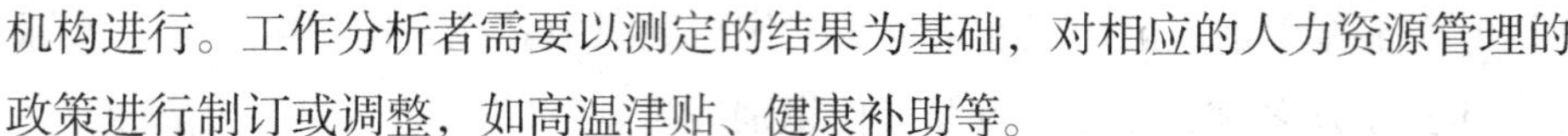

机构进行。工作分析者需要以测定的结果为基础，对相应的人力资源管理的政策进行制订或调整，如高温津贴、健康补助等。

2. 工作规范

工作规范又称岗位规范或任职资格，是指任职者要胜任该项工作所必须具备的资格与条件。工作规范是工作说明书的重要组成部分。工作规范是为了完成岗位工作，并且保证良好的工作绩效而对任职者提出的一系列特征要求。它主要说明从事某项特定工作的人员所需要具备的基本素质和条件，规定了完成工作所需要的最低要求。工作规范应涵盖工作要求的多个方面，并且从所获取的信息中提取出更多的有关工作行为的要求。

在工作规范的确定中，有两个方面是需要注意的：①工作规范所关注的应该是工作岗位，而非任职者本身；②工作规范所确定的是从事该岗位工作的最低要求，而非理想要求。

工作规范的内容主要包括：①教育程度或学历；②必备的工作经验；③必备的职业培训及资格证书等；④必备的职业能力；⑤职业能力倾向；⑥知识、技能与体能要求；⑦个性特征。

3. 工作说明书

将工作描述与工作规范结合在一起，叫作工作说明书。工作说明书作为人力资源重要的文件之一，是指用书面形式对组织结构中各类岗位（职位）的工作性质、工作任务、责任、权限、工作内容和方法、工作环境和条件以及本职务任职人资格条件所作的统一要求（书面记录），它需要说明任职者应做些什么、如何去做和在什么样的条件下履行其职责。一个名副其实的工作说明书必须包括该项工作区别于其他工作的信息，提供有关工作是什么、为什么做、怎样做以及在哪里做的清晰描述。工作说明书的编写是以工作分析为基础的。

（二）工作分析的作用

工作分析在人力资源开发管理过程中有着十分重要的地位，它是整个人事管理科学化的基础，是提高现实社会生产力的需要；是企业现代化管理的客观需要；有助于实现量化管理；有助于工作评价、人员测评与定员管理及人力规划与职业发展的科学化、规范化与标准化。

从组织的角度看，工作分析是一个基础性的工作，是维系和发展组织系统的关键，为培训和开发、绩效管理、薪酬管理、劳动关系管理的一系列职能活动提供了支持。当完成以工作分析为基础的岗位工作描述以后，就建立了整个人力资源管理系统的核心。

工作分析是一项巨大而复杂的基础性工作，是在对组织一切问题进行深刻了解的基础上进行的，其具体作用如下。

1. 为组织职能的实现奠定基础

（1）工作分析有助于员工自身反省和审查自己的工作内容和工作行为，以帮助员工自觉主动地寻找工作中存在的问题，圆满实现对组织的贡献。

（2）在工作分析过程中，人力资源管理人员能够充分地了解组织经营的各个重要业务环节和业务流程，从而有助于人力资源管理职能真正上升到战略地位。

（3）借助于工作分析，组织的最高经营管理层能够充分了解每一个工作岗位目前所做的工作，可以发现职位之间的职责交叉和空缺现象，并通过职位调整，提高组织的协同效率。

2. 为人力资源开发和管理活动提供依据

（1）人力资源规划。工作分析能提高人力资源规划的有效性。无论什么组织，在其发展过程中必然因为组织战略的调整、外部环境与内部条件的变化而引起相应的业务、组织结构的变化。为了应对这些挑战，必须通过有效的人力资源规划来满足组织在适当的时候有足够而且合适的员工来完成组织的目标和任务。人力资源规划需要获得有关各类工作对人员数量和质量的要求，其必须通过工作分析来完成。

（2）员工招聘。工作分析对员工的招聘与配置具有指导作用。如果组织没有工作说明和工作规范对招聘员工工作进行指导，将很难选拔和任用符合工作要求的合格人员。通过工作分析可以确定空缺职位所需承担的任务，确定招聘员工的选拔标准和方法，为招聘和配置员工提供客观依据。只有工作要求明确，才能保证工作安排的准确性。

（3）员工培训。工作分析使员工培训更为有效。工作分析可以明确从事某项工作应具备的身体素质、知识技能和心理条件。这些要求并非所有员工都可以满足的，需要不断对员工进行培训。通过工作分析，根据实际工作要求和员工的不同情况，有区别、有针对性地安排培训内容和方案、进行培训，可以有效促进员工改善工作技能，提高工作效率。

(4) 绩效管理。工作分析为绩效管理提供客观的参照标准。工作分析通过对组织在不同时期、不同背景下的情况进行分析，确定了各工作岗位应该达到的标准。该标准可成为绩效管理的评定标准，有利于绩效管理公平、公正、公开地开展和进行；否则，这种评价在很大程度上会带有不公正性，进而影响员工的工作积极性。

(5) 薪酬管理。工作分析有助于构建合理的薪酬体系。工作分析可以明确各工作岗位的职责要求及了解任职者的知识技能、身体素质及相应学历等，为构建合理的薪酬体系提供了重要的依据。工作的职责，以及工作所要求的技能、教育水平、工作环境等因素将影响该工作在组织中的重要程度及组织对该项工作的评价。工作分析可以建立组织中各种工作岗位的相对重要性的排序，并通过量化的形式来确定每个职位的报酬水平。

(6) 职业生涯管理。工作分析能够促进员工的职业生涯发展。员工的职业生涯设计是把个人的能力和愿望与组织内已经存在的或将出现的机会匹配起来。该过程要求负责职业生涯规划的人了解每一种工作的技能要求，这样才能保证帮助员工从事他们能够获得成功且得到满足的工作。工作分析可以提供所需要的这类信息。同时，工作分析及工作设计为员工在组织内的发展指明了合适的职业发展路径，以使员工在工作中的成就感得到满足，并且使员工获得知识、技能的提升。

(三) 工作分析的内容

工作分析涉及两个方面的内容。①对工作本身即工作岗位的研究。要研究每一个工作岗位的目的、该岗位所承担的工作职责与工作任务以及与其他岗位之间的关系等。②对人员特征及任职资格的研究。要研究能胜任该项工作并完成目标的任职者必须具备的条件与资格，如工作经验、学历、能力特征等。

工作分析是对工作进行整体分析，具体包含以下几个方面。

第一，内容。内容是指要从事的工作活动，主要包括任职者所要完成的工作活动、任职者的工作活动结果或产出，以及任职者的工作活动标准等。

第二，目的。任职者的工作目的也是该项工作在整个组织中的作用，主要包括该项工作的目的、在组织中与其他工作之间的联系等。

第三，人员。对从事该项工作的人员应具备的要求，主要包括对任职者身体素质、知识技能、教育与培训、经验以及个性特征等方面的要求。

第四，时间。该项工作活动进行的时间安排，主要包括工作时间安排是否有固定时间表，以及工作活动的开展频率，如某项活动是每日进行的还是每周或每月进行的等。

第五，地点。该项工作进行的场所的具体环境，主要包括该项工作的地点以及该项工作的自然环境、社会和心理环境等。

第六，上级。在工作中与其他岗位主要是上级岗位的关系，主要包括该项工作的请示汇报对象、工作的信息提供对象或工作结果的提交对象、工作监控与指挥对象。

第七，方法。任职者如何进行工作活动以获得预期的工作结果，主要包括该项工作活动的程序与流程、工作活动涉及的工具与机器设备、工作活动涉及的文件记录、工作中的关键控制点等。

二、工作分析的实施

（一）准备阶段

第一，建立工作分析小组。小组成员通常由分析专家构成。所谓分析专家，是指具有分析专长，并对组织结构、组织内各项工作有明确概念的人员。一旦小组成员确定之后，就分配任务，大家各司其职，保证高效地开展工作。

第二，明确工作分析的目的。有了明确的目的，才能正确确定分析的范围、对象和内容，规定分析的方式、方法，并弄清应当收集什么资料、如何去收集、用哪些方法去收集。明确了工作分析的意义，才能有的放矢。

第三，明确工作分析的对象。为保证分析结果的正确性，应该选择有代表性、典型性的工作，界定工作分析的对象和样本，制订具体的工作分析实施计划。

第四，建立良好的工作关系。为了搞好工作分析，还应做好员工的心理准备工作，建立起友好的合作关系。与员工建立良好的沟通关系，能够消除其对工作分析的戒备和误解。

（二）调查阶段

调查阶段根据工作分析的目的，收集工作分析的相关背景材料，包括工作职责、内容、程序、工作环境、工作关系、任职资格等，对岗位进行详细的调查研究。

第一，编制调查提纲和问卷。分析人员查阅以往书面资料和报告，根据实际应用的需要，编制合适的工作分析调查提纲和问卷。

第二，确定调查方法。工作分析的方法多种多样，各有优缺，要根据工作特征确定收集信息使用何种调查方法，综合使用，相互补益，以便尽可能多地收集数据资料。

（三）分析阶段

分析阶段主要是对有关工作特征和工作人员特征的调查结果进行归纳、整理、分类，并转化成标准化的书面文字，为最终形成工作说明书作准备。

第一，整理工作信息。将调查所得资料交予工作分析小组专业人员和调查对象仔细审核、筛选，提高工作信息的可靠性和准确性。

第二，分析工作信息。分析、揭示各职位的主要成分和关键问题，总结出工作分析必需的材料和要素。然后将信息分门别类地编入工作说明书的项目内，为下一阶段作准备。

（四）总结调整阶段

总结调整阶段是工作分析的最后阶段，主要任务是根据工作分析的初步结果，在深入分析和总结的基础上编制工作说明书，并将工作说明书应用到实际中，在实践中进行反馈与修正，最后形成完善的岗位说明书。

第一，形成工作说明书。根据工作分析的研究数据，编制有关工作任务、职责、工作内容、工作条件、工作环境的“工作描述”和包括员工工作要求和任职条件的“工作规范”。使用规范简洁的语言，按照统一的编写格式，形成工作说明书。

第二，工作说明书的运用。将草拟的工作说明书应用到实际工作中，收

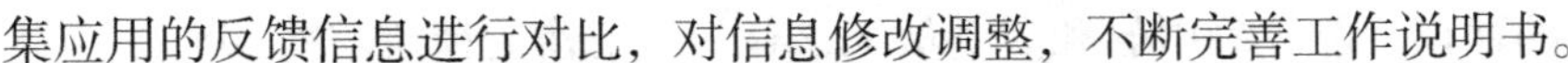

集应用的反馈信息进行对比，对信息修改调整，不断完善工作说明书。

第三，工作说明书的反馈与调整。对工作分析进行总结，以文件形式将工作说明书和调整记录确定并归档保存，为今后的工作分析提供经验，并指导企业的绩效薪酬、招聘和培训。在实际使用的过程中发现问题并及时反馈与修正，最终形成完善的工作说明书。

第二节　工作设计与工作评价

一、工作设计

（一）工作设计的主要内容

1. 工作内容设计

工作内容设计是工作设计的重点，一般包括工作的广度、工作的深度、工作的完整性、工作的自主性及工作的反馈性五个方面。

（1）工作的广度。工作的广度即工作的多样性。设计工作时应尽量使工作多样化，使员工在完成任务的过程中能进行不同的活动，保持工作的兴趣。

（2）工作的深度。设计的工作应具有从易到难的层次，对员工工作的技能提出不同程度的要求，从而增加工作的挑战性，激发员工的创造力和克服困难的能力。

（3）工作的完整性。保证工作的完整性能使员工有成就感，即使是流水作业中的一个简单程序，也要求是全过程，以便让员工见到自己的工作成果，感受到自己工作的意义。

（4）工作的自主性。适当的自主权利能增加员工的工作责任感，使员工感到自己受到了信任和重视。认识到自己工作的重要性，会使员工工作的责任心增强，提高工作的热情。

（5）工作的反馈性。工作的反馈包括两个方面：①同事及上级对自己工作意见的反馈，如对自己工作能力、工作态度的评价等；②工作本身的反馈，如工作的质量、数量、效率等。工作反馈信息使员工对自己的工作效果

有全面的认识，能正确引导和激励员工，有利于工作的精益求精。

2. 工作职责设计

工作职责设计主要包括工作的责任、权利、方法，以及工作中的相互沟通、协作等方面。

（1）工作责任。工作责任设计是对员工在工作中应承担的职责及压力范围的界定，也就是工作负荷的设定。责任的界定要适度，工作负荷过低、无压力，会导致员工行为轻率和低效；工作负荷过高、压力过大又会影响员工的身心健康，会导致员工的抱怨和抵触。

（2）权利与责任。权利与责任是相互对应的，责任越大则权利范围越广，否则，二者相脱节，会影响员工的工作积极性。

（3）工作方法。工作方法包括领导对下级的工作方法、组织和个人的工作方法等。工作方法的设计具有灵活性和多样性，不同性质的工作根据其工作特点的不同所采取的具体方法也不同，不能千篇一律。

（4）相互沟通。沟通是一个信息交流的过程，是整个工作流程顺利进行的信息基础，包括垂直沟通、平行沟通、斜向沟通等形式。

（5）协作。整个组织是有机联系的整体，是由若干相互联系、相互制约的环节构成的，每个环节的变化都会影响其他环节及整个组织的运行。因此各环节之间必须相互合作、相互制约。

（二）工作设计的基本方法

现代工作设计方法应吸纳传统方法中的合理成分，克服其存在的根本弊端，突出人的因素和需要。工作设计的方法有多种，但其中心思想是工作丰富化，而工作丰富化的核心是激励的工作特征模型。这些方法主要包括以下种类。

1. 工作轮换

工作轮换这种方法并不改变工作设计本身，而只是让员工先后承担不同但内容相似的工作，定期从一个岗位转到另一个岗位。这样做使员工有更强的适应能力，感受到工作的挑战性及在一个新岗位上产生的新鲜感。工作轮换的工作设计方法给员工提供了一个发展技术和较全面地观察、了解整个生产过程的机会，对组织的全局有更好的把握。

2. 工作专业化

当员工的素质和精力难以适应复杂而综合的工作时，就应通过提高专业化程度将工作简化。工作专业化是一种传统的工作设计方法，它通过对动作和时间的研究，把工作分配为许多很小的单一化、标准化和专业化的操作内容及操作程序，并对员工进行培训和激励，使之保持高效率。专业化工作设计的优点包括：①专业化和单一化最紧密地结合在一起，从而可以最大限度地提高工人的操作效率；②对工作执行者的技术要求低，可以节省大量的培训费用；③可以降低生产成本；④标准化的工序和操作方法加强了管理者对产品数量和质量的控制，以保证生产的均衡。

3. 工作扩大化

与工作专业化相对应的是工作扩大化。工作扩大化旨在改变专业化的高效率工作所带来的单调和枯燥乏味，它包括横向扩大工作和纵向扩大工作。

（1）横向扩大工作。横向扩大工作的方法有很多，例如，将属于分工很细的作业单位合并，由一人负责一道工序改为几个人共同负责几道工序；采用包干负责制，由一个人或一个小组负责一项完整的工作，降低流水线传动速度，延长加工周期，用多项操作代替单项操作等。

（2）纵向扩大工作。纵向扩大工作是将经营人员的部分职能转由生产者承担，工作范围沿组织形式的方向垂直扩大化。例如，生产工人参与计划制订，自行决定生产目标、作业程序、操作方法，检验、衡量工作质量和数量，并进行经济核算。

工作扩大化的实质内容是增加每个员工应掌握的技术种类和扩大操作工作的数目，目的在于降低对原有工作的单调感和厌恶情绪，从而提高员工的工作满意度。工作扩大化在实际应用中的作用非常有限，赫兹伯格曾批评工作扩大化是“用零加上零”。

4. 工作丰富化

工作丰富化是指在工作中赋予员工更多的责任、自主权和控制权，以满足员工的心理需求，达到激励的目的。工作丰富化思想对工作设计的影响很大，并在此基础上形成了一个著名的工作特征模型方法。

工作特征模型方法的理论依据是赫兹伯格的双因素理论。根据激励因素一保健因素理论，赫兹伯格设计了一种工作丰富化方法，即在工作中添加一些可以使员工有机会获得成就感的激励因子，以使工作更有趣、更富挑战性。这一般要求给员工更多自主权，允许员工做更多有关规划和监督的工作。

工作丰富化可采取以下措施：①组成自然的工作群体，使每个员工尽心为自己的部门工作，以改变员工的工作内容；②实行任务合并，让员工承担一项从头到尾的完整工作，而不只是让他承担其中的某一部分；③建立客户关系，即尽可能给予员工与客户接触的机会；④让员工自己规划和控制其工作，而不是让别人来控制，员工可以自己安排工作进度，处理遇到的问题，并且自己决定上下班的时间；⑤畅通反馈渠道，找出更好的方法，让员工迅速了解其绩效情形。

工作丰富化的核心就是激励的工作特征模型，这一模型的运用可以使员工产生三种心理状态，即感受到工作的意义、感受到工作结果的责任和了解工作结果。这些心理状态可以影响个人和工作的结果，即内在工作动力、绩效水平、工作满足感、缺勤率和离职率。而引起这些关键心理状态的是工作的某些核心维度，以及技能的多样性、任务的完整性、工作任务的意义、任务的自主性和反馈。工作特征模型认为可以把一个工作按照与这些核心维度的相似性或差异性来描述，按照模型中的实施方法丰富化了的工作就具有高水平的核心维度，并可由此创造出高水平的心理状态和工作成果。

工作特征模型强调员工与工作之间心理上的相互作用，并且强调最好的工作设计应该给员工以内在激励。这种方法的优点是认识到员工社会需要的重要性，可以提高员工的工作动力、满意度和生产率；缺点是成本和事故率比较高。这一模型在实践中的应用还须进一步探索。

二、工作评价

工作评价是指评定各项工作在实现组织目标中的价值，并据此确定各项工作的等级，进而制定各项工作的报酬，为最后构建薪酬结构提供依据。因此，工作评价是工作分析的逻辑结果，其目的是提供工资结构调整的标准程序[①]。岗位评价是执行岗位工资制最关键的一环，因为对岗位评价的等级

① 吕菊芳．人力资源管理 [M]. 武汉：武汉大学出版社，2018：85.

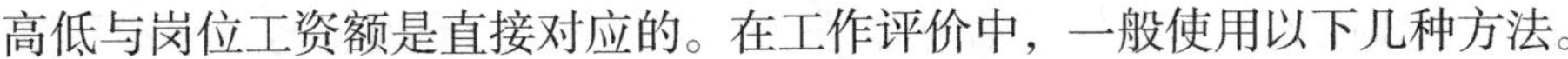

高低与岗位工资额是直接对应的。在工作评价中，一般使用以下几种方法。

第一，岗位排序法。岗位排序法是从整体价值上，将各个工作岗位进行相互比较，最后将岗位分为若干等级的方法。排序法包括三种基本的类型，即直接排序法、交替排序法和配对排序法。

第二，岗位分类法。岗位分类法又称等级描述法，它是排序法的改进，根据事先确定的类别等级，参考岗位的内容进行分级。分类法的主要特点是各种级别及其结构在岗位被排列之前就已建立起来。对所有的岗位评估只需参照级别的定义把被评估的岗位套进合适的级别里面。

第三，要素计点法。要素计点法主要是先选定岗位的主要影响因素，并采用一定点数（分值）表示每一个因素，然后按预先规定的衡量标准，对现有岗位的各个因素逐一评比、估价，求得点数，再经过加权求和，得到各个岗位的总点数，最后根据每个岗位的总点数大小对所有岗位进行排序，即可完成工作评价过程。

第三节　工作说明书的编写

工作说明书应该指明的是某项工作区别于其他工作的信息，所包含的内容要素及其编写要求如下。

一、工作说明书的编写要素

一份比较完备的工作说明书应该具备以下几个方面的内容。

第一，工作标识。工作标识包括工作名称和工作身份。工作名称应该能比较准确地反映工作的主要职责，并且应该指明任职者在组织等级制度下的相关关系。工作身份又称工作地位，一般在工作名称之后，包括所属部门、直接上级职位、工作等级、工资水平、所辖人数、定员人数、工作分析时间和人员等。

第二，工作概述。工作概述也称职务摘要，是对主要工作职责的简要说明，应该用简洁准确的文字揭示工作的总体性质、中心任务和工作目标。

第三，工作内容。工作内容是对基本的工作任务和工作关系的说明，包括以下主要内容。①工作活动内容。逐项说明工作活动内容与时间的百分比。②工作权限。界定任职者在工作活动内容上的权限，如决策的权限、对他人实施监督的权限以及经费预算的权限。③工作绩效标准。工作绩效标准又称工作结果，说明任职者的工作结果，一般应该有定量化的表述。④工作关系。工作关系又称工作联系，指任职者与组织内外其他部门和人员之间的关系，如受谁监督和监督谁、可以晋升的职位、可以相互转换的职位、与哪些部门的职位发生联系等。

第四，工作条件与环境。工作条件主要涉及任职者使用的设备名称和所运用的信息资料的形式。工作环境更多地涉及工作所处的自然环境，包括工作场所、工作的危险性、工作的时间、工作的均衡性、工作环境的舒适性等。

二、工作说明书的编写要求

在进行工作说明时，必须注意以下几个方面。

第一，内容详尽、完整。工作说明书要避免的情况主要有以下两种。①工作描述过于琐碎。工作描述如果过于详细的话，难免琐碎，这样的工作描述将会变成动作分析。②不能独立使用。工作说明书本身应该能够独立使用，对某一项目的描述不应该出现“参见第几页第几项”的字样。

第二，语句简洁，逻辑性强。语句构成要简洁、规范，要有逻辑性；每一句话都应该能表达动作、对象、目的，并以动词起句；语句的排列应该按照工作的基本性质、职位高低、资格条件的重要性等排序。

第三，用词标准、正确。要建立标准化的词库。词汇应该具体，避免抽象概念；除非必要，一般不用形容词；除非必要，避免使用难以理解的技术性词汇；如有可能，尽量用数学语言。

第五章　人力资源招聘与培训开发

在人力资源开发与管理的过程中，对于组织内部的人力资源的开发，培训与招聘工作是十分重要的内容。基于此，本章主要探讨员工招聘与甄选、员工录用与评估以及员工培训与开发。

第一节　员工招聘与甄选

人力资源管理中员工招聘与培训是非常重要的管理工作[①]。招聘与甄选工作的成效如何，直接决定组织拥有人力资源的数量与质量、能否与组织的需要相匹配、组织能否获得人才，从而影响组织的竞争力及其绩效。因此，员工招聘与甄选对组织发展至关重要。

一、员工招聘

员工招聘是指组织为发展所需，依据人力资源规划和工作分析所确定的岗位需求，采用一定的方法及时、足量地吸引具有合适资质的个人前来组织求职，并从中选拔出合适的人予以录用的管理过程。员工招聘是组织吸收与获取人才的过程，是获得优秀员工的保证。员工招聘实际上包括两个相互独立的过程，即招募和选拔聘用。员工招募是任用的前提和基础，选拔聘用是招聘的目的和结果。招募主要是通过各种渠道及宣传来扩大影响，树立组织形象，达到扩大组织影响，从而吸引人才的目的；选拔聘用则是使用各种测评技术及选拔方法，挑选适合特定岗位员工的过程。

员工招聘作为各类组织获取人才的主要渠道，在人力资源管理中具有重要的作用。员工招聘既是人力资源管理的第一关，又是人力资源管理活动

① 桑颖．人力资源管理中的员工招聘与培训分析 [J]. 营销界，2022(24)：111.

的基础和关键环节之一。招聘管理向着更专业化的方向发展，需要人力资源管理者能进一步规范招聘管理流程，掌握科学的甄选技术，通过招聘、甄选体系的构建与实施，更深入地配合员工培训、职业发展、绩效考核、薪酬、劳动关系等人力资源管理的其他环节，为组织的健康发展和战略目标的实现提供有力的人才保障。

(一) 员工招聘的原则

第一，守法原则。人才招聘与选拔必须遵守国家的法律法规，杜绝聘用过程中的违法行为。

第二，公开原则。公开原则是指将招聘单位和部门、岗位需求、岗位任职资格、报考资格、条件及考察方式等均面向社会公开进行。一方面，给予求职者公平竞争的机会，达到广揽人才的目的；另一方面，使招聘工作置于社会的监督之下。

第三，平等原则。平等原则是指对所有报考者一视同仁，不得人为地制造各种不平等的限制条件（如性别、地域歧视）以及不平等的优先政策。

第四，全面原则。全面原则是指对应聘者的品德、知识、能力、心理素质和过去的工作经验进行全面的考察与评价。因为一个人能否胜任某项工作或者职业发展前途如何，是由多种因素决定的。

第五，效率原则。效率原则是指根据不同的招聘需求，灵活选取恰当的招聘方式，用尽可能低的招聘成本录用高质量的员工。

第六，人岗匹配原则。人岗匹配原则是指应聘者的知识、技能、能力等素质应与应聘岗位相契合，使应聘者能够胜任岗位的各项工作，最大限度地发挥其才能。

(二) 员工招聘的作用

员工招聘是人力资源的人口管理，即对进入组织的人进行选择、把关，它是整个人力资源管理过程的关键环节，因而具有十分重要的意义。

第一，有效的招聘有利于人才的优化配置和部门最佳人才结构的形成。人员招聘制可以实现人才和用人部门的双向选择，使其各得其所。组织实行开放式、“市场”化的人员选聘，可以在较大范围内选择到本部门所需要的人才；人员通过应聘，也可以选择到适合自己志向和才能的岗位。这既体现了组织工作对人才的需要，也体现了人才个人的工作愿望和自身价值。

第二，有效的招聘可以增加组织人员的稳定性，减少人才流失。因为成功的招聘可以为组织的每一个职位找到合适的人选，做到人尽其才，提高对工作的满意度。

第三，有效的招聘可以降低组织人员初任培训和能力开发的费用。素质较高的员工只需要简单的培训就可以胜任工作，对其培训开发的费用自然较低，而对素质较低的人进行培训开发要相对复杂，培训费用也相对较高，但培训效果差异性不大。

第四，有效的招聘能够提高组织的效率。如果每一个职位都拥有合格的人才，那么整个组织的工作效率必定提高。同时，对组织人员的管理可能会变得简单，管理者不再需要花很多时间和精力来纠正部门成员的过错或解决成员间的问题，而是花更多的时间和精力来考虑组织发展的关键性问题。

第五，有效的招聘有利于将优胜劣汰的原则引入组织的人力资源管理活动中，增强员工的危机意识。

二、员工甄选

员工甄选是指组织在招聘过程中通过一系列评估和筛选步骤，从候选人中选择最合适的人才加入组织。它是一个关键的人力资源管理环节，旨在确保组织能够招聘到具备所需技能、经验和潜力的候选人，以适应组织的需求并实现长期的成功。

(一) 员工甄选的作用

第一，匹配组织需求。员工甄选的目的是找到与组织需求最匹配的候选人。这包括技能、知识、经验、资格和文化适配度等方面的匹配。通过细致的甄选过程，组织可以选择最符合岗位要求、有能力胜任工作的候选人。

第二，提高招聘效率。员工甄选有助于提高招聘过程的效率。通过有效的筛选和评估，可以减少不合适候选人的数量，从而节省时间和资源。甄选过程中的面试、测试和背景调查等环节，帮助组织更好地了解候选人的能力和背景，提高决策的准确性。

第三，降低员工招聘的风险。通过各种人员测评的方法对候选人进行选择和评价可以了解一个人的能力、个性特点、工作风格等与工作相关的各方面素质，得出一些诊断性的信息，从而分析该候选人是否能胜任工作。这样可以使组织找到适合职位要求的人，有效地避免招进不符合任职资格的人，降低由于雇用不胜任的员工而带来的人事风险。

第四，有利于节省人工成本。有效的选择可以使进入组织的人员素质更符合空缺职位的要求，从而可以降低培训工作的投入。而且当人员素质低于职位要求时，组织支付的工资可能大于该员工为组织创造的价值；招进的人员素质如果远高于工作所需，则难以留住人才。员工与工作匹配带来组织的稳定，人员流失则造成组织的成本耗费，如新一轮招聘费用、培训费等。

第五，为员工的预测与发展奠定基础。招聘员工时不仅要看到他的目前特点和职位适应情况，更要根据人与环境的变化预测他的未来发展可能性。人员选择技术不仅可以了解候选人当前的素质状况，为目前的入职匹配提供信息，而且可以提供人的未来发展可能性的信息。这样就可以根据一个人的未来发展潜能来制订职业发展规划并提供适当的培训与提高的机会。

(二) 员工甄选的方法

当前，组织越来越重视采用科学的手段来挑选员工。招聘工作中常用的员工甄选方法既包括笔试、心理测试等简便的团体测试，也包括面试等复杂的测试，具体实施中可根据不同需求加以选择。

1. 笔试

笔试是指通过纸笔测验的形式客观了解应聘者的知识结构、能力及经验等基本素质的一种方法。根据考试内容的不同，笔试可以分为通识考试、专业知识考试（又称结构考试）和业务知识考试。通过笔试可以对应聘者的基本素质、专业知识结构和工作熟练度进行基本判断。笔试在组织招聘中应用广泛，它能较快地了解应聘人员的基本情况，并据此进行初步的人才筛选。

笔试质量的高低取决试卷的命题技术。在设计试卷时，组织必须以工作分析得出的相关岗位工作人员所需要的知识结构为依据，制订命题计划，并据此设计具体的考试内容、题型分布等，切忌命题的主观性及随意性。

笔试法的优点是知识覆盖面广，对知识、技能的考核信度和效度都较高，可以大规模地进行分析，因此耗时少、效率高；另外，与直接面试相比，被试人心理压力较小，较易发挥正常水平，成绩评定较为客观。因此，组织在招聘时，一般采取笔试与其他测试方法相结合的方式来进行，将笔试作为初次筛选的依据，测试合格者才能继续参加面试或下一轮测试。

2. 面试

面试是员工甄选过程中经常用到的一种方式，是指主试者通过与被试者面对面交流等方式，了解应聘者的基本素质、能力与求职动机的一种员工甄选方法。面试具有灵活、考察深入等优点，可以对应聘者的学识及能力、个性等进行较为全面的评价；缺点是主观性强、实施过程缺乏规范性，在一定程度上会导致对被试者的评价出现偏差。

(1) 面试的类型

第一，根据面试组织形式的标准化和程序化程度，面试可以分为结构化面试、非结构化面试和半结构化面试。在结构化面试中，问题的设计和答案都是事先设计好的，面试的内容、方式、程序、评分标准及结果的评价等构成要素按照统一的标准和要求进行。使用结构化面试可以避免主观性，具有较高的信度和效度。结构化面试取得成功的关键在于事先的准备。在非结构化面试中，面试没有固定的形式，其内容往往是开放式问题，随意性较强。面试考官的提问往往是综合性的，要求求职者具有较好的应变能力。介于结构化面试和非结构化面试之间的面试形式是半结构化面试，它综合了结构化面试与非结构化面试两者的特点。其中，结构化面试是组织招聘中比较常见的员工甄选技术之一。

第二，根据面试的具体形式，面试可以分为个别面试、小组面试和集体面试。个别面试是一对一的形式，有利于面试双方深入了解，但结果易受面试考官的主观影响。小组面试通常是由多人组成面试小组，对应聘者分别进行面试，其形式是多对一，能够提高面试结果的准确性，克服主观偏见。集体面试的形式是多对多，通常是由 2～3 个人组成面试小组，逐一对各个应聘者进行面试，应聘者在面试考官的引导下，回答一系列问题，从而在这一过程中对应聘者的表达能力、逻辑思维能力、解决问题能力、人际交往能力等进行考察。集体面试具有较高的效率，可以对应聘者进行较为全面的评价，但对主考官的自身素质要求也比较高。组织多采用多对一的形式进行面试。

第三，根据面试的目的，面试可以分为评估性面试和压力面试。评估性面试主要用于评价求职者的工作业绩。压力面试是指有目的地制造一个紧张氛围，通过对面试者提问一个不礼貌的问题或将其置于一种不舒服的环境中，考察求职者对压力的承受能力及应变能力。压力面试常用于招聘公关人员及高级管理人员。

(2) 面试的过程

面试的具体实施过程包括准备阶段、导入阶段、核心阶段及评价阶段。

第一，面试准备阶段。这一阶段面试人员通常会与应聘者讨论一些无关工作的问题，帮助应聘者消除紧张戒备心理，创造一个和谐、轻松、友好的面试氛围，以便实现后续面试过程中更加良好的沟通。

第二，面试导入阶段。在这一阶段，面试人员一般会提问应聘者一些比较熟悉的话题，以期应聘者可以由紧张的状态自然过渡到面试过程中。这些问题包括对应聘者个人背景的了解，如应聘者的家庭背景、教育经历及工作履历等。

第三，面试核心阶段。这一阶段是整个面试中最为重要的部分，面试人员会着重对应聘者胜任工作的各项能力要素进行考察。在这一阶段，尤其需要注意面试提问的技巧，要清楚提问的目的，准备好提问提纲，并且要采取别人易于理解的方式进行提问。提问时，一般应遵循先易后难、循序渐进的原则（表 5-1）。

表 5-1　面试核心环节的提问方式

类型	具体内容
封闭式提问	事先设计好答案，问题的回答被限制在备选答案中，应聘者只需回答“是”或“否”。通常，这类问题只充当过渡式提问
开放式提问	鼓励应聘者自由发挥的提问方式。通过应聘者回答问题的方式，考察其语言表达能力及沟通技巧
引导性提问	涉及工资、福利等问题时，通过引导性提问的方式征询应聘者的意见

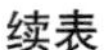

续表

类型	具体内容
压迫性提问	通过设置一系列相互矛盾的问题，考察应聘者的应变能力及在压力情景下的反应能力
假设性提问	提问一个与应聘者未来工作情景有关的假设性问题，通过应聘者的回答，综合考察应聘者的逻辑思维能力、创造性、工作风格及处理问题的能力

第四，面试评价阶段。面试结束时应给应聘者提问的机会，并整理好面试记录表。面试成绩的评定应依据面试过程中收集到的信息，由各个面试考官对应聘者的个人修养、求职动机等进行判断并独立打分。

第五，提高面试效果的对策

3. 心理测评

随着人力资源开发与管理的科学化、标准化的发展，心理测试在组织招聘中的应用越来越广泛。通过科学规范的心理测试，可以较客观、真实地了解一个人的个性与能力，从而保证人岗匹配原则的有效实现。一般而言，用于招聘的心理测试主要包括以下类型。

(1) 智力测试。智力测试是指对个人智力水平的科学测试，它主要测试一个人的思维能力、学习能力及适应环境的能力。智力的高低可以直接影响一个人各方面的能力。在员工甄选过程中，通常要先确定岗位所需的最低能力分数线，然后对其测试，根据测试结果进行初步筛选。

(2) 人格测试。人格 (个性) 是一个人心理特征的统一，它决定人的外显行为 (如态度、兴趣、同情心等) 和内隐行为 (如动机、品德等)，并使个体之间的行为表现出稳定的差异性。人格对一个人的影响是极为重要的，不同性格、气质的人适合从事不同类型的工作。对一些重要的工作岗位如领导岗位，在选择人才时需要进行人格测试。人格测试主要有自陈式测验量表和投射式测验量表两种。

第一，自陈式测验量表主要用于由被试者根据自身实际情况填写一组测量问卷，主试者根据被试者的答案得分与评分标准相比较，从而判断被试者的人格特征。

第二，投射式测验量表主要用于探求个体内在行为及潜意识的深层态度、动机，主要采取图片测试。常见的有罗夏墨迹测验[①]，指通过向被试者呈现标准化的由墨渍偶然形成的模样刺激图片，让被试者自由地看并说出由此所联想到的东西，然后将这些反应用符号进行分类记录，并加以分析，进而对被试者人格的各种特征进行诊断。

（3）职业兴趣测试。职业兴趣揭示应聘者喜欢的具体职业，从中可以发现应聘者最感兴趣并能获得最大满足的工作。职业兴趣能够最大限度地开发人的职业潜能，是一个人职业成功的重要条件。了解职业兴趣的主要途径是采用职业兴趣测验量表或问卷来进行。

（4）职业能力测试。一个人要想在工作中取得一定成就，就必须具备一定的职业能力。职业能力可以分为一般能力和特殊能力。一般能力指在不同种类的职业活动中表现出来的共同能力，如判断能力、观察能力等。特殊能力指某些特定的职业活动所需要的特殊能力，如画家需要良好的空间色彩知觉能力，运动员需要良好的持久力和耐力能力。据此，招聘中职业能力测试可以分为两类：一类是一般职业能力测验；另一类是专门职业能力测验。实际操作中，要根据岗位说明书列举的任职资格，设置对应的测试题目。

第二节　员工录用与评估

一、员工录用

员工录用是指雇主与个人签订就业合同，同意将其聘用为公司的一员。这一过程是组织人力资源管理的重要环节，旨在选择和吸引具有适当技能和素质的候选人，以满足组织的业务需求并实现组织目标。员工录用具有深远的含义，既涉及个体的职业发展，也涉及组织的长期发展。

对于个人而言，录用是实现就业的重要途径之一。通过录用，个人可以获得稳定的工作机会，并展开职业生涯的征程。此外，录用还意味着组织对个人能力和潜力的认可，为其提供了在组织中发挥才华的机会。对组织而

① 罗夏墨迹测验是由瑞士精神科医生、精神病学家罗夏（Hermann Rorschach）创立，因利用墨渍图版而又被称为墨渍图测验，是非常著名的人格测验，也是少有的投射型人格测试。此测验在临床心理学中使用得非常广泛。

言，员工录用是推动组织成长和创新的基石。通过招募和录用最佳人才，组织能够确保其人力资源库中有素质高、适应力强的员工。这些员工不仅具备所需的专业知识和技能，还能够为组织带来新的想法和创意，推动创新和持续发展。

员工录用涉及与候选人之间的双向选择过程。候选人也会评估和选择适合自己的工作机会和雇主。他们会考虑组织的声誉、文化、福利待遇以及职业发展机会等因素。因此，员工录用过程中的互动和交流对于候选人和组织来说都至关重要。

(一) 员工录用的原则

第一，平等竞争原则。对通过人才选拔的合格人员应该采用竞争录用、择优录用的原则，不能人为地设定各种不平等的限制条件。

第二，因人任职原则。员工录用必须按照具体的岗位职责，根据工作需要来进行。同时，还要考虑每个人的个性差异及能力特点来安排相应的职位。

第三，工作能力优先原则。在合格人选各方面条件相当的情况下，以往的工作绩效和经验应是决策时重点考虑的因素，即工作能力优先原则。

第四，能职匹配原则。工作能力优先不代表能力越高越好。一般而言，任用一个知识、经验和技能水平远高于岗位要求的人员，并不是最好的选择，因为录用后他的要求过高会致使稳定性变差。面对此类人员时，组织需要结合其工作动机和个性特质等因素判断是否录用。

第五，工作动机优先原则。在合格人选工作各方面能力基本一致时，候选人对工作岗位的积极性是录用决策时需要着重考虑的因素。员工的工作绩效取决于个体工作能力和工作积极性两个因素，在能力基本一致时，工作绩效主要取决工作积极性的程度。

(二) 员工录用的目的

员工录用的目的是为组织寻找并选择适合岗位的人才，确保组织能够实现其战略目标。

第一，满足组织的人力资源需求。组织需要具备多样化技能和背景的员工团队，以适应不断变化的业务环境。通过招聘和录用合适的员工，组织能够确保拥有所需的专业知识和能力，以应对日益复杂的业务挑战。

第二，促进组织的创新和发展。拥有经验丰富、富有创造力和多样化思维方式的员工可以为组织带来新的想法和观点。他们能够提供独特的见解，并在解决问题和推动创新方面发挥关键作用。因此，通过聘用有创造力和激情的人才，组织能够推动自身的发展和竞争力。

第三，建立强大的团队和组织文化。员工是组织的重要资产，他们的态度、价值观和行为方式对组织的文化和工作氛围产生深远影响。通过精心挑选和招募符合组织价值观和文化的员工，组织能够塑造积极、合作和有成效的工作环境，促进团队协作和员工满意度。拥有适当技能和经验的员工能够更好地履行其工作职责，提高工作效率和质量。他们能够迅速适应新环境并产生积极影响，从而为组织的目标达成贡献力量。因此，通过录用符合岗位要求和组织期望的员工，组织能够提升绩效水平，实现长期成功。

员工录用的过程对于组织的长期成功至关重要，因为它为组织提供稳定和具备可持续发展的人力资源基础。因此，组织应该重视员工录用工作，并投入足够的资源和精力来确保选择和发展最优秀的员工。

(三) 员工录用的过程

开展员工录用工作，需要先进行岗位需求分析。应明确组织对于特定岗位的要求，包括技能、知识、经验和素质等。通过对岗位职责和要求的分析，可以为后续的招聘和选拔提供明确的指导和依据。

第一，招聘。招聘是员工录用的起始点，它是为了吸引符合组织需求的人才而进行的广泛宣传和推广活动。招聘渠道多种多样，包括在线招聘平台、人力资源咨询公司、招聘会和内部推荐等。在制订招聘策略时，组织需要考虑目标群体的特征、喜好以及市场竞争情况。

第二，甄选。甄选是员工录用的关键环节之一。甄选的目标是从众多应聘者中筛选出最适合岗位要求的人才。甄选方法可以包括面试、测试、考核中心和背景调查等，这些方法旨在全面评估应聘者的能力、技能、潜力和适应性。面试是甄选过程中最常用的方法之一，它可以通过与应聘者面对面的交流来评估其沟通能力、团队合作能力和解决问题的能力。同时，面试也是了解应聘者个人特质和职业动机的重要机会。为了提高选拔的准确性和公正性，一些组织还采用测试和考核中心的方法。这些测试可以包括认知能力测试、技能测试、性格测评和情景模拟等，通过客观的数据和情景模拟来评估应聘者的能力和适应性。在选拔之后，进行背景调查是确保录用决策正确的重要步骤。通过核实应聘者的教育背景、工作经历、职业资格和个人背景等信息，组织可以了解应聘者的真实情况，并评估其与组织价值观和职业道德的适合程度。

第三，决策。根据选拔结果和背景调查的综合评估，组织可以作出最终的录用决策。录用决策涉及制订薪酬待遇、签订合同以及提供入职培训等事宜。同时，对于未被录用的应聘者，组织也应该及时给予反馈和回馈，以保持组织形象和人才关系的良好。

综上所述，人力资源的员工录用是一个综合而复杂的过程，它需要组织在吸引、选择和评估人才方面进行科学的管理和决策。通过合理的招聘和选拔方法，组织可以招募到适合岗位要求的高素质人才，为组织的发展和成功奠定坚实的基础。

二、员工评估

员工评估是对员工在工作中的表现和能力进行系统性评估和分析的过程。它旨在确定员工的工作成就、技能水平和潜力，并为组织提供有关员工绩效的重要信息。员工评估通常是由直接上级、同事或专业评估师等进行，使用各种评估工具和方法，如360度反馈和个人面谈等。科学的员工评估方法可使组织获取准确、客观和全面的员工评估结果，并据此制订相应的人力资源决策，以促进员工的发展和组织的持续进步。

第一，员工评估对于组织来说是至关重要的。它能够帮助组织了解员工在工作中的表现情况，包括工作成果、工作态度和工作能力等方面。通过评估，组织可以识别出高绩效的员工，以便给予他们适当的奖励和晋升机会，同时也可以发现低绩效的员工，并采取必要的措施来改进他们的工作表现。

第二，员工评估有助于为员工提供个人成长和发展的机会。通过评估，员工可以了解自己的优势和改进的方向，进而制订个人发展计划。评估结果可以作为员工和上级之间的反馈工具，帮助员工了解自己在组织中的角色和职责，并提供改进的建议和指导。

第三，员工评估可以促进组织的绩效管理和激励体系的建立。通过定期的评估，组织可以监测员工的绩效变化，并对绩效进行比较和分析。这样一来，组织可以识别出绩效较好的团队和个人，从而奖励他们并为其提供更多的发展机会。同时，评估结果也可以作为确定薪酬、晋升和培训需求的依据，为组织的人力资源管理提供科学的依据。

第四，员工评估也会面临一定的挑战。评估结果可能受到主观因素的影响，如评估者的偏见和主观判断等。此外，评估过程可能引发员工之间的竞争和不公平感。为了解决这些问题，组织应该建立公正、透明和可信的评估机制，确保评估过程的客观性和准确性。

综上所述，员工评估是一项重要的组织管理工具，可以帮助组织了解员工的绩效和发展需求，促进员工个人成长和组织绩效的提升。尽管存在一些挑战，但通过建立科学有效的评估机制，组织可以最大限度地利用员工评估的价值，实现组织和员工的共同成功。

（一）员工评估的原则

第一，客观性原则。员工评估应该基于客观的标准和指标，而不是主观的偏见或个人喜好。评估结果应该能够准确反映员工的能力、绩效和潜力，而不受主管或评估者的个人情感影响。

第二，综合性原则。员工评估应该综合考虑多个方面的因素，包括工作绩效、能力和技能、个人特质和适应性等。通过多个维度的评估，可以获得更全面和准确的员工画像，避免片面评价和偏差。

第三，有效性原则。员工评估应该能够有效地区分员工的表现和能力水平。评估结果应该能够提供有用的信息和洞察力，以支持人力资源决策，如奖励、晋升、培训和绩效改进等。

第四，及时性原则。员工评估应该及时进行，反映员工的最新表现和变化。及时的评估可以及早发现问题和潜在的发展机会，并采取相应的行动来调整和提升员工的绩效。

第五，公正性原则。员工评估应该公正、公平地对待每一位员工，不偏袒或歧视任何人。评估标准和程序应该明确、透明，并遵守法律和道德规范，确保员工在评估过程中获得公正对待。

第六，持续性原则。员工评估应该是一个持续的过程，而不只是一次性的活动。定期的评估可以追踪员工的发展进展、绩效改善和潜力释放，从而实现员工与组织的共同成长。

第七，可操作性原则。员工评估应该提供具体的建议和改进方案，以帮助员工发展和提升绩效。评估结果应该能够指导员工和组织制订个人发展计划和人力资源策略，实现个人与组织的双赢。

（二）员工评估的作用

第一，工作绩效评估。员工评估的首要目标是评估员工的工作绩效。工作绩效评估旨在衡量员工在工作岗位上的表现和成果。评估可以包括定性和定量的指标，如任务完成情况、工作质量、创新能力和团队合作等。通过评估员工的绩效，组织可以识别出高绩效员工、低绩效员工以及有潜力的员工，并根据评估结果制订相应的奖励、晋升或培训计划。

第二，能力技能评估。通过对员工的能力和技能进行评估，组织可以了解员工的专业知识水平、技术技能和工作能力。这种评估可以通过员工自评、主管评估、同事评估和客户评估等多种方法进行，以获取全面和多维度的信息。基于能力和技能评估的结果，组织可以为员工提供相关的培训和发展机会，以提高其工作能力和适应能力。

第三，个性、领导力评估。员工评估可以包括员工的个性和领导力评估。个性评估旨在了解员工的个人特质、价值观、行为方式以及其对组织文化的适应程度。领导力评估则着重评估员工在领导和管理方面的能力和潜力。通过这些评估，组织可以识别出具有领导潜力的员工，并为他们提供相关的培养和晋升机会，以推动组织的领导力发展。

（三）员工评估的方法

人力资源的员工评估可以根据组织的需求和特定情况进行选择和组合，以获得准确、全面和客观的评估结果（表 5–2）。

表 5-2　员工评估的方法

方法	具体内容
个人面谈	通过与员工进行一对一的面谈，了解其工作表现、职业目标、发展需求等方面的信息
360 度反馈	通过向员工的上级、同事和下属以及其他相关员工收集匿名反馈，获取多个角度的评估意见
问卷调查	使用结构化的问卷来评估员工在不同方面的能力、技能和行为，例如领导能力、沟通能力、团队合作等
行为观察	通过直接观察员工在工作环境中的表现，评估其工作技能、工作质量和团队合作等方面的能力
案例分析	根据员工在特定工作场景中的表现和决策，评估其问题解决能力、创新能力和分析能力等
能力测试	使用专门设计的测试来评估员工在特定领域或技能方面的能力，例如语言能力、技术技能等
评估中心	组织员工参与一系列模拟工作任务、角色扮演、小组讨论等活动，通过观察和评估他们在这些活动中的表现，来评估其工作能力

第三节　员工培训与开发

员工培训是指组织为员工提供目前工作所需的知识和技能所设计的活动，它是以满足当前工作需要为目的的一个短期过程。人力资源开发属于一种投资[①]。员工开发是指组织为提高员工的知识和技能所设计的活动，但它关注的是组织未来发展的需要，为的是能使员工和组织的发展保持同步，因此是一个长期的过程。员工培训与开发是人力资源管理的基本职能之一，也是人力实现增值的重要途径[②]。具体而言，员工培训与开发是指组织创造环境，使员工能够在这一环境中获得或学习特定的与工作要求密切相关的知识、技能、能力和态度或行为发生相对持久的变化。

① 胡宛抒 . 探究人力资源管理之培训与开发 [J]. 农村经济与科技，2019，30(16)：93.
② 李奕轩，周韵 . 知识型员工的培训与开发研究：以某学校的员工培训与开发为例 [J]. 企业改革与管理，2017(1)：65.

一、员工培训与开发的原则

为保证员工培训与开发不偏离组织的预定目标，必须制订培训与开发的基本指导原则。

第一，战略性原则。组织必须将员工的培训与开发放在战略的高度来认识。员工培训的成效与培训内容直接相关，见效快的培训会很快反映到员工工作绩效上；而有些培训见效缓慢，如针对管理人员的培训等。若组织缺乏战略性理念，只考虑当前利益，不考虑长远发展，把培训看成只见投入不见产出的行为，不重视员工培训，其结果是员工素质得不到提高，影响组织的发展。因此，组织必须树立战略观念，根据组织发展目标及战略制订培训规划，使培训与开发和组织的长远发展紧密结合，与组织战略相配备。

第二，学以致用原则。培训员工必须学以致用，讲求实效。如果培训与使用脱节，培训就失去目的，受训者也会失去动力。所以，培训应当有针对性，从实际工作需要出发，与职位特点紧密结合，与培训对象的年龄、知识结构、能力结构、思想状况紧密结合，有针对性地确定培训内容。换言之，培训内容必须是提高组织绩效所必需的内容，流于形式的培训从本质上就是无效的。为此，应根据员工的实际情况，制订出培训计划，使员工培训规划与组织规划相一致。

第三，知识、技能与工作态度兼顾原则。掌握必备的知识和技能，是员工取得好的绩效的前提，而知识与技能的提高与员工的工作态度密切相关。员工的工作态度端正，便会自觉地去学习知识、掌握技能。所以组织在进行员工培训时，切忌只重视知识和技能的培训，而忽略工作态度的培训，只有三者兼顾才能取得好的效果。现实中，态度培训主要是在对组织文化学习的过程中进行的，所以知识和技能的培训应与组织文化培训结合起来进行。

第四，全员培训与重点提高结合原则。全员培训就是有计划、有步骤地对在职的所有员工进行培训，这是提高全员素质的必由之路。但全员培训并不等于没有重点，在实行全员培训的同时，应重点培训一批技术骨干和管理骨干，特别是对组织的发展有重大影响的中高层管理人员和关键技术人员，以及年纪较轻、素质较好、有发展前途的管理和技术人员。

二、员工培训与开发的作用

随着经济的全球化、信息化和知识化的不断发展，以及市场竞争的不断加剧，员工培训与开发的重要性也得到提高，其作用主要表现在以下几个方面。

第一，提高员工素质能力的主要手段。员工作为组织人力资源的载体是组织生存和发展的根本，其素质的高低直接影响着组织的整体绩效。但员工素质的高低是一个相对的概念，因为这与员工所掌握的知识技术直接相关。现代社会发展的一个重要趋势就是知识、技术的更新速度明显加快。只有通过各种形式的培训，才能提高其整体素质，使其知识、技能、工作态度和工作方法能适应工作岗位发展变化的更高要求。

第二，提高组织工作质量的重要措施。在具体的实际工作中，通过员工培训和开发，可以使员工明确自己的工作职责、任务和目标，提高自身的知识和技能，并具备与实现组织目标相适应的业务技能以及人际交往、沟通协调、集体参与等其他能力。这样就可以有效地解决组织中的“人”“事”矛盾，实现“人”与“事”的和谐发展；有效地提高员工的工作质量和工作效率；使员工适应在新的工作环境和业务流程下工作角色转变的需要，从而为整个组织工作质量的提高奠定坚实的人力基础。

第三，员工自我发展的重要方面。现代管理强调组织在追求最佳效益的同时，也要满足员工个人的需要。员工因学历、背景、个性的不同而有不同的主导需要，但就大多数人而言，员工为组织工作的目标不能仅停留在满足低层次需要上，而是要实现自我成长和自我价值，且越是高层次的人才，这种需要就越强烈。如果组织能够满足员工的这种自我实现的需要，将激发出员工深刻而又持久的工作动力。而培训与开发能给员工提供不断学习和掌握新知识、新技能的机会，使其能接受新的工作岗位所提出的挑战和任务，从而实现自我发展和自我价值。

三、员工培训和开发的方法

组织若要提高员工培训的有效性，适当的培训方法是必要的。培训方法大致可分为三类：演示法、传递法和团队建设法。

(一) 演示法

演示法是指将受训者作为信息的被动接受者的一些培训方法，主要包括传统的讲座法、远程学习法及视听法。

第一，讲座法。讲座法是指培训者用语言表达其传授给受训者的内容，这是员工培训中最普遍的方法。讲座法的成本最低、最节省时间；有利于系统地讲解和接受知识，易于掌握和控制培训进度；有利于更深入地理解难度大的内容；可同时对许多人进行教育培训。

第二，远程学习法。远程学习通常被组织用来向员工提供关于组织政策或程序、技能培训以及讲座等方面的信息。远程学习包括电话会议、电视会议、电子文件会议以及利用个人电脑进行培训。

第三，视听法。视听法是利用幻灯、电影、录像、录音等视听教材进行培训。录像是最常用的培训方法之一，被广泛运用在提高员工沟通技能、面谈技能、客户服务技能等方面。

(二) 传递法

传递法是一种要求受训者积极参与学习的培训方法。这种方法有利于开发受训者的特定技能，并将理解技能和行为应用于工作当中，使受训者亲身经历一次工作任务完成的全过程。传递法主要包括在职培训、角色扮演、个案研究、互联网培训四种方法。

第一，在职培训。在职培训是指新员工或没有经验的员工通过观察并效仿同事及管理人员执行工作时的行为而进行的学习。在职培训在材料、培训人员工资或指导上投入的时间或资金相对较少，因此是一种很受欢迎的方法。其中，自我指导培训法是在职培训的重要方法之一。自我指导培训法指受训者不需要指导者，而是按自己的进度学习预定的培训内容，即员工自己全权负责的学习方法。培训者不控制或指导学习过程，只负责评价受训者的学习情况及解答其所提出的问题。

第二，角色扮演。角色扮演是设定一个最接近现状的培训环境，指定受训者所扮演的角色，借助角色的演练来理解角色的内容，从而提高积极地面对现实和解决问题的能力。角色扮演有助于训练基本技能，有利于培养工作中所需的素质和技能，有利于受训者态度、仪容和言谈举止的改善。

第三，个案研究。个案研究是将实际发生过或正在发生的客观存在的真实情况，用一定视听媒介如文字、录音、录像等方式描述出来，让受训者进行分析思考，学会诊断和解决问题以及决策。它特别适应于开发高级智力技能，如分析、综合及评价能力。

第四，互联网培训。互联网是一种广泛使用的通信工具，既是一种快速、廉价收发信息的方法，也是一种获取和分配资源的方式。

（三）团队建设法

团队建设法是用以提高团队或群体成员的技能和团队有效性的培训方法，它注重团队技能的提高以保证进行有效的团队合作。这种培训包括对团队功能的感受、知觉、信念的检验与讨论，并制订计划以将培训中所学内容应用于工作当中的团队绩效上。团队建设法包括团队培训和行动学习两种方法。

第一，团队培训。团队培训是通过协调在一起工作的不同个人的绩效从而实现共同目标的方法。团队培训方法多种多样，可以利用讲座或音像向受训者传授沟通技能，也可通过角色扮演或仿真模拟给受训者提供讲座中强调的沟通技能的实践机会。团队培训的主要内容是知识、态度和行为。团队行为是指团队成员必须采取可以让他们进行沟通、协调、适应且能完成任务以实现其目标的行动。

第二，行动学习。行动学习即给团队或工作群体一个实际工作中所面临的问题，让团队队员合作解决并制订出行动计划，再由他们负责实施该计划的培训方式。

第六章　人力资源绩效管理与考核

绩效管理和考核是组织人力资源管理的核心。有效的绩效管理是提高组织人力资源素质的关键。基于此，本章主要对绩效管理、绩效管理的构成与实施、绩效考核的常用方法以及绩效反馈与改进等进行探讨。

第一节　绩效管理概述

绩效是素质、行为和结果的统一，是在一定的时间内以知识、技能等的投入，通过与组织目标相关的、可测量的、具有评价要素的工作行为和方法实现某种结果的过程。绩效包括员工绩效、部门绩效和组织绩效三个层次。员工绩效是指员工在工作过程中所表现出来的与组织目标相关的并且能够被评价的工作业绩、工作能力、工作行为和工作态度的总和。部门或组织绩效是指部门或组织在某一时期内完成任务的数量、质量、效率，其中组织绩效中还要度量组织的盈利情况。部门和组织绩效建立在员工绩效基础之上。

一、绩效管理的功能

第一，评价功能。评价功能是组织绩效管理的基础功能。一个良好的绩效管理系统，需要实现对照绩效指标对员工的业绩进行科学、客观和公正的评价。这种评价不仅局限在对谁好谁差的评价，更关注的是评价出员工的工作业绩与期望目标之间的差距。绩效的评价功能使绩效管理成为现代人力资源管理的基础，因为用人的关键是识别人，而识别人的关键是考察其关键绩效，而不是传统意义上的体能和一般意义上的技能。

第二，沟通功能。沟通功能是组织绩效管理的关键功能。沟通是提升管理效率、达到管理目标的关键举措，通过沟通达成共识，通过沟通建立期望，通过沟通实现理解。从整个绩效管理过程看，给每个岗位制定明确、切实可行的绩效目标离不开沟通；对业绩的考核、对绩效成绩的反馈离不开沟通；帮助员工分析业绩不佳的原因，找出改进和提高的方法更离不开沟通。

沟通尤其是绩效沟通，必须贯穿于绩效管理的整个过程中。有效的绩效沟通也是绩效管理推行成功的关键。如果缺少沟通，员工没有参与感，心里就会有抵触，甚至根本不认同单独由管理者所设定的目标和计划，导致绩效提升很难达成。需要提醒的是，众多组织的相关人员在进行沟通的时候，事实上将沟通变成了说教。沟通必须是平等的交流。当然，沟通是有目的的，有的组织的绩效沟通不能解决任何实质性的问题。

第三，激励功能。激励功能是组织绩效管理的核心功能。绩效管理的核心目的就是要明确目标，进而调动员工的工作积极性并发挥员工的能力和价值，给优秀的员工提供最多和最大的成长机会，使其不断提升组织绩效。现代人力资源管理的一个重要内容就是实现人力资源的自我开发和自我激励。通过绩效管理，每一个被考核对象都能明确自身在组织中的地位、作用、价值，知道自己是一个有用的人，从而提升其工作的使命感和责任性，并进一步激励其工作的动力和能动性。

第四，约束功能。约束功能是组织绩效管理的直接功能。绩效管理具有一定的约束性，是人力资源管理中的主要约束机制。绩效管理的目标是实现组织利益最大化。绩效管理的过程就是约束行为人的行为，并由此落实责任。绩效评估与组织目标相关联，通过绩效评估可以看出实际与预期目标的差距，可以让员工了解这种差异从而修正自己的行为，这是纵向的比较。从横向上看，不同部门之间可以将绩效进行对比，这样可以发现自身的许多问题，并根据问题进行调整。

二、绩效管理与绩效考核的关系

（一）绩效管理与绩效考核的联系

第一，绩效管理。绩效管理是指在特定的组织环境中与特定的组织战略目标相联系并通过管理员工绩效达到提高组织绩效、实现组织目标的一个有效的完整系统。这样的系统可以开发团队、个体的潜能，使组织不断获得成功的管理思想和具有战略意义的、整合的管理方法，也可以通过不断的沟通和交流来发展员工和管理者之间建设性的、开放性的关系，给员工提供表达自己工作愿望和期望的机会。

第二，绩效考核。绩效考核又称为绩效评估、绩效考评或绩效评价，是指考核主体对照绩效目标、绩效标准，采用科学的考评方法，对员工的素质、工作行为和工作结果进行全面、系统、科学的分析、评估，并传递考核结果、处理结果申诉的过程。对应绩效的层次，绩效考核也分为员工、部门和组织三个层次的考核。在理论研究中，往往以员工绩效考核为基础和重点。绩效考核本身不是目的，而是手段，其实质是为人力资源管理开发提供现有员工的信息，为员工的报酬、晋升、调配、培训、激励、辞退和职业生涯管理等工作提供科学的依据。绩效考核的合理性将影响组织的发展。

第三,二者之间的联系。一方面，绩效考核是绩效管理过程中一个不可或缺的重要组成部分，绩效考核可以为绩效管理的改善提供所需的资料和信息，帮助员工提高实现绩效的能力，帮助组织提高绩效管理的水平和有效性，使绩效管理能够真正地帮助组织获得理想的绩效水平；另一方面，绩效考核的成功与否，不仅取决于考核本身，而且在很大程度上取决于与考核相关的整个绩效管理过程。有效的绩效考核有赖于整个绩效管理活动的成功开展；反过来，绩效管理过程的成功开展也需要有效的绩效考核来支撑。

(二) 绩效管理与绩效考核的区别

绩效考核与绩效管理并不是等价的，绩效管理是人力资源管理体系中的核心内容，而绩效考核只是绩效管理中的关键环节。绩效考核重点在于考核，管理者的角色是“裁判”。而绩效管理却着眼于员工绩效的改善，在绩效管理中，管理者的角色是“教练”，它的主要目的是通过管理人员对员工持续的沟通、指导，帮助或支持员工完成工作任务，这样的结果必然是实现员工个人绩效和组织整体绩效的双赢。

第一，绩效管理是一个联系着组织、团队和个人目标的完整系统，它将不同主体的需求整合在一起；绩效考核是这个系统的一个重要组成部分，是系统整合过程中的一个有效的管理工具。

第二，绩效管理是事前计划、事中管理和事后考核所形成的三位一体的系统，它能帮助组织较早地发现问题、及时地解决问题和有效地规划组织和员工的未来发展方向；绩效考核是事后考核工作结果，并对过去一个阶段的成果进行总结和回顾。

第三，绩效管理是一个动态的过程，贯穿于整个日常工作中，注重对过程的管理和能力的培养，强调素质、行为和结果共同在绩效中发挥的作用；绩效考核注重的是一个阶段的结果和成绩的大小，强调用科学的方法对绩效进行全面客观的评价。

第四，绩效管理有着完善的计划、监督和控制的手段和方法，侧重于信息的沟通，强调提升未来的绩效；绩效考核只是提取绩效信息的一个手段，侧重于判断和评估绩效的高低，强调客观地反映过去的绩效。

第五，绩效管理强调员工在组织的帮助下，通过持续的沟通和培训提升绩效，实现自我的持续发展，并能建立管理者与员工之间的绩效合作伙伴关系；绩效考核强调管理者对员工工作绩效的评定，可能导致紧张的气氛和关系。

第二节　绩效管理的构成与实施

一、绩效计划

绩效计划作为绩效管理的首要环节，也是绩效管理的关键环节，在绩效管理系统中具有非常重要的作用。作为绩效管理系统闭合循环中的第一个环节，绩效计划是在新绩效周期开始时，管理者和员工经过一起讨论，就员工在新的绩效周期的具体工作内容、完成工作的方式、工作的进度以及员工的决策权限等问题进行识别、理解并达成绩效目标协议。换言之，绩效计划是管理者和员工就工作目标和标准达成一致意见，形成契约的过程。它是整个绩效管理过程的起点，但并不是说绩效计划一经订立就不可改变，由于环境总是在不断地发生变化，在计划实施的过程中往往需要根据实际情况不断地调整绩效计划。

(一) 绩效计划的类型划分

根据不同的分类标准，可以将绩效计划分为不同的类别。根据绩效层次的差别，可以将绩效计划分为组织绩效计划、部门绩效计划、个人绩效计划；根据不同人员在组织系统内员工岗位层次的不同，可以将绩效计划分为高层管理者绩效计划、部门管理者或团队领导绩效计划、一般员工绩效计划；根据绩效周期的差别，可以将绩效计划分为任期绩效计划、年度绩效计划、半年绩效计划、季度绩效计划、月度绩效计划、周绩效计划甚至日绩效计划等。各类绩效计划并不是独立的，而是相互影响、相互渗透、相互融合的。在绩效管理实践中，最普遍的分类方式通常是组织绩效计划、部门绩效计划、个人绩效计划。

(1) 组织绩效计划。组织绩效计划是对组织战略目标的分解和细化，组织绩效目标通常都是战略性的目标。组织绩效目标和绩效指标是整个绩效计划体系的指挥棒和风向标，它们决定着绩效计划体系的方向和重点。

(2) 部门绩效计划。部门绩效计划的核心是从组织绩效计划分解和承接而来的部门绩效目标体系，是在一个绩效周期之内部门必须完成的各项工作任务的具体化。同时，部门绩效计划还需要反映部门职责相关的工作任务。

(3) 个人绩效计划。个人绩效计划包含组织内所有员工的绩效计划，即包括高层管理者绩效计划、部门管理者绩效计划以及员工绩效计划。高层管理者绩效计划直接来源于组织绩效计划，是对组织绩效目标的承接；部门管理者绩效计划直接来源于部门绩效计划，是对部门绩效目标的承接；员工绩效计划是对部门绩效计划的分解和承接，同时也反映个人岗位职责的具体要求。

(二) 绩效计划的制订原则

在制订绩效计划的过程中，无论是制订组织绩效计划、部门绩效计划还是制订个人绩效计划，都应该遵循以下基本原则。

第一，战略性原则。在制订绩效计划体系时，必须坚持战略性原则，即要求在组织使命、价值观和愿景的指引下，依据战略目标和经营计划制订组织绩效计划，然后通过目标的分解和承接，制订出部门绩效计划和个人绩效计划。

第二，协同性原则。绩效计划体系是以绩效目标为纽带形成的全面协同系统。在纵向上，要求依据战略目标和经营计划制订的组织绩效目标、部门绩效目标和个人绩效目标是一个协同的系统。在横向上，业务部门和支持部门的目标也需要相互协同，特别是支持系统需要为业务部门达成绩效目标提供全面的支持。

第三，参与性原则。在制订绩效计划的过程中，管理者必须与员工进行充分的沟通，确保组织战略目标能够被组织所有员工正确地理解。同时，管理者还需要认真倾听员工的各种意见，妥善处理各方利益，确保绩效计划制订得更加科学合理。总之，通过全员参与绩效沟通，确保管理者和员工都对绩效计划中绩效目标、绩效指标、绩效标准、行动方案等内容达成共识，以保障在签订绩效协议的时候，作出充分的承诺。

第四，SMART 原则。SMART 原则是重要的操作性管理原则。在制定绩效目标和绩效指标的过程中，特别是在制订绩效目标时，需要遵循 SMART 原则。以下是 SMART 原则的具体含义。

一是绩效目标明确具体。S（specific）是指绩效目标应该尽可能地细化、具体化。只有将这种要求尽可能表达得明确而具体，才能够更好地激发员工实现这一目标，并引导员工全面实现管理者对他的绩效期望。

二是绩效目标可衡量。M（measurable）是指目标要能够衡量，就是可以将员工实际的绩效表现与绩效目标相比较，即应该为绩效目标提供一种可供比较的标准。绩效目标通常通过绩效指标和绩效标准来体现可衡量的特征。

三是绩效目标可实现。A（attainable）是指目标通过努力就能够实现，即做到目标切实可行，使目标通过努力就可以实现。切实可行是在两者之间找到一个最佳的平衡点，即一个员工通过努力可以达到的可行的绩效水平。因此，在绩效目标制订过程中，管理者和员工需要充分沟通，共同制订具有很强可行性的绩效目标，而不是一味为了追求高绩效，盲目利用行政手段和权力，强加给员工高绩效目标。

四是绩效目标与战略相关联。R（relevant）是指绩效目标体系要与组织战略目标相关联，个人绩效目标要与组织绩效目标和部门绩效目标相关联。与战略相关联原则要求在制订绩效目标时，应对组织战略有清晰明确的界定，同时在分解和承接过程中，要避免错误推理而制造出看似“漂亮”，但对组织战略无贡献甚至适得其反的绩效目标。

五是绩效目标具有时限性。T（time-bound）是指实现目标需要有时间限制。这种时间限制实际上是对目标实现方式的一种引导，要求确定工作任务的权重、事情的轻重缓急、员工的工作能力，确定完成绩效目标的最后期限，并确定项目进度安排，并据此对绩效目标进行有效的监控，以便在出现问题的时候，能及时对员工进行绩效辅导。

二、绩效监控

绩效监控是指在绩效计划实施的过程中，管理者与员工通过持续的绩效沟通，采取有效的监控方式对员工的行为及绩效目标的实施情况进行监控，并提供必要的工作指导与工作支持的过程，其目的是确保组织、部门及个人绩效目标的达成。绩效计划的内容和重点不一样，绩效监控也随之表现出不同的特点。通常情况下，为实现组织绩效目标和战略目标，管理者需要通过监控组织、部门和个人等绩效计划的执行情况。

(一) 绩效监控的核心

在绩效计划执行过程中，只有持续不断地进行绩效监控，才可能得到预期的绩效结果。绩效监控作为连接绩效计划和绩效评价的中间环节，是一个持续的沟通过程，它起始于绩效协议的签字确认，终止于绩效评价。绩效协议签订之后，管理者就需要对绩效计划执行情况进行监控，与员工进行充分的绩效沟通，针对存在的问题提供必要的辅导，并对沟通和辅导过程中收集的绩效信息进行汇总，为绩效评价提供准确有效的绩效信息。管理者一般通过抓住监控过程中的关键问题来提升监控的效率和改善监控的效果。关键问题主要包括以下内容。

第一，围绕组织战略的实现和绩效目标的达成进行持续沟通，以保障在绩效计划实施过程中能及时发现问题，并能够提出解决方案。

第二，针对绩效监控过程中发现的问题，进行及时的绩效辅导，为员工实现绩效提升提供支持，并修正工作任务实际完成情况与目标之间的偏差。

第三，正确理解绩效沟通和绩效辅导的关系。虽然绩效辅导与绩效沟通的目的都是帮助员工达成绩效目标，但是绩效沟通是贯穿整个监控过程的双向沟通，而绩效辅导仅在出现问题时才出现，并且是指管理者通过沟通的形式帮助员工达成绩效目标的行为。

第四，进行绩效信息收集，特别是记录员工工作过程中的关键事件或绩效数据，为绩效评价提供信息。

（二）绩效监控的方法

严格来讲，确保组织战略目标顺利实现的所有沟通方式都可以作为绩效监控的方法，管理者需要了解每种绩效监控方法的优缺点，并能针对具体情况选择一种或多种监控方法。

1. 书面报告

（1）书面报告分类。书面报告是绩效监控中最常用的一种方法，主要是指下级以文字或图表的形式向上级报告工作进展的情况。书面报告可以分为两种类型：①定期的书面报告，如工作日志、周报、月报、季报、年报等；②不定期的书面报告，主要是对绩效管理实践中对绩效影响重大的工作所作的各种专项报告，可以根据工作进展的情况作具体的安排。

（2）书面报告注意事项。书面报告能提供大量、全面的绩效信息，也可以在管理者与员工无法面对面沟通的时候进行及时的监控。在具体使用该方法时，需要注意以下内容：①汇报内容需要做到重点突出；②尽量通过绩效信息平台做到绩效信息的共享；③与其他方法组合使用，确保信息的双向沟通并避免汇报内容的形式化。

2. 绩效会议

绩效会议是指管理者和员工就重要的绩效问题通过召开会议的形式进行正式沟通的绩效监控方法。为了使绩效会议能达到预期目的，管理者需要注意绩效会议的目的、过程以及基本技术等关键点。

（1）绩效会议的目的。召开绩效会议的目的主要包括：①对绩效实施情况进行例行检查；②对工作中暴露的问题和障碍进行分析和讨论，并提出必要的措施；③对重大的变化进行协调或通报；④临时布置新任务。

（2）绩效会议的过程。虽然绩效会议的过程有差别，但是一般包含会议准备、确定议程、进行会议沟通、达成共识、制订行动方案等步骤。绩效会议过程中，需要做好会议记录，并将会议记录及时反馈给所有与会者。

（3）绩效会议的注意事项。为了达到有效监控的目的，管理者在召开绩效会议时要注意以下内容：①营造平等和谐的氛围；②给予员工充分的表达机会，充分挖掘员工的积极性；③会议目的具体、明确。

3. 走动式管理

走动式管理具体指高层管理者为实现卓越绩效，利用时间经常抽空前往各个办公室走动，以获得更丰富、更直接的员工工作相关信息，并及时了解下属员工工作困境的一种策略。走动式管理不是说管理者到各部门随便走走，而是通过非正式的沟通和实地观察，尽量收集第一手绩效信息，发现问题或潜在危机，并根据情境作出最佳的判断。同时，走动式管理也是对员工汇报的绩效信息进行核查的过程，带着问题到工作中去分析原因和排除障碍。在使用走动式管理进行绩效监控的时候，管理者需要注意以下内容。

第一，需要走进基层和一线，接触实际工作，通过现场的观察和沟通来了解员工的工作进度、实际困难和潜在能力，并获得他们的信任与尊重。

第二，不一定每次走动都能获得重要的信息，但是管理者经常走动对重大绩效事故的防范有很大的帮助，不必等到事故发生之后再进行紧急处理。

第三，走动式管理不仅是一种有效的绩效监控的方法，更是一种情感管理、现场管理方法。在使用走动式管理的时候，管理者需要思考如何实现管理方法和领导艺术的有效融合，有效提升组织绩效，从而使组织获得持续的竞争优势。

三、绩效评价

绩效评价是指根据绩效目标协议所约定的评价周期和评价标准，由绩效管理主管部门选定的评价主体，采用有效的评价方法，对组织、部门及个人的绩效目标完成情况进行评价的过程。管理者进行绩效管理的目的是通过个人绩效、部门绩效和组织绩效的提升实现组织的战略目标。不论评价组织绩效、部门绩效还是个人绩效，都要以绩效计划阶段设定的相关目标、指标、目标值等内容为依据。实施有效的绩效评价是组织管理过程中必不可少的工作，具有非常重要的意义。

第一，绩效评价能够助推组织战略目标的实现。绩效评价的内容具有行为导向作用，能够使个体行为聚焦于组织战略。组织想要实现既定战略目标，必须界定清楚与战略相关的具体目标、实现目标的过程和途径，将这些内容转化为绩效评价的内容传递给组织内所有成员。换言之，评价内容直接由组织战略决定，绩效评价这种引导和传递的作用能够让组织成员的工作行为和结果指向组织战略，从而有利于组织战略目标的实现。

第二，绩效评价能够促进绩效水平的提升。管理者通过对组织绩效、部门绩效和个人绩效的评价，能够及时发现存在的绩效问题。通过及时的沟通和反馈，分析个人层面、部门层面和组织层面存在的导致绩效不佳的原因，制订并切实执行绩效改进计划，从而提高各层面的绩效水平。

第三，绩效评价结果能够为各项人力资源管理决策提供依据。绩效评价的结果是组织制订薪酬决策、晋升决策、培训与开发决策的依据，只有将绩效评价的结果与人力资源管理的相关决策紧密联系起来，才能对所有成员起到激励和引导的作用，同时也能提高各项人力资源管理决策的可接受程度。

（一）绩效评价的内容

在绩效管理过程中，为了检验组织的战略目标是否达成，需要对组织与员工的绩效表现进行有效评价。确定绩效评价内容，明确具体的目标、指标和目标值则是其中的关键一环。依据绩效评价的类型差异，对绩效评价的内容可以从两个方面进行阐释：①依据绩效评价的具体指向，可以将其分为业绩评价和态度评价；②依据绩效评价内容的层次，可以将其分为组织绩效评价、部门绩效评价和个人绩效评价。

1. 业绩评价和态度评价

业绩评价和态度评价是绩效评价的两个重要部分，二者相互联系、相互影响，共同构成促进绩效管理目标实现的绩效评价系统。由于评价的具体指向不同，这两类评价具有不同的特征。

（1）业绩评价。业绩评价是绩效评价最核心的内容。与组织战略目标实现相关的绩效都要通过业绩产出来衡量。业绩就是通过工作行为取得的阶段性产出和直接结果。评价业绩的过程不仅要判定个人的工作完成情况，也要衡量部门、组织的指标完成情况。更重要的是，管理者要以评价结果为基础来有计划地改进绩效欠佳的方面，从而达到组织发展的要求。对组织层面、部门层面、个人层面的业绩评价不仅要包括利益相关者层面（结果）的指标，也要涵盖实现路径（过程）层面和保障措施层面的指标，既兼顾结果也兼顾过程，才能保证业绩评价的完整性和准确性。

业绩评价一般是从数量、质量、时间和成本等角度来考虑的。但组织、部门和个人层面的业绩评价是有区别的。组织层面的业绩评价主要集中于对组织整体战略目标实现起重要作用的指标。部门层面的业绩评价则是通过分解、承接组织层面的业绩目标而形成的内容，同时还要反映部门自身职责的相关内容。个人层面的业绩评价主要是最微观具体的岗位职责要求的内容。

（2）态度评价。不同的工作态度会对工作结果产生不同的影响，因此在绩效评价时，除了要对工作业绩进行评价之外，还要对评价对象的工作态度进行评价。工作态度是绩效评价的重要内容。通过对工作态度的评价引导评价对象改善工作态度，是充分发挥其工作能力，继而促使其达成绩效目标的重要手段。在评价工作态度时，只评价其是否努力、认真地工作，工作中是否有干劲、有热情，是否遵守各种规章制度等即可，要忽略评价对象的职位高低或能力大小问题。

2. 组织绩效评价、部门绩效评价和个人绩效评价

由于绩效有组织、部门和个人三个层次，所以绩效评价也可分为组织绩效评价、部门绩效评价和个人绩效评价。个人绩效的取得是部门绩效和组织绩效完成的基础，如果仅仅评价部门绩效和组织绩效而忽略对个人绩效的评价，就会产生组织战略执行不到位和绩效目标无法落地的情况。如果仅仅评价个人绩效而不评价部门绩效和组织绩效，则无法保障组织宏观的、整体的绩效目标的实现。因此，完善的绩效评价体系要从组织层面延伸到部门层面和个人层面，并注意目标在横向与纵向上的协同。

（1）组织绩效评价。由于绩效评价系统是组织管理控制系统的一部分，因此组织的绩效评价必然要根据组织战略、组织结构等要素进行设计。组织绩效评价量表的设计基于绩效计划阶段设定的各项目标、指标、目标值等内容，将组织的平衡计分卡中的每一个考核指标汇集起来，赋予一定的权重，明确数据来源和评价主体，形成组织层面的绩效评价量表。

组织绩效评价量表是对整个组织的绩效进行考核评价的工具。因此，组织层面的绩效评价内容相对宏观，只有涉及组织发展全局的指标才出现在绩效评价量表中。在设计和填写组织绩效评价量表时要注意以下几个方面。

第一，组织绩效评价量表的功能在于考核评价。如果说平衡计分卡是管理工具，那么绩效评价量表就是考核工具。考核评价的核心是指标，因此没有“目标”一栏，只针对指标的完成情况进行评价。在填写具体指标的得分时，要将实际绩效结果与绩效计划阶段设置的绩效评价标准相比较，得出某一指标的得分。

第二，加减分项。为了增强工作的激励性和约束性，在绩效指标的评价中引入加减分项。加分项是激励措施中正强化的一种，目的是鼓励某种行为的发生，突出对组织工作有重大贡献的行为。这些工作虽然并不属于常规性工作，但属于有一定挑战性的任务。减分项作为惩罚方式的一种，目的是避免某种行为的发生。

第三，数据来源与评价主体。数据来源是指在对某一指标进行评价时所需佐证信息的提供者；评价主体一般由外部相关职能部门、群众、专门的评价单位（如绩效办）等组成。数据来源的选择是根据知情原则确定的，而评价主体的选择除了遵循知情原则以外，还要根据责任制等综合确定。

（2）部门绩效评价。部门绩效评价量表的设计思路与组织绩效评价量表一致，根据绩效计划阶段设定的部门平衡计分卡中的指标、目标值等内容确定。与组织绩效评价量表相比，部门绩效评价量表中的指标相对微观具体，与部门职责紧密相关。

（3）个人绩效评价。个人绩效评价量表的设计原理同组织、部门绩效评价量表并无二致，都是根据个人平衡计分卡中的指标汇总而来的。但由于组织高层管理者和组织内其他个人的平衡计分卡设计思路是不一样的，因此绩效评价量表的设计思路也不同。

第一，在确定组织层面的平衡计分卡后，直接根据高层管理者的分工情况，通过共同承接和单独承接的方式形成组织高层管理者的平衡计分卡，在此基础上形成组织高层管理者的个人绩效评价量表。

第二，先由组织层面的平衡计分卡向下分解、承接，然后结合部门职责形成部门平衡计分卡，再根据分工和职责不同形成部门管理者的个人平衡计分卡和绩效评价量表。

第三，由部门平衡计分卡再向下分解、承接，补充个人职责的相关内容，形成组织最基层的个人平衡计分卡和绩效评价量表。

由于组织高层管理者是对组织的管理全面负责的人，其个人绩效评价量表中利益相关者层面的结果性指标要与组织绩效评价量表中的结果性指标完全一致。换言之，组织内的每一个高层管理者都要对组织绩效评价量表中的结果性指标负责。但高层管理者也有不同分工，在计算个人绩效评价得分时要对利益相关者层面赋予不同权重。

(二) 绩效评价的过程

1. 确立评价目标

一般意义上的评价除了可以对评价对象进行基本的判断之外，还可以用于选择和预测，并发挥导向作用。绩效评价作为绩效管理系统中的关键环节，其最核心的目标是通过它的选择、预测和导向作用实现组织的战略目标。

绩效评价的对象不同，绩效评价的工作也不同。一般而言，绩效评价包括三种评价对象：一是组织绩效；二是部门绩效；三是个人绩效。评价员工个人、部门负责人或高层管理者的绩效关系到奖惩、升降等人力资源管理的决策问题，而评价组织绩效和部门绩效则关系到组织、部门的发展和重点任务等问题。另外，评价个人绩效也会由于其在组织中的地位以及工作性质的不同而影响评价系统中的其他要素。例如，对于基层普通成员的绩效评价主体就不会涉及下级，而对于基层管理者的绩效评价主体则往往可以包括他的直接下级；不同职位的个人之间绩效评价标准也有很大的不同。

2. 建立评价系统

评价系统应当包括确立合理的评价指标和评价标准，选择适当的评价主体等。绩效评价指标决定了对评价对象的哪些方面进行评价。不论是评价组织绩效、部门绩效还是个人绩效，绩效评价系统关心的都是评价对象与组织战略目标明显相关的行为因素，这些行为因素通过绩效评价指标体现。

绩效评价标准指的是用于判断评价对象绩效优劣的标准，可以分为绝对评价标准和相对评价标准两类。绝对评价标准指的是客观存在的评价标准，而相对评价标准指的是通过对比和排序进行评价的标准。进一步来说，绝对评价标准又可分为外部导向的评价标准和内部导向的评价标准两类。其中，外部导向的评价标准指的是以其他组织的绩效为评价标准，而内部导向的评价标准指的是评价标准来源于组织内部，通常是根据相关部门或员工过去的绩效情况来确定的。

评价主体指的是那些直接从事评价活动的人。一般而言，组织绩效评价主体是组织的外部出资者或上级领导、主管部门。而在评价个人绩效时，评价主体则要根据评价指标的相关特征进行选择。

3. 收集绩效数据

准确的数据是评价公正性的重要保障，绩效评价的一个主要目的是把管理从依靠直觉和预感转变为以准确的数据和事实为依据。在绩效监控阶段收集的数据一般是零散的，因此有必要把这些零散的数据整理成系统的体系。在绩效监控阶段，往往记录了一些关键事件，此时对这些关键事件要在不带任何主观色彩的条件下进行分析、界定、归类，然后将所记录的关键事件、绩效结果和文档归入相应的评价标准的级别中；不带任何主观色彩是很难做到的，但主观判断必须是科学的、反映客观事实的，这就需要评价者具有较高的职业素养和丰富的经验。

4. 处理绩效信息

处理绩效信息就是运用具体的评价方法来确定评价结果的过程。评价要根据组织的特点、评价对象的职位特点、评价内容和评价目的，选择合适的方法和形式。高层管理人员的评价指标主要是围绕战略的实施展开的相关指标和管理状况，述职的形式恰好能够达到这样的目的。中层管理者、业务和操作人员的评价相对就比较简单。换言之，评价的关键在于指标的设计和评价体系的建立，有了好的评价体系，评价过程就会容易得多。

5. 输出评价结果

通过使用适当的评价方法进行评价后，就要对评价对象作出一个具体的评价结果。评价结果不仅是好坏的评价或者简单的绩效得分及绩效排名，而且是应当对绩效不佳的具体原因进行分析，以便在下一个绩效管理周期加以改进。需要再次强调的是，绩效管理不是为了简单的评价，更重要的是为了运用绩效评价的结果。只有详尽的绩效评价输出结果，才能为进一步的绩效反馈和结果的应用提供依据。

四、绩效反馈

绩效反馈是指绩效评价结束后，管理者与员工通过正式的沟通将评价结果反馈给员工，并与其共同分析绩效不佳的方面及其原因，然后制订绩效改进计划和促进评价结果运用的过程。在绩效反馈过程中，通常存在反馈源、反馈信息和反馈接收者三个基本要素。其中上级为反馈源，评价对象为反馈接收者，而整个绩效周期内的工作绩效和绩效评价结果就是反馈信息。

绩效反馈主要有两种方式：一是书面报告；二是绩效反馈面谈。具体选择什么反馈方式要看反馈的对象和内容，对一般性或程序性的反馈，可以采用书面报告的形式，而对需要深入分析和讨论的内容或者是对绩效不佳的员工，则最好采用绩效反馈面谈的方式。

反馈方式的正确选择对提升绩效反馈效果至关重要。根据绩效反馈信息的内容以及反馈源态度的不同，可以将绩效反馈分为三类，即负面反馈、中立反馈和正面反馈。其中，负面反馈和中立反馈都是针对错误的行为进行的反馈，通常注意力集中于减少错误行为；而正面反馈则是针对正确的行为进行的反馈，其目的是强化这种正确行为。另外，自我反馈作为一种特殊的反馈方式也越来越引起管理者的重视。

(一) 自我反馈

自我反馈指的是员工在一套严格、明确的绩效标准的基础上主动将自己的行为与标准进行比对，发现并解决问题的过程，是一种特殊的绩效反馈方式。与一般的绩效反馈不同，自我反馈不是通过管理者与员工之间的相互沟通实现的，而是一种员工自己与自己进行“沟通”的形式，这种方式能够有效地使员工对自己的绩效表现有一个正确的认识。自我反馈是管理者进行绩效反馈的重要补充，在实际工作中的每时每刻，自我反馈机制都在发挥十分重要的作用。

自我反馈不仅在例行工作中比较容易实施和评估，在创新性的工作中也同样重要。因为管理者不可能每时每刻都在注意员工的行为，并且创新性工作的评价多是结果导向的，对工作过程中的情况难以评估，所以如果能有效地采用自我反馈，从事创新性工作的员工就可以及时对照相应标准调整工作。

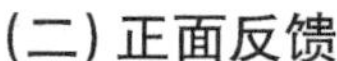

（二）正面反馈

通常人们更加倾向于关注对错误行为的反馈，而对正确行为的反馈往往被管理人员忽视。事实上，对正确行为的反馈与对错误行为的反馈同等重要，并且两种反馈都能提高员工的绩效。实际上，最好的肯定方式就是对员工行为的直接认同和赞扬，这种方式往往能够取得很好的效果。当然，对员工进行具体的表扬并鼓励使其实现挑战性的目标，激励效果会更好。管理者在进行正面反馈时应遵循以下原则：①用正面的肯定来认同员工的进步，如应针对“成功率的提高”而不是“失败率的降低”；②明确地指出受称赞的行为；③员工的行为有所进步时应给予及时的正面反馈；④正面的反馈中应包含着这种行为对团队、部门乃至组织的整体效益。

（三）负面反馈和中立反馈

负面反馈和中立反馈都是针对错误的行为进行的反馈，通常会被理解为批评。在大多数人的印象中，批评往往是消极的，但实际上批评也可以是积极的和具有建设性的。这就是负面反馈与中立反馈之间的区别。管理者针对员工的错误行为进行反馈的目的，是帮助员工了解自身存在的问题并引导其纠正错误。现在越来越多的管理者已经认识到中立反馈的重要性。在反馈实践中，应尽量避免使用负面反馈，多用中立反馈。中立反馈一般应遵循以下原则。

第一，具有计划性。管理者在进行中立反馈之前对批评的目的、内容、方式等都要有所准备。有效的计划可以避免沟通中因言行失控而产生的对立气氛，因为在情绪失控的状况下进行的反馈不但毫无意义，而且会产生负面影响。同时，充分明确反馈的目的，有计划地组织好思路和语言，是促进中立反馈顺利实施的有效手段。

第二，维护对方自尊。自尊是每个人在进行人际交往时都试图维护的，管理者在绩效反馈时应当维护员工的自尊。消极的批评容易使员工的自尊心受到伤害，对人际关系具有破坏作用。实际上要做到维护员工的自尊，最简单的方法就是在批评对方之前进行换位思考。

第三，选择恰当的沟通环境。绩效反馈应当选择合适的环境，充分考虑沟通的时间、地点以及周围环境，寻找最佳时机，以保证良好的反馈效果，尤其是对员工错误行为进行反馈的时候。通常，人们主张单独与犯错误的员工进行交流，这种方式能够最大限度地维护员工的自尊心。但是这一点并不是绝对的。例如，在团队的工作环境中，如果管理者只是进行私下的批评往往会得不到充分的信息或帮助，不利于员工最大限度地改进绩效。如果管理者能够在团队中形成一种批评公开化的良好氛围，这类反馈就能够在团队成员的集体会议上进行。在这种情况下，整个团队都能够对犯错误的成员提供必要的帮助。在团队管理中一种常见的方式就是利用头脑风暴法给出现问题的成员提供建议。这样的团队会议能够促成成员之间团结互助的良好关系，有利于提高所有成员的工作绩效。

第四，以进步为导向。批评并不是最终的目的，批评的目的是促使员工取得进步。绩效反馈应着眼于未来，而不应该抓住过去的错误不放。强调错误的批评方式会使员工产生防御心理，对绩效反馈的效果起到消极的作用。

第五，坚持互动的方式。负面反馈往往是单向传递信息的，这种方式会因为管理者单方的操纵和控制而引起员工的反感和抵触，从而产生排斥心理。建设性的批评主张让员工参与到整个绩效反馈的过程中，即互动式的绩效反馈。管理者应当通过有效的引导让员工提出自己的看法和建议。

第六，保持灵活性。灵活性要求管理者在批评时应当根据不同的对象和不同的情况采用不同的方式，并在批评的过程中根据对方的反应进行方式的调整。

第七，传递帮助信息。中立反馈不仅是单纯的好坏对错这类信息的传递，更应当为员工提供明确的、具体的建议，以表明管理者愿意为员工提供帮助。管理者应该让员工感受到对他们的关注以及信心，并使员工相信自己能够得到来自管理者的充分的帮助。这种传递帮助信息的批评有助于改善员工与管理者之间的关系，提高员工对管理者的信任感，从而提高工作绩效。

第三节 绩效考核的常用方法

一、传统绩效考核方法

（一）比较法考核

1. 图尺度评价量表法

图尺度评价量表法也称为图解式考评法，是最简单和运用最普遍的工作绩效评价技术之一，它列举了一些组织所期望的绩效构成要素（如团队精神、服务态度等），还列举了跨越范围很宽的工作绩效等级（如从“非常不满意”、“一般”、“基本满意”到“非常满意”）。在进行工作绩效评价时，针对每一位下属员工从每一项评价要素中找出最能符合其绩效状况的分数，然后将每一位员工所得到的所有分值进行汇总，即得到其最终的工作绩效评价结果。

图尺度评价量表法的优点是使用起来较为方便；能为每一位雇员提供一种定量化的绩效评价结果。缺点是不能够有效地指导行为，只能给出考评的结果而无法提供解决问题的方法；不能提供一个良好的机制以提供具体的、非威胁性的反馈；准确性不高，由于评定量表上的分数未给出明确的评分标准，所以很可能得不到准确的评定，往往只能凭主观进行考评。

2. 行为锚定评价量表法

行为锚定评价量表法也称行为锚定等级评定量表法，是一种将同一职务工作可能发生的各种典型行为进行评分度量，建立一个锚定评分表，并以此为依据对员工工作中的实际行为进行测评，给定具体分数的考评办法。行为锚定评价量表通常由行为学专业人员与组织内的考评人员共同讨论设计。针对某一被考评职务选出适当的考评维度，每一考评维度附以行为描述文字和相对应的评分标准（通常为数字刻度）。

3. 相互比较的评价方法

（1）排序法。排序法是一种传统的考评方法。它根据某一考评维度，如工作质量，将全体考评对象的绩效从最好到最差依次进行排列。这是一种简单且粗糙的考评方法，它的缺点和优点一样显而易见。排序法一般只适用于小型组织的员工考评，而且考评对象必须从事同一性质的工作。如果工作性质存在差异，或是对不同部门的工作人员进行考评，则不适宜该种方法。

(2) 强制分布法。为克服绩效考核结果中整体水平偏高或偏低，从而不能正确反映员工绩效的真实情况，不能出现真正把绩效优秀的员工区分出来的现象，可以使用强制分布的方法，即对各个等级的人数比例作出限制。一般而言，各个等级的比例分布应该是接近正态分布的。

第一，强制分布法的优点。一是等级清晰、操作简便。等级划分清晰，不同的等级赋予不同的含义，区别显著，并且只需要确定各层级比例，简单计算即可得出结果。二是刺激性强。强制分布法常常与员工的奖惩联系在一起，对绩效“优秀”的重奖，对绩效“较差”的重罚，强烈的正负激励同时运用，给人以强烈刺激。三是强制区分。由于必须在员工中按比例区分出等级，会有效避免评估中出现过严或过松等一边倒的现象。

第二，强制分布法的缺点。如果员工的业绩水平事实上不遵从强制要求的分布，那么按照考评者的设想对员工进行硬性区别容易引起员工不满；只能把员工分为有限的几种类别，难以具体比较员工差别。

(3) 配对比较法。配对比较法也叫对偶比较法或两两对比法，与排序法类似，也是一种相对的绩效评估方法。其基本做法是，在每一个评估因素上将每一个员工与其他所有的员工进行比较，其中价值较高者可得 1 分，价值较低者得 -1 分，最后将每位员工所得分数相加即得到该员工的最终评分。配对比较法与排序法不同的是，它采用配对比较的方法，将所有参加考评的对象逐一进行比较，是一种兼顾总体统筹考虑的方法。

(二) 关键事件法考核

关键事件法运用于绩效考核，可使考核更具有针对性，因为关键事件法利用从一线管理者或员工那里收集到的有关工作表现的特别事例进行评估。通常，在这种方法中员工和一线管理者汇集一系列与特别好或差的员工有关的实际工作表现，而平常的或一般的工作表现均不予考虑。特别好或差的工作表现可以把最好或最差的员工从一般员工中挑出来。

第一，关键事件法的优缺点。优点是针对性比较强，对评估优秀和劣等表现十分有效；尤其适合应用于绩效评估的行为尺度评定与行为观察中；由于对行为进行观察和测量，故而描述工作行为、建立行为标准更加准确；能更好地确定每一行为的作用。缺点是收集与整理关键事件要花费大量的时间和精力；对关键事件的把握和分析可能存在某些偏差；对中等绩效的员工关注不够。

第二，关键事件法的注意事项。应用关键事件法需要注意以下要点。①所记录事件必须是关键事件，即属于典型的“好的”或“不好的”事件。判断是否属于关键事件，其主要依据在于事件的特点与影响、性质。所记录的关键事件必须是与被考评者的关键绩效指标有关的事件。②关键事件法一般不单独作为绩效考评的工具来使用，而是应和其他绩效考评方法结合使用，为其他考评方法提供事实依据。③记录的关键事件应当是员工的具体行为，不能加入考评者的主观评价，要把事实与推测区分开来。④关键事件的记录要贯穿于整个工作期间。⑤关键事件法是基于行为的绩效考评技术，特别适用于那些不仅以结果来衡量工作绩效，而且要注重一些重要行为表现的工作岗位。

二、目标管理法

目标管理综合了工作的兴趣与人的价值，强调在工作中满足社会需求，同时又致力于组织目标的实现，从而实现工作和人的需要两者的统一。

（一）目标管理法的实施步骤

目标管理的实施是一个持续的管理过程，具体包括计划目标、实施监控目标、评价结果、反馈四个步骤。

第一，计划目标。计划目标是目标管理最重要的步骤，是指建立每位被评价者所应达到的目标。这一过程是通过目标分解来实现的，通常是评价者与被评价者共同制订目标。通过计划过程可以明确期望达到的结果，以及为达到这一结果所应采取的方式、方法及所需的资源。同时，还要明确时间框架。该环节需要高度重视以下内容：①需要明确目标的类型；②需要具体问题具体分析，制订出适合组织管理实际的目标体系。

第二，实施监控。实施监控是对计划实施的监控，是保证制订的计划按预想的步骤进行，掌握计划进度，及时发现问题。如果发现成果不及预期，应及时采取适当的矫正行动，必要时还可对计划进行修改。同时通过监控，也可使管理者注意到组织环境对员工工作表现产生的影响，从而帮助被评价者克服这些他们无法控制的客观环境。

第三，评价结果。评价结果是将实际达到的目标与预先设定的目标相比较。这样做的目的，是使评价者能够找出未能达到的目标或实际达到的目标远远超出预先设定的目标的原因，有助于管理者作出合理的决策。

第四，反馈。反馈是管理者与员工一起回顾整个周期，对预期目标的达成和进度进行讨论，从而为下一绩效周期的目标及战略制订或战略调整做好准备。凡是已成功实现目标的被评价者都可以被允许参与下一次新目标的设置过程。

（二）目标管理法的注意事项

在目标管理实施过程中，需要特别注意以下事项。

第一，必须与每一位员工共同制定一套便于衡量的工作目标。目标管理理论特别重视员工对组织的贡献。在传统的绩效评价方法中，评价者的作用类似于法官的作用。在目标管理的过程中，管理者起的是顾问和促进者的作用，管理者同员工一起建立目标，然后在如何达到目标方面，管理者给予员工一定的自由度；参与目标建立使员工成为该过程的一部分。

第二，定期与员工讨论其目标完成情况。管理者在整个评价时期要保持联系渠道公开，员工的作用也从消极的旁观者转变成为积极的参与者。在评价后期，员工和管理者需要进行评价面谈。管理者首先审查所实现目标的程度，然后审查解决遗留问题需要采取的措施。在目标管理下，在评价会见期间，解决问题的讨论仅仅是另一种形式的反馈面谈，其目的在于根据计划帮助员工进步。在沟通中，管理者和员工还可以讨论下一个评价期目标的设定问题，并且开始重复评价过程的循环。

（三）目标管理法的成功条件

组织不仅需要有清晰的战略目标，实现目标的途径也非常重要，成功实施目标管理的关键点主要体现在以下几个方面。

第一，选择有效的管理风格。员工参与是目标管理的精髓。在成功的目标管理中，普遍采用的管理风格是参与式管理。从目标制定、目标实施到结果评价的全过程都离不开员工的参与。管理者只有和员工进行了充分的、持续的沟通，才有利于充分激发员工的创造性、主动性和积极性，促使员工信守承诺，从而真正实现员工的自我控制和自我管理，进而确保目标的实现。

第二，做到组织层次分明。在目标管理实践中，组织层次分明是目标体系具体明确的前提和基础，而目标体系本身的科学性、具体性、明确性以及针对性则是目标管理成败的关键性因素；在组织混乱的情况下，很难有效推行目标管理。成功实施目标管理，要求所有管理者为已确定的目标负起绝对责任，即通过明确指定其具体承担的具体目标，同时授予相应的管理权限，来实现其对目标的负责。为每个组织成员制定目标，有助于发现组织设计上的弱点，即是否重复授予权限或授予的权限与职责是否一致，但是这些弱点的纠正工作必须由最高管理部门进行。如果在职责和权限之间出现错位，往往会使目标无法达到，并且会使管理者受到很大的挫折。

第三，制定挑战性的目标。在目标管理中，目标制定是关键。大量的理论研究和管理实践都证明，具有挑战性的目标通常能带来高绩效。管理者和员工经过充分沟通制定出具有挑战性的目标，就成为目标管理成功的关键内容，其中对目标实现难度的把握非常关键。

第四，进行及时的工作反馈。及时反馈是实现目标的必要机制。

三、360 度考核法

360 度考核法是一种从来自各个层面的相关人员手中收集关于被评价者的信息，然后从多个视角对员工进行综合评价和反馈的方法。提供信息的员工主要有被评价者本人以及与他有密切关系的人，包括被评价者的上级、同事、下级等。

(一)360 度考核法的程序

1. 准备阶段

（1）对绩效考核方法和考核问卷进行设计。组织在运用 360 度考核法时要结合组织的实际情况对考核方法进行改动。组织不同，对绩效考评问卷的设计也不同，对考评问卷的设计要体现实用性、简洁性和低成本性。

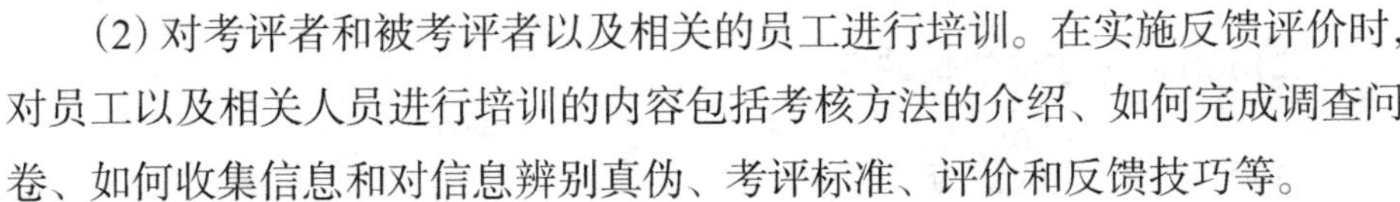

(2) 对考评者和被考评者以及相关的员工进行培训。在实施反馈评价时，对员工以及相关人员进行培训的内容包括考核方法的介绍、如何完成调查问卷、如何收集信息和对信息辨别真伪、考评标准、评价和反馈技巧等。

2. 实施阶段

(1) 对具体实施过程实行标准化和保密化控制。考核问卷内容必须标准化，从考核问卷的开封、分发、被考核者的疑问解答，直到考核问卷收卷都要采取保密的形式。

(2) 对提供的信息进行统计、整理。可以用专门的360度绩效考核软件处理统计信息、进行评分和形成报告结果，对比较主观的问题要参考专业绩效考核人员的意见。

(3) 对被考评者进行有关考核信息的培训。培训是为了使绩效考核更具有效果和目的性，除了让被考评者认识到考核与奖励、薪酬挂钩这个目的，更要让被考评者体会到，360度绩效考核最主要的目的是为员工改进工作绩效和进行职业生涯规划提供咨询建议。

(4) 组织根据出现的问题制订改进计划。这一环节也可以由咨询组织协助实施，由它们独立进行信息处理和结果报告。其优点在于报告的结果比较客观，并能提供通用的解决方案和发展计划指南。但是，组织人力资源管理部门应当尽可能地在考核实施过程中起主导作用。一方面，任何组织都有自己特有的问题；另一方面，组织的发展战略与支持员工的工作行为息息相关，涉及市场竞争的策略等内容，如果结合多方面的专业人员的意见，考核效果会更好。

3. 反馈面谈

绩效反馈和辅导是考核过程中一个非常重要的环节。它包括对考评者和对被考评者进行反馈。对考评者的反馈主要是让他们认识到自己的信息收集方法、面谈交流方式等方面存在的问题，并及时改进以提高考核的效果。

4. 效果评估

在绩效考核结束后，需要对考核的效果评估。效果评估的主要目的是确定考核过程是否合理、客观、公正以及考核效果的应用是否充分，总结考核中的经验和不足，找出存在的问题并且积累相关的经验，从而不断完善整个考核系统。

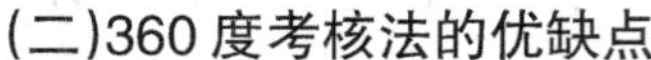

(二)360 度考核法的优缺点

1.360 度考核法的优点

(1) 绩效考核的全面性。绩效考核是从多个角度对被考核者进行考核，反馈的信息来自多个方面，对员工存在的问题从多个角度进行分析，较全面地考核了员工。

(2) 绩效考核的公正性。360 度考核法是按照多个角度的思路对员工进行评价，打破了原来由上级考核下属的传统考核制度，可以避免传统考核中考核者极容易发生个人偏见和考核盲点等现象，在一定程度上体现了考核的公正性。

(3) 有利于形成积极的组织气氛。在绩效考核的过程中，员工之间相互评价，相互为对方的发展提供可靠的信息，帮助对方改进本身的不足，在组织中建立起相互帮助、共同发展的组织气氛，从而促进组织中的团队建设。

2.360 度考核法的缺点

(1) 考核成本高。360 度考核法涉及各个部门、每位员工，在众多员工参与的情况下，时间和金钱成本都较大。

(2) 可能导致信息失真。组织在实施 360 度绩效考核时，由于大部分是采取匿名的方式进行，参加人员可能出于个人原因对相关信息进行保留或者提供虚假信息，导致绩效考核的不真实。

(3) 考核工作难度大。由于考核所应用的信息来源的多元性，考核者要理解从不同渠道传来的信息，但是这些信息并不总是一致的，这就给考核者对这个员工的整体评价带来了困扰。

(三)360 度考核法的适用范围

360 度考核法适用于知识型员工较多的组织或信息化程度较高的组织。知识型员工占多数的组织由于绩效指标中定性指标较多，所以适合采用 360 度评价来全方位考核。由于 360 度考核法需要收集处理对某一员工全方位评价的数据后方可正确评价某一员工的绩效，因此在实际操作中往往需要用人力资源管理信息系统来作技术支撑。从被考核对象层面，由于 360 度绩效考评是对被考核者全方位的考核，要求被考核者既要有上级，又要有下级和同

级，再加之考核成本较高，因此只适合对公司的中高层进行考核。

（四）实施360度考核法的注意事项

第一，保证反馈评价的客观性和真实性。在实施360度考核法时，为体现组织对员工负责的态度和公平公正的原则，要对相关人员所提供的信息进行核实，要保证采集信息的方法科学有效。

第二，在主要员工参与的情况下进行。由于360度考核法所涉及的人员来自多个层面，既包括组织内部的员工，也包括组织外部的人员，因此为了保证绩效考核的顺利实施，一定要取得高层管理人员的支持，并且要对主要的参与人员进行培训，让他们掌握绩效考核方面的知识，有利于考核的正常进行。

第三，实行全员参与和匿名提供信息。360度考核法是一个综合性的和全面性的绩效考核方法，因此要保证在对全体员工进行培训的基础上，全员参与到绩效考核的过程中，让收集到的信息更具有真实性和全面性。另外，为了防止作弊，可以采取匿名方式来提供信息。

第四，及时把考核结果反馈给员工。绩效考核的目的就是发现员工存在的不足，对其进行考核以此来提高员工和组织的绩效。因此，要及时把考核结果反馈到员工手中，让员工认识到自己存在的不足，进而采取措施提升自己的能力。

第五，灵活运用360度考核法。360度考核法的目的是让最了解情况的人而不是所有的人来作评价。实际上，360度考核法不等于只能是360度考核，针对不同的组织和被考核者，可能是90度考核、180度考核、270度考核等。

第四节　绩效反馈与改进

绩效考核阶段结束后就是绩效反馈与改进阶段，这一阶段主要是完成绩效反馈面谈的任务，即上级要就绩效考核的结果和员工进行面对面的沟通，指出员工在绩效考核期间存在的问题并一起制订出绩效改进的计划。

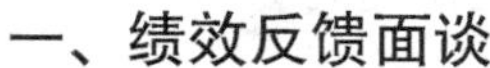

一、绩效反馈面谈

绩效反馈面谈是主管与被考评的员工之间就绩效评估结果，包括取得的成绩、存在的问题与不足、下一阶段新的工作目标以及绩效提升计划等，所进行的双向沟通与交流。员工绩效表现不佳，一个重要的原因是没有得到及时的、具体的反馈，员工不知道自己工作的完成效果，就无从进一步改进；或者员工一直以为自己做得很好，他们就不会改变长期以来错误的做法，甚至越来越糟。所以要提高员工的绩效，就需要进行绩效反馈面谈，将考核的结果反馈给员工，明确告诉他工作的具体情况，以及下一步该如何去改进并得到提高。

（一）绩效反馈面谈的准备工作

绩效反馈面谈对整个绩效管理过程来说都非常重要，绩效反馈面谈要达到比较好的效果，就必须做好充分的准备。

第一，选择适宜的时间。面谈的时间长短要适中，要提前通知员工，双方都把工作安排好，尽量不要安排在刚上班时间或快要下班时间，因为这些时间都不是高效时间，会影响面谈的效果。

第二，选择适宜的场所。一般不宜在办公室进行面谈，因为有电话、传真机、电脑等受干扰，容易中途被打断，所以安排在小型会议室或咖啡厅等避免被打扰的场所比较好。

第三，提前通知员工。提前通知员工一方面是为了员工安排手头工作；另一方面是为了让员工提前准备绩效面谈的资料，如自我评价表、个人的发展计划、准备向主管提出的问题或寻求的帮助等。

第四，准备面谈的资料。作为主导面谈的主管人员对整个面谈起着决定性作用，所以主管需要提前准备资料，如员工考核评价表、员工日常工作表现记录、工作说明书等。

第五，计划好面谈程序。计划的内容包括面谈时大致包括哪几个步骤、需要谈话的内容、内容的顺序安排、各部分的时间安排等。这些都要提前做好相应的计划，才能使整个面谈顺利进行。

（二）绩效反馈面谈的具体步骤

第一，营造一个良好的气氛。刚开始进行面谈时需要缓和一下气氛，因为员工进行绩效面谈时是比较紧张的，所以要先寒暄几句或关心一下员工，帮员工平静心情。

第二，说明面谈的目的。告诉员工此次绩效面谈的目的是什么、对员工有什么帮助、有哪几个步骤、一共会谈多长时间等。

第三，向员工告知考核的结果。根据每项工作目标完成情况，告诉每项工作的评价结果和解释为什么会有目前的评价结果，并征求员工对评价结果的看法和员工的自我评价。

第四，商讨员工不足的方面。明确告诉员工目前工作的情况以及下一步改进计划。

第五，为下一阶段的绩效计划设定目标，并讨论完成这些绩效计划需要的支持和资源。

（三）绩效反馈面谈的技巧

第一，对绩效结果进行描述而不是判断。绩效反馈面谈是为了让员工知道自己存在不足的地方，应当指出具体的问题并陈述事实。

第二，正面评价的同时要指出不足。除了正面的评价外，还要指出员工的不足，和员工一起找出造成这些问题的原因，并有针对性地制订出改进计划，帮助员工确定目标，提出员工实现这些目标的措施和建议。而不是只评价不指出问题，或是指出问题却不制订如何帮助员工的改进计划等。

第三，绩效反馈面谈对事不对人。在反馈过程中，针对的只能是员工的工作绩效，应客观地描述员工的绩效，而不能针对员工本人。如果针对员工本人，容易伤害员工，造成抵触情绪，影响反馈的效果。

第四，注意绩效反馈时说话的技巧。在绩效反馈面谈时，沟通技巧的使用非常重要。在进行反馈时，首先，应当以正面鼓励为主，不指责、不批评、不评价员工的个性与习惯，同时语气要平和，不能引起员工的反感；其次，要注意聆听员工的声音，要给员工说话的机会，允许他们解释，以聆听的态度听取员工本人的看法，而不是一直喋喋不休；最后，注意肢体语言，

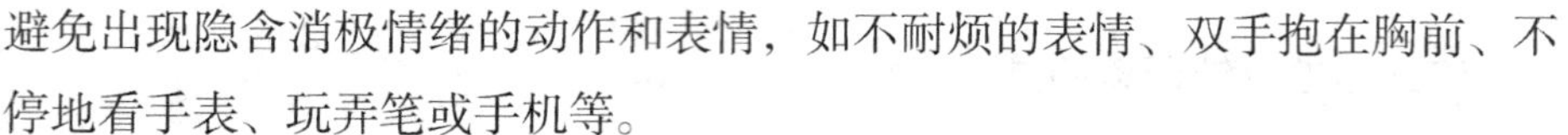

避免出现隐含消极情绪的动作和表情，如不耐烦的表情、双手抱在胸前、不停地看手表、玩弄笔或手机等。

二、绩效改进计划

绩效改进计划是指根据员工有待发展提高的方面所制订的一定时期内完成的有关工作绩效和工作能力改进和提高的系统计划。

（一）绩效诊断和分析

通过分析考核结果，找出绩效不佳的员工的关键绩效问题，关键绩效问题是通过对比实际绩效和期望的绩效状况之间的差距而得出的。诊断员工的关键绩效问题通常有两种思想：①从知识、技能、态度和环境四个方面着手分析绩效不佳的原因；②从员工、管理者和环境三个方面来分析绩效问题。针对关键绩效问题，在充分考虑绩效不好的员工和企业现在的资源的基础上，大致确定绩效改进方向和重点，为制订绩效改进计划做好准备。

（二）绩效改进的内容

第一，有待提高和改进的项目。有待提高和改进的项目通常是指工作的能力、方法、习惯等方面，这些项目可能是员工现在水平不足的项目，也有可能是工作有了更高要求的项目。

第二，提高和改进项目的原因。选择这些有待发展项目的原因通常是员工在这方面的水平比较低，而工作任务完成或员工未来发展又需要其在这方面表现比较高的水平。

第三，目前的水平和期望达到的水平。绩效改进计划应该有明确、清晰的目标，因此在制订员工绩效改进计划时，要指出有待提高项目的目前水平是怎样的和期望达到的水平又是怎样的。

第四，改进项目的方式。改进项目的方式有很多种，如自我学习、理论培训、研讨会、他人帮助改进等。对一个项目进行发展可以采用一种方式，也可以采取多种方式。

第五，设定达到目标的期限。在员工绩效改进计划中，要确定经过多长时间才能将有待提高的项目的绩效水平从目前水平提升到期望水平。

（三）绩效改进的策略

在查明绩效方面存在的差距以及产生的真正原因和确定需要改进的部门与员工之后，在随后的绩效管理过程中可以有针对性地采取相应措施促进员工绩效的提升。

第一，预防性策略与制止性策略。预防性策略是在工作人员作业前明确告诉员工应该如何行动。由上级制定出详细的绩效考核标准，让员工了解具体有效的行为和无效行为；并通过专业性、系统性的培养与训练，使员工掌握具体的步骤和操作方法，从而可以有效地防止和减少员工工作中的重复性错误。制止性策略是及时跟踪员工的行为，及时发现问题并予以纠正，通过各管理层的管理人员实施全面、全员、全过程的监督与指导，使员工克服自己的缺点，发挥自己的优点，不断地提高自己的工作绩效。

第二，正向激励策略与负向激励策略。正向激励策略主要通过制定一系列行为标准以及与之配套的人事激励政策如奖励、晋升等，鼓励员工更加积极主动地工作。对达到和实现目标的员工给予的正向激励可以是物质的，也可以是精神性的、荣誉性的；可以采用货币的形式，也可以采用非货币的形式。负向激励策略主要是惩罚，对下属员工采取惩罚手段，以防止和克服他们导致绩效较低的行为。

第三，组织变革策略与人事调整策略。绩效较低如果是组织制度不合理、运行机制不健全等因素造成的，那么应该针对考核中反映出的问题，及时对组织结构、人员配置等方面进行调整。

第七章　薪酬管理与福利管理

本章重点围绕薪酬管理的基础知识、不同的薪酬体系、薪酬设计与薪酬激励、员工福利管理展开论述。

第一节　薪酬管理概述

薪酬管理[①]要为实现薪酬管理目标服务。薪酬管理目标是基于人力资源战略设立的，而人力资源战略服从于组织发展战略。薪酬管理包括薪酬体系设计、薪酬日常管理两个方面。薪酬体系设计主要是薪酬水平设计、薪酬结构设计和薪酬构成设计；薪酬日常管理是由薪酬预算、薪酬支付、薪酬调整组成的循环，这个循环可以称为薪酬成本管理循环。

薪酬设计是薪酬管理最基础的工作，如果薪酬水平、薪酬结构、薪酬构成等方面有问题，组织薪酬管理不可能取得预定目标。薪酬预算、薪酬支付、薪酬调整工作是薪酬管理的重点工作，应切实加强薪酬日常管理工作，以便实现薪酬管理的目标。

薪酬体系建立起来后，应密切关注薪酬日常管理中存在的问题，及时调整组织薪酬策略，调整薪酬水平、薪酬结构以实现效率、公平、合法的薪酬目标，从而保证组织发展战略的实现。

一、薪酬管理的目标

薪酬要发挥应有的作用，薪酬管理应达到三个目标：效率、公平、合法。达到效率和公平目标，就能促使薪酬激励作用的实现，而合法性是薪酬

① 薪酬管理是在组织发展战略指导下，对员工薪酬支付原则、薪酬策略、薪酬水平、薪酬结构进行确定、分配和调整的动态管理过程。

的基本要求，因为合法是组织存在和发展的基础。

（一）效率目标

效率目标包括两个层面：第一个层面是站在产出角度来看，薪酬能给组织绩效带来最大价值；第二个层面是站在投入角度来看，实现薪酬成本控制。薪酬效率目标的本质是用适当的薪酬成本给组织带来最大的价值。

（二）公平目标

公平目标包括三个层次：分配公平、过程公平、机会公平。

第一，分配公平是指组织在进行人事决策、决定各种奖励措施时，应符合公平的要求。如果员工认为受到不公平对待，将会产生不满。员工对于分配公平认知，来自其对于工作的投入与所得进行主观比较而定，在这个过程中还会与过去的工作经验、同事、同行、朋友等进行对比。分配公平分为自我公平、内部公平、外部公平三个方面。自我公平即员工获得的薪酬应与其付出成正比；内部公平即同一组织中不同职务的员工获得的薪酬应正比于其各自对组织作出的贡献；外部公平即同一行业、同一地区或同等规模的不同组织中类似职务的薪酬应基本相同。

第二，过程公平是指在决定任何奖惩决策时，组织所依据的决策标准或方法符合公正性原则，程序公平一致、标准明确、过程公开等。

第三，机会公平是指组织赋予所有员工同样的发展机会，包括组织在决策前与员工互相沟通、组织决策考虑员工的意见、主管考虑员工的立场、建立员工申诉机制等。

（三）合法目标

合法目标是组织薪酬管理的基本前提，要求组织实施的薪酬制度符合国家、各省（区、市）的法律法规、政策条例要求，如不能违反最低工资制度、法定保险福利、工资指导线制度等的要求规定。

二、薪酬管理的重点

薪酬管理的重点为薪酬成本控制和薪酬调整。

（一）薪酬成本控制

1. 薪酬成本控制的要素

劳动力成本的主要构成部分是薪酬成本，因此劳动力成本的控制要素也就是薪酬成本的控制要素。在一般情况下可以用以下公式表示：

劳动力成本＝雇佣人数 ×（人均现金薪酬 + 人均福利成本）

其中雇佣人数＝核心员工 + 临时用工

人均现金薪酬＝基本工资 + 浮动工资

由上述公式可见，控制薪酬成本的关键是控制三个要素：①雇佣人数，主要指用工数量；②人均现金薪酬，包括工资、津贴、奖金等；③人均福利成本，包括医疗保险、带薪休假等。

2. 薪酬成本控制的途径

（1）控制员工数量。当员工薪酬水平相同时，员工人数越少，组织所需支付的薪酬额就越低。许多组织十分强调对用工数量的管理，往往会通过提高员工的工作效率来减少用工数量。此外，由于核心员工的减少会给组织带来人才流失、士气低落等不良影响，组织对于可替代性较强的岗位通过采用雇用临时工的方式来对员工人数进行调控，而骨干员工与核心员工队伍则保持相对稳定。

（2）控制基本工资。基本工资的增加对薪酬成本的上升和固定成本的增加有着重要的影响。为了控制人力成本而控制基本工资，主要是控制基本工资加薪的规模、加薪的时间和加薪的覆盖面。由于基本工资增加的主要原因是内部公平性要求、市场状况变动和升职晋级等因素的推动，因此还需要对这些因素实行管理和调控。

（3）控制浮动工资。组织支付给员工的浮动薪酬包括津贴、分红、利润分享、团队奖金等多种多样的名目。虽然不同的组织薪酬结构中浮动部分的比重会有所不同，但是浮动薪酬已普遍占组织支付给员工的全部薪酬中的相当大一部分。浮动薪酬的成本控制除了要控制它的支付规模、时间和覆盖面，还应重点利用它的一次性支付的性质来改善薪酬成本的调节幅度，即可以适当加大它相对于固定薪酬的比例。

（4）控制福利支出。组织福利方面的支出可以分为三类：第一类是与基本工资相关的福利，它随基本工资的变化而变化，份额较大，对薪酬预算和成本的影响也较大，基本工资一定时它的刚性也较大；第二类是与基本工资无关的福利，多为短期福利项目，数额较小，弹性较小；第三类是福利管理费用，它有较高的弹性可以利用。通过控制福利支出来降低薪酬成本，需要针对这三类福利支出的特性分别实施管理与调控，才能取得实效。

（5）利用适当的薪酬技术促进成本控制。组织可以利用工作评价、薪酬调查、薪酬结构线、薪酬线、薪酬比较比率等薪酬技术促进或改善薪酬成本的控制，节约薪酬成本的支出。

（二）薪酬调整

薪酬调整是对薪酬体系在执行过程中与环境变化的不适应性进行调整，使其能更好地发挥薪酬的激励作用。

1. 奖励性调整

奖励性调整是指根据员工对组织的贡献给予相应的薪酬增加，以奖励员工作出的优良业绩。奖励性薪酬调整使用的时机一般是在员工取得突出成绩之后，旨在促使受到奖励的员工保持这种良好的工作状态，并激励其他员工向其学习。奖励的薪酬形式和方法多种多样，有货币性和非货币性的，有立即支付和将来支付的，有一次性享受、分阶段享受和终身享受的。

2. 效益性调整

效益性调整是指当组织效益好、盈利多时，普遍提高全部或部分员工薪酬的形式，这类似不成文的利润分享制度。这种薪酬调整往往是浮动式的，并非永久性的增加薪酬。组织效益欠佳时则可能再调回原来的薪酬水平。效益性调整对员工的激励作用有限，由于它未能区分员工对组织效益提高的贡献程度，未能据此来调整员工的薪酬，因此会影响那些贡献较大的员工的积极性，让“搭便车者”趁机获利，使用时要有“度”。

3. 生活指数性调整

生活指数性调整是指为了补偿员工因通货膨胀而引起的实际收入减少或损失而普遍调高薪酬的情况，目的是使员工生活水平不致逐渐恶化，显示组织对员工的关怀。组织应根据一定的物价指数建立薪酬与物价挂钩的指标体系，在保持指标体系的数值稳定的同时，实现薪酬对物价的补偿。生活指数性调整常用的方法有以下两种。

（1）等比式调整。等比式调整是指所有员工都在原有薪酬基础上调升同一百分比，薪酬调升额不等。其优点是保持薪酬结构内在的相对级差，使代表工资政策结构线的斜率仍按原规律变化。缺点是薪酬偏高者，升资幅度较大，似乎进一步扩大了级差；薪酬偏低者可能产生不公平感。

（2）等额式调整。等额式调整是指按平均律为全体员工给予等额升资。其优点是对全体员工一视同仁，同等困难地解决。缺点是缩小了薪酬的级差，使薪酬结构关系和薪酬结构线的斜率按不同规律变化，动摇了原有薪酬结构设计的依据，造成混乱。

4. 工龄性调整

工龄性调整主要是考虑到工龄的增加意味着工作经验的积累和丰富，代表着能力或绩效潜能的提高，且在组织中工作的工龄又代表了员工对本组织的贡献和忠诚，所以许多组织设计了随工龄增加而提升薪酬的制度。常用的形式有以下两种。

（1）等额递增法。等额递增法是指工龄工资调整实行人人等额逐年递增的做法。这种方法未能考虑工龄中含有绩效的成分，可能出现重复计酬。

（2）工龄与绩效考核结果相结合法。这种方法把员工工龄与其绩效考核的结果结合起来作为提薪时考虑的依据，可以避免等额递增法的缺陷。

第二节　不同的薪酬体系

薪酬体系设计是一项十分复杂和重要的工作，薪酬体系是否合情合理、是否体现公平性、是否考虑竞争性、是否考虑各种影响因素等，都会决定薪酬体系执行的有效性。以下将从基本薪酬和奖励薪酬两个部分阐述薪酬体系的构成。

一、基本薪酬体系

(一) 基于职位的薪酬体系

基于职位的薪酬体系是指员工的薪酬或工资是按照员工在组织内所占据的特定职位来发放的，员工薪酬的高低取决于这些职位的价值，而这些职位的价值又是根据一整套评价指标体系得出的。

由于员工实际的劳动付出是难以直接测度的，因此在支付劳动者报酬时，不得不采取一些间接的测度手段。因而，基于职位的薪酬体系实际上就是将员工在组织内所处的特定职位作为测度员工实际劳动付出的一个主要指标。职位薪酬的操作流程如下。

1. 通过工作分析形成工作说明书，进行工作评价

基于职位的薪酬体系是依据职位价值来确定薪酬水平的，因此职位薪酬必须建立在工作分析和工作评价的基础上。工作说明书包括该工作的主要工作职责、业绩标准、工作条件、任职资格要求等。工作评价是通过采用一整套标准化、系统化的评价指标体系，对组织内部各工作的价值进行评价，得到各岗位的评价点值，该评价点值就可以作为确定该岗位薪酬水平的主要依据。

工作评价的方法一般有四种，分别是排序法、要素比较法、归类法和要素计点法。这四种方法各有特点，但在实践中最常用的还是要素计点法。

(1) 排序法。排序法即按照各个职位的价值大小进行排序，是最简单的一种职位评价方法。由于没有客观的评价标准，因此评价的主观性较大，而且各职位间确切的差距也不清楚。

(2) 要素比较法。要素比较法是排序法的延伸，不过排序的标准和方法更为复杂。要素比较法是根据不同的薪酬要素对典型职位进行多次排序，以确定典型职位之间的相对价值，然后再通过比较其他职位与典型职位的差异，来确定所有职位的相对价值。而且在职位排序的时候，要素比较法已不再是单纯地比较职位之间的相对价值，而是把薪酬的因素也考虑进来。因此尽管要素比较法客观明确，但是操作起来非常复杂，此处不作过多的解释。

(3) 归类法。归类法是指按照一定的标准将职位归入事先确定的等级中

的评价方法。在使用该方法时，薪酬管理人员首先要确定职位等级的数量。组织内职位数量越多、职位种类越复杂，职位等级也就相应越多。其次，从工作责任、工作技能、工作条件和努力程度四个方面着手确定薪酬要素，并根据薪酬要素确定各个职位等级的定义。最后，根据每个职位的工作说明书，对照职位等级定义，将职位归入与等级定义相同的或最为类似的等级中去。

归类法也是一种比较简便的方法，尤其是当职位数量较多时，它比排序法更节省时间。但这种方法的缺点是，职位类型差别较大时，很难建立通用的职位等级；另外，它与排序法一样，无法准确衡量各职位之间的价值差距。

（4）要素计点法。要素计点法主要是根据各个职位在薪酬要素上的得分来确定它们的相对价值的一种方法。主要步骤如下。

第一，确定薪酬要素，划分每个薪酬要素的等级。如归类法一样，要素计点法中的薪酬要素仍然可以确定为工作责任、工作技能、工作条件和努力程度四个类别，每一要素类别内可以设置多个要素指标。薪酬管理人员可以根据实际情况增加或减少薪酬要素类别以及要素指标。在确定薪酬要素之后，根据重要程度将每个要素指标划分为若干等级。等级的划分取决于组织内部各职位在该要素指标方面的差异程度，差异程度越大，划分的等级就越多。另外，需要注意的是，薪酬管理人员一定要对薪酬要素以及各要素相应等级的含义作出明确的界定。

第二，确定每个薪酬要素及其等级的点值。首先，应当确定总的评价点数，总点数的大小以能够清楚反映各职位之间差异为宜。一般而言，组织的职位种类越多、种类之间的差异度越大，总点数也就越大。其次，将总点数依次分配到各个薪酬要素大类、薪酬要素指标以及要素指标的各个等级。分配点数的依据是要素大类、要素指标以及各个等级的权重，权重可以通过经验方法或统计方法得出。

第三，确定组织内每个职位的点值。前述步骤为职位评级确定了基本标准，接下来就是按照这套标准体系来对组织内各个职位进行具体的评价，并计算出每个职位相应的点数。

具体的方法是：对照工作说明书，确定被评价职位所包含的薪酬要素指标以及所处的等级，从而确定各薪酬要素指标的实际评价点数，然后将全部薪酬要素指标的实际评价点数加总，就得到该职位的最终评价点数。比较各职位的最终评价点数，就可以确定它们之间相对价值的大小。

2. 在外部劳动力市场的基础上进行市场薪酬调查

通过对外部市场尤其是竞争者薪酬水平进行调查，并将外部薪酬调查的结果与工作评价的结果相结合，组织就可以确定反映各岗位平均市场价值的薪酬水平。

薪酬调查是指组织收集本地区或本行业其他组织的薪酬信息，从而确定市场薪酬水平的过程。

薪酬调查的第一步是确定所需调查的典型职位，然后从外部市场获取有关这些职位的薪酬信息。之所以要进行这种选择，是因为典型职位是组织内具有代表性的职位，同时也是行业内普遍存在的通用职位，这样做有利于节约成本。如果职位仅仅是组织所独有的，对这些职位进行调查是没有意义的。

薪酬调查的第二步是确定调查的范围和对象。调查对象主要包括同一行业的组织和同一地域具有类似职位的组织。在选择调查对象时，还要注意调查对象的规模。调查的内容和项目通常是在调查表中显示的，包括职位基本信息、薪酬要素信息、调查对象基本信息、任职者基本信息、职位的总体薪酬结构和水平。

薪酬调查的第三步是开展实际调查，汇总和整理调查结果，并对调查获得的数据信息进行统计分析。薪酬调查获得的数据有两个用途：一个是参考某个职位的市场薪酬数据，然后制定组织相应职位薪酬水平；另一个是通过统计方法（如回归分析）得到市场薪酬线，并在此基础上制定薪酬政策线。

3. 建立薪酬结构

从理论上讲，在确定组织的薪酬政策线之后，各职位的实际薪酬水平已经确定，似乎组织的薪酬结构就已经确立。但在实践中，这种做法是不现实的。尤其是组织职位较多时，为每一个职位设定一个薪酬水平，后续的薪酬管理工作将会很麻烦，管理成本也会很高。另外，这种薪酬结构也不利于工作轮换。例如，由点数为 81 的职位轮换到点数为 80 的职位时，其薪酬水平就会降低，这样正常的职位轮换就变成降职处分了。通行的办法是将评价点数比较接近或者排序位置相邻的多个职位划为一个等级，而且每一个等级确定一个薪酬浮动区域。同时，组织还有必要为每个工作确定一个价值和薪酬区间，它包括中点工资、最高工资和最低工资，相邻等级薪酬之间相互重叠，构成薪酬等级结构。

需要指出的是，实际生活中不存在绝对完美的薪酬结构，薪酬管理人员必须结合组织的实际情况和发展战略，综合考虑各种薪酬结构的管理成本、公平性和灵活性，从中选择与组织最匹配的薪酬结构，还应根据内外环境的变化对薪酬结构进行相应调整和完善。

（二）基于技能的薪酬体系

基于技能的薪酬体系通常是指两种以员工个人为基础的薪酬方案，其一是知识薪酬，即以员工个人所拥有的专业知识作为组织支付薪酬依据的薪酬方案；其二是技能薪酬，即以员工个人所拥有的专业技能作为组织支付薪酬依据的薪酬方案。

职位薪酬是基于组织内现有职位数量和结构而构建的薪酬体系，员工的实际薪酬收入取决于他本人所占据的职位。与职位薪酬不同，技能薪酬是以员工个体所具备的知识和技能作为制定薪酬的标准。因此，在技能薪酬体系下，组织考核的重点是员工的知识和技能高低，以及特定知识和技能对于组织的价值。在员工个体的知识技能不变的情况下，职位变迁对他本人的实际薪酬水平没有影响。这意味着组织内的职位安排可以有更大的灵活性。不过在本质上，技能与职位是一样的，都是员工实际劳动付出的间接测度手段。

技能薪酬设计的基础在于确定技能的价值，而技能的价值又是以组织目标以及为实现组织目标所必须完成的各项工作任务为依据的。对组织而言，如果某项技能对于完成组织目标毫无帮助，那么不论其如何难以获得，都是没有价值的。因而，技能价值的确定乃至技能薪酬的设计也是从工作分析开始的。

1. 工作分析

设计技能薪酬的第一步是工作分析。但是与职位薪酬不同，技能薪酬工作分析的目的是确定完成特定任务所需的技能，而不是确定职位职责。职位与技能之间的关系很复杂，同一职位可能需要多种技能；反过来，不同职

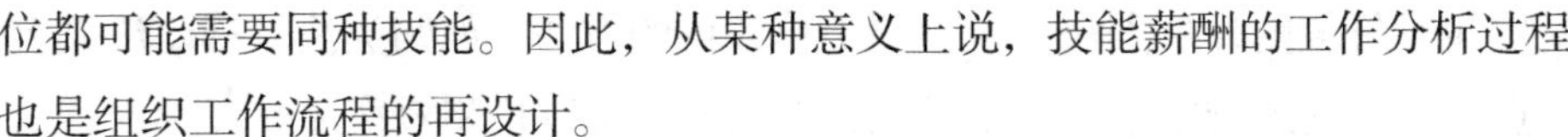

位都可能需要同种技能。因此，从某种意义上说，技能薪酬的工作分析过程也是组织工作流程的再设计。

2. 技能分析

根据员工从事工作的性质，员工可能掌握的技能可以从三个维度来考察，具体如下。

（1）技能宽度，是指员工掌握的与某项具体工作相关的技能种类。员工掌握多种技能，就可以在多个职位上进行轮换，同时可以帮助其他员工完成工作。那些能够掌握多种技能的员工通常被称为通才。

（2）技能深度，是指员工所掌握特定技能专业水平的高低。技能深度越浅，说明技能越简单，员工掌握起来越容易；技能深度越深，技能越复杂，员工掌握起来也越困难。那些能够掌握深度技能的员工通常被称为某类工作的专家。

（3）技能垂度，是指员工自我管理的能力和限度。此处的技能主要是指管理方面的技能，主要包括时间规划、领导、协调、控制等。具有较高程度垂直技能的员工能够更好地从事团队任务。

3. 技能模块

在技能分析的基础上，薪酬管理人员需要建立相应的技能模块。技能模块是由特定深度、宽度和垂度范围内的技能构成的组合。每一个技能模块一般由三种技能要素构成，包括基础技能、核心技能和选择技能。基础技能是特定技能模块的入门技能，是员工获得该技能模块核心技能前所必需技能。核心技能是完成特定工作任务必须达到的关键性技能要求。选择技能是附加的某些管理技能，如判断能力、应变能力和沟通能力等。

在确定技能模块之后，就要对这些模块进行定价。技能模块定价包括两个方面的工作。

（1）确定技能模块的相对价值。确定技能模块的相对价值是为了保证技能薪酬的内部一致性。技能的价值至少可以从以下两个方面来评价。首先是技能获取的难度。难度越大，价值越高。技能获取的难度可以从培训时间，培训费用，接受培训的生理、心理、资历和基础知识条件，通过培训检测的概率等多个方面来考察。其次是技能模块相对于组织的重要性。这可以从失误的后果、技能的价值贡献、监督责任、教育责任等多个方面来考察。技能模块相对价值的评价方法可以参照工作评价的方法，如归类法、排序法或者计点法等。其评价结果可以是量化的点数，也可以是相对次序。

(2) 进行外部市场调查。与职位薪酬类似，技能薪酬的外部市场调查也是选择与外部竞争组织相对应的典型技能模块，寻找技能模块点数与薪酬水平之间的关系，以保证技能薪酬的外部竞争性，从而确定组织内技能模块的市场薪酬线和薪酬政策线。需要指出的是，有一些组织是行业创新者，行业中尚未有太多的竞争性组织，直接获得相应技能模块的市场薪酬水平可能比较困难，这需要市场调查人员采取某些转化手段，利用职位薪酬的市场数据来间接估计技能薪酬的市场水平。

4. 员工技能鉴定

员工技能鉴定需要确定三个方面的内容：鉴定者、鉴定内容、鉴定方法。鉴定者可以来自组织内部，如员工的上级、同事，也可以来自组织外部，如学校、培训机构的业内专家等。一般而言，由来自多方面的专业人士组成一个技能鉴定委员会，可以保证鉴定结果更加公正、客观、可信。鉴定内容通常是根据组织的技能模块的要求来设计的，由于技能模块一般包括基础技能、核心技能和选择技能，相应地，技能鉴定内容也就包括这些技能的培训课程或培训项目和要求达到的分数，以及这些技能的实际运用情况，包括实际的业绩和失误等。鉴定的方法多种多样，包括笔试测验、现场操作、情景模拟等。方法的选择关键在于要同所考察的内容相匹配，同时也要考虑鉴定的成本。

对于实行技能薪酬的组织来说，员工技能的鉴定是一项重要的日常工作，组织需要定期或不定期举行。大型的、全面的、定期举行的技能鉴定活动可以同组织的技能培训工作相结合，同时可以督促员工不断提高自身的技能水平。而一些小型的、单项的、不定期的能力鉴定可以同某些技能竞赛相结合，既可以方便地获得员工相应的技能信息，也可以调动员工学习技能的积极性，以迅速地推广某些新技能。

5. 建立技能薪酬结构

对于实行职位薪酬的组织，以薪酬结构设计为出发点在于实现成本节约、薪酬公平和管理灵活三个目标，同时还要保持这三个目标之间的动态平衡。而对于实行技能薪酬的组织来说，将评价得分接近的多个技能模块划入同一技能等级，显然可以节约薪酬管理成本，尤其是对于那些技能模块较多的组织，管理成本的节约会更加明显。但是对同一等级中实际得分不同的技能模块，实行相同或类似的薪酬水平同样也会引起有关公平性的争议。因此在技能薪酬的结构设计中，需要对成本节约和薪酬公平这两个目标也给予足够的重视。

而对于管理灵活性的问题，技能薪酬和职位薪酬的设计思想几乎是背道而驰的。职位薪酬体系的薪酬浮动区间和重叠结构这两种设计的目的在于增加管理上的灵活性。对于实行技能薪酬的组织而言，薪酬水平取决于员工掌握的技能而不是所从事的工作和所处的职位。换言之，员工收入水平的提高更多地取决于他在技能学习方面所作的努力，而不受职位空缺的限制。如果技能模块之间薪酬水平有较大差别，而且员工对技能模块的选择不受限制，那么多数员工就可能会选择学习那些薪酬水平较高的技能，而忽视另一些薪酬水平较低的技能。当这两类技能模块在学习上不具有严格递进效果时，员工的整体选择偏好可能使组织由于缺乏精通某些技能的员工而无法平稳地运行，甚至瘫痪。因此在某种意义上来说，技能薪酬结构设计的重点恰恰在于限制它的灵活性，以保证组织运行的平稳性。

二、奖励薪酬体系

基本薪酬体系是针对员工为组织作出一般意义上的贡献所支付的报酬，但是为鼓励员工能够为组织作出超乎寻常的贡献，只有通过设计合情合理的奖励薪酬体系，才能发挥应有的激励功能。员工的基本薪酬体系一般是相对固定的，当有超额劳动产生时，奖励薪酬则会有较多的灵活性来奖励员工的超额劳动。

（一）一线员工的奖励薪酬体系

一线员工奖励薪酬体系设计的基本思路是：将员工在职位中因较高效率而节约的人力资源成本全部或部分作为奖励依据，以激励其在组织人力资源投入的节约上作出的超乎寻常的努力。一般体现为以下两种具体的制度。

第一，按件计酬制度。奖酬体系以与完成职位工作量的件数相联系的薪酬率作为奖酬计量的变量之一。当员工完成工作的件数达不到某一确定的标准时，组织给其支付基本薪酬；当员工完成职位工作的件数高于某一确定的标准时，组织按其超额完成的件数计量奖酬。

第二，按时计酬制度。奖酬体系以与职位工作时间相联系的薪酬率为奖酬计量的变量之一。员工的职位效率高于某一确定的标准时，在得到基本薪酬的同时，还可以因高效而获得组织的奖酬。

（二）销售人员的奖励薪酬体系

销售人员的职位具有很大特殊性，销售的达成既是组织整合力量的充分体现，又取决于个人的技术水平和努力程度。根据在营销过程中这两种因素重要程度的权衡对比，销售人员的奖酬体系设计思路可以从以下三种形式上来考虑。

1. 固定薪金制

固定薪金制是指在一定时期内，销售人员的薪酬与其个人的职位工作业绩没有必然的联系。在此意义上可以说，固定薪金制不是销售人员的奖酬制度，而是基本的薪酬内容。销售人员的固定薪酬由两部分内容组成：一是基本薪酬；二是奖励薪酬。而这两部分内容在一定时期内与个人的职位绩效都没有紧密的联系。

固定薪金制的优点是组织将其营销效果主要维系在组织的整体实力上，可以强化销售人员的团队意识，不断放大组织的营销优势，克服了佣金制给组织带来的弊端。但缺点是销售人员的积极性有可能受到压抑。

2. 佣金制

佣金制是指销售人员的薪酬完全按其销售量或销售额的一定比例来提取。决定销售人员薪酬的主要变量有两个：一是销售人员一定时期内的销售量或实现的利润量；二是销售人员可得到的提成比例。

佣金制的优点是能较为充分地调动销售人员的积极性，可以使销售人员注意以尽可能少的营销投入得到尽可能多的营销产出。缺点是销售人员对组织具有较大的离心倾向。

3. 佣金与薪金混合制

在这种制度下，销售人员的薪酬总额由两个部分组成：一是基本薪酬，它与销售人员的职位业绩完全没有联系；二是佣金，它与销售人员的职位业

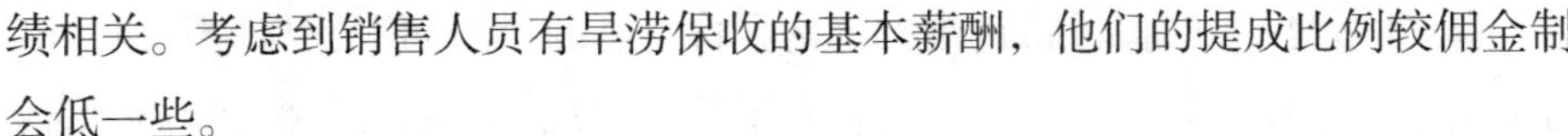

绩相关。考虑到销售人员有旱涝保收的基本薪酬，他们的提成比例较佣金制会低一些。

佣金与薪金混合制可以在一定程度上兼有佣金制和固定薪金制的优点，也可以在一定程度上中和两种制度的缺点。

(三) 管理人员的奖励薪酬体系

由于管理岗位没有可量化的物质产出，其业绩主要体现在两个方面：一是管理对象的工作绩效，但员工的绩效与管理人员并不明显存在一一对应的逻辑关系；二是组织的整体绩效，组织的经营是各部门通力协作、系统运行的结果。在实际工作中，为顺应管理职位与员工绩效之间的逻辑关系，维护或强化部门内外的协作关系，组织设计管理人员的奖酬体系一般采用以下几种方式。

第一，收益分享计划。收益分享计划实际上是将由于成本节约而带来的收益在组织与员工之间分摊的一项计划。收益分享计划是以组织绩效为导向的奖酬制度，同时衡量绩效因素具有一定的可控性，因此非常适用于对管理人员的激励。

第二，股权计划。股权计划是组织以股票为媒介所实施的一种长期激励的计划，它将员工利益与组织整体绩效结合起来，克服了收益分享计划中的短期行为。

第三，团队奖励计划。许多组织在未做好在整个组织中推行可变薪酬计划准备的时候，会首先在一些特定的职位群体团队中试行这种奖励计划。管理人员在这种奖励计划中所获得的奖金是以团队绩效为依据的。

第三节　薪酬设计与激励薪酬

一、薪酬设计

(一) 薪酬设计的原则

第一，公平性原则。根据公平理论，员工会进行两个方面的比较：一是会将自己的付出与回报进行比较；二是会将自己的付出回报比与他人的付出回报比进行比较。如果员工觉得二者有不公平的现象，那么薪酬就不能起到激励员工的作用，还会因此影响员工的工作积极性，降低其工作效率，造成紧张的人际关系等。所以薪酬的设计要尽量公平，在现实中虽然不能做到完全公平，但至少在薪酬设计时应保证公平。薪酬设计的公平性可以从两个方面来考虑：一是外部公平性，指的是同一行业、同一地区、不同组织中类似的职位薪酬应基本一致；二是内部公平性，指的是在组织内部员工所获得的薪酬应与其从事的工作岗位所要求的知识、技能、经验等相匹配。另外，不同职位如果没有多大差别，贡献或业绩相当，所获取的薪酬也应基本一致。

第二，激励原则。激励原则包含两个方面的含义：一是薪酬设计应该做到按劳分配，多劳多得，即按不同技能、不同知识水平、不同能力、不同业绩水平等定薪，奖勤罚懒和奖优罚劣，这样才能发挥薪酬的激励性；二是组织要根据不同员工的不同需求，了解员工的真实需求，利用薪酬的多样化组合来满足员工，从而达到激励的目的。

第三，经济性原则。在薪酬设计的过程中固然要考虑薪酬水平的竞争性和激励性，但同时还要充分考虑组织自身发展的特点和承受能力。员工的报酬是组织生产成本的重要组成部分，过高的薪酬水平必然导致人力成本的上升和组织利润的减少。所以，应该考虑人力资源成本的投入和产出比，把人力资源成本控制在经济合理的范围，使组织的薪酬既具有激励性又能确保组织的正常运作。

第四，合法性原则。组织薪酬分配制度必须符合国家的有关政策与法律。为了维持社会经济的持续稳定发展，维护劳动者应取得的合法劳动报酬和必须拥有的劳动权益，我国政府颁布了一系列法律法规文件。例如，《中华人民共和国劳动法》《中华人民共和国劳动合同法》等，这些法律法规对薪酬确定、薪酬水平、薪酬支付等进行了明确的规定。组织在设计薪酬过程中一定要遵守相关的法律法规，避免因薪酬问题引起劳动纠纷。

（二）薪酬设计的流程

制定科学合理的薪酬体系是组织人力资源管理的一项重要工作，薪酬设计的要点在于“对内具有公平性，对外具有竞争性”。薪酬设计需要考虑

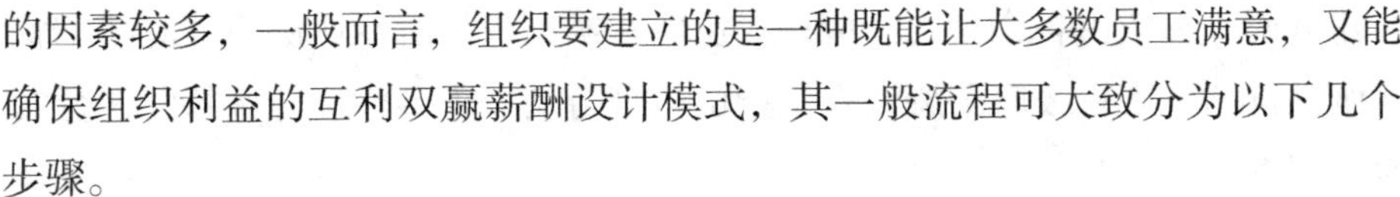

的因素较多，一般而言，组织要建立的是一种既能让大多数员工满意，又能确保组织利益的互利双赢薪酬设计模式，其一般流程可大致分为以下几个步骤。

1. 制订薪酬战略

组织人力资源战略服务于组织战略，所以薪酬战略也要考虑组织的战略和组织的目标。制订薪酬战略要考虑以下问题：薪酬管理如何支持组织的战略实施，薪酬的设计如何达成组织内部的公平性和外部的竞争性，如何制订薪酬战略才能真正地激励员工，如何提高薪酬成本的有效性等。

2. 薪酬调查分析

组织要吸引和保留住员工，不但要保证组织薪酬的内部公平性，而且要保证组织薪酬的外部竞争力，因此要进行薪酬调查。薪酬调查是通过一系列标准、规范和专业的方法，对市场上各职位进行分类、汇总和统计分析，形成能够客观反映市场薪酬现状的调查报告，为组织薪酬设计方面的决策提供依据及参考。因为薪酬调查是将组织内部的薪酬状况和其他组织薪酬状况进行比较，所以组织首先要进行全面的组织内部薪酬满意度调查，以了解组织内部的薪酬现状及发展需求，做到发现问题、弄清原因、明确需要，确保薪酬体系设计的客观性与科学性。同时，还要对同类、同行组织的外部薪酬水平状况作深入细致的调查。

对组织外部薪酬调查分析的主要内容一般包括三个方面。①目标组织的薪酬政策：是控制成本还是激励或吸引员工；薪酬构成是高弹性模式、稳定性模式还是折中式模式；其他政策，包括加班费计算、试用期薪酬标准等。②薪酬的结构信息，主要包括组织职位或岗位的组织结构体系设计、薪酬等级差、最高等级与最低等级差、薪酬的要素组合、基本薪酬与福利的比例、激励薪酬的设计等。③薪酬的纵向与横向水平信息，包括基本薪酬信息、激励薪酬信息及福利薪酬信息等。

由于这些调查对象一般是竞争对手，且薪酬制度往往被其视为商业机密，它们一般不愿意提供实质性的调查资料。所以，薪酬市场调查分析一般会比较困难，需要组织从多方面、多渠道进行，直接或间接地收集调查资料。一般而言，薪酬的调查方法分四种：组织薪酬调查、商业性薪酬调查、专业性薪酬调查和政府薪酬调查。组织薪酬调查是组织之间互相调查；商业性薪酬调查一般由咨询公司完成；专业性薪酬调查是由专业协会针对薪酬状况所进行的调查；政府薪酬调查是指由国家劳动、人事、统计等部门进行的薪酬调查。

3. 工作分析与评价

工作分析与评价的目的在于确定一种职位的相对价值，它是对各种职位进行正式的、系统的相互比较的过程[①]。通过工作分析与评价，能够明确职位的工作性质、所承担责任的大小、劳动强度的轻重、工作环境的优劣，以及劳动者应具备的工作经验、知识技能、身体条件等方面的具体要求。同时，根据这些信息采取科学的方法，对组织所有的职位的相对价值作出客观的评价，并确定一种职位相对于其他职位的价值，从而最终依此来确定工资或薪资的等级结构。工作评价的基本原则是那些要求具备更高的任职资格条件、需要承担更多的责任以及需要履行更为复杂的职责的职位，应当比那些在这些方面的要求更低一些的职位价值更高一些。

对于组织的员工来说，他们所感受到的公平合理，一方面来自外部市场上同类职位薪酬水平相比的结果；另一方面则来自内部同类、同级别职位人员的薪酬水平的比较。因此我们不仅要关注职位的绝对价值，还要关注职位的相对价值，而职位的相对价值则要通过工作评价来确定。工作评价是工作分析的必然结果，同时又以职位说明书为依据。即工作评价就是要评定职位的相对价值，制定职位的等级，以确定基本薪酬的计算标准。

4. 薪酬结构设计

通过工作分析与评价，可以表明每一个职位在组织中相对价值的顺序、等级。工作的完成难度越大，对组织的贡献越大，其重要性就越大，这也就意味着它的相对价值越大。通过薪酬调查以及对组织内、外部环境的分析，可以确定组织内各职位的薪酬水平，规划各个职位、岗位的薪酬幅度、起薪点和顶薪点等关键指标。要使工作的相对价值转换为实际薪酬，需要进行薪酬结构设计。

薪酬结构是指工作的相对价值与其对应的工资之间保持的一种关系。这种关系不是随意的，是以服从某种原则为依据的，具有一定的规律，通常这种关系用“薪酬政策线”来表示。从理论上讲，薪酬政策线可呈任意一种

① 吕菊芳. 人力资源管理 [M]. 武汉：武汉大学出版社，2018：233.

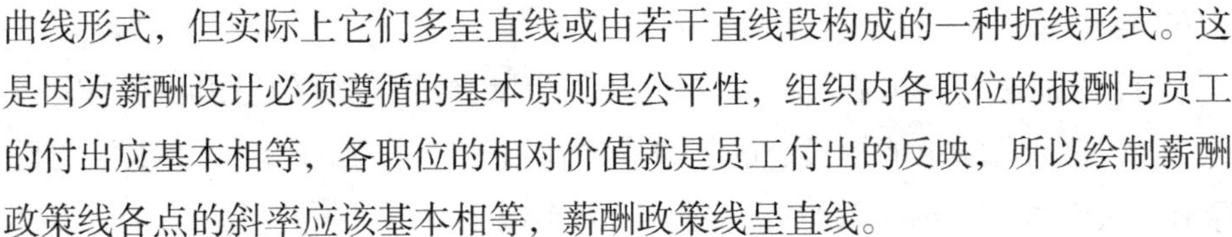

曲线形式，但实际上它们多呈直线或由若干直线段构成的一种折线形式。这是因为薪酬设计必须遵循的基本原则是公平性，组织内各职位的报酬与员工的付出应基本相等，各职位的相对价值就是员工付出的反映，所以绘制薪酬政策线各点的斜率应该基本相等，薪酬政策线呈直线。

5. 薪酬分级与定薪

绘制好组织薪酬政策曲线以后，通过薪酬政策曲线就可以确定每个职位的基本薪酬水平。但是当组织的职位数量比较多时，如果针对每个职位设定一个薪酬标准，会提高组织的管理成本。因此，在实际操作中，还需要在薪酬的每一个标准内增设薪酬等级，即在众多类型工作职位的薪酬标准内再组合成若干等级，形成一个薪酬等级标准系列。通过职位工作评价点数的大小与薪酬标准对应，可以确定每一个职位工作的具体薪酬范围或标准，以确保职位薪酬水平的相对公平性。

此外，不同薪酬等级之间的薪酬差异称为薪酬级差。薪酬级差可根据员工的职位、业绩、态度、能力等因素划分，要尽可能地体现公平。级差的大小应与薪酬等级相符，等级差异大，级差相应也大，等级差异小，则级差也小。如果两者关系不相符，容易引起不同等级员工的不满。等级差异过大，薪酬等级较低层的员工会认为有失公平，自己所得过少；等级差异过小，薪酬等级较高层的员工会认为自己的贡献价值没有得到认可，因而会挫伤其工作积极性。

二、激励薪酬

激励薪酬又称绩效薪酬、可变薪酬或奖金，是指以员工个人、团队或者组织的绩效为依据支付给员工的薪酬。激励薪酬的目的在于，通过将员工的薪酬与绩效挂钩，鼓励员工为组织、部门或团队的绩效作出更大的贡献。激励薪酬有助于强化组织规范，激励员工调整自己的行为，并且有利于组织目标的实现。

（一）激励薪酬的优缺点

1. 激励薪酬的优点

激励薪酬相对于基本薪酬而言，具有明显的优势，主要表现在以下几个方面。

(1) 激励薪酬是和绩效联系在一起的，因此对员工的激励性也就更强。

(2) 激励薪酬更能把员工的努力集中在组织、部门或团队认为重要的目标上，从而推动组织、部门或团队目标的实现。

(3) 激励薪酬是根据绩效来支付的，可以增加组织薪酬的灵活性，帮助组织节约成本。

2. 激励薪酬的缺点

激励薪酬也有明显的不足，主要表现在以下几个方面。

(1) 绩效评价难度比较大，激励薪酬很可能流于形式。

(2) 激励薪酬有可能导致员工之间或者员工群体之间的竞争，而这种竞争可能不利于组织创造良好的人际关系，导致组织的氛围比较紧张，从而影响组织的整体利益。

(3) 激励薪酬实际上是一种工作加速器，有时员工收入的增加会导致组织出台更为苛刻的产出标准，这样就会破坏组织和员工之间的心理契约。

(4) 绩效奖励公式有时非常复杂，员工可能难以理解。

(二) 激励薪酬的实施要点

在市场经济条件下，激励薪酬将激励员工和节约成本的作用发挥得较好，使越来越多的组织予以使用。激励薪酬的实施过程必须谨慎，具体要点如下。

第一，组织必须认识到，激励薪酬只是组织整体薪酬体系中的一个重要组成部分，尽管它对于激励员工的行为和绩效具有重要的作用，但是不能取代其他薪酬计划。

第二，必须对那些圆满完成组织绩效或行为与组织目标一致的员工给予回报，必须与组织的战略目标及其文化和价值观保持一致，并且与其他经营活动相协调。

第三，要想实施激励薪酬，组织必须首先建立有效的绩效管理体系。激励薪酬以员工个人、群体甚至组织整体的业绩作为奖励支付的基础，因此需要建立一个公平合理、准确完善的绩效评价系统。

第四，有效的激励薪酬必须在绩效和奖励之间建立紧密的联系，这是因为无论组织的目标多么清晰，绩效评价多么准确，反馈多么富有成效，如果它与报酬之间不存在联系，绩效也不会达到最大化。

第五，激励薪酬必须获得有效沟通战略的支持。既然激励薪酬要求员工能够承担一定的风险，那就要求组织能够及时为员工提供正确地作出决策所需要的各种信息。

第六，激励薪酬需要保持一定的动态性，过去取得成功的激励薪酬现在并不一定依然成功，而经常是要么需要重新设计新的激励薪酬，要么需要对原有的激励薪酬进行较大的修改和补充。

第四节　员工福利管理

员工福利是组织基于雇佣关系，依据国家的强制性法令及相关规定，以组织自身的支付为依托，向员工所提供的用以改善其本人和家庭生活质量的各种以非货币工资的支付形式为主的补充性报酬与服务。

一、员工福利管理的特点

第一，实物或延期支付的形式。基本薪酬和激励薪酬往往采取货币支付和现期支付的方式，而福利多采取实物支付或延期支付的形式。

第二，固定性。基本薪酬和激励薪酬具备一定的可变性，与员工个人直接相连；而福利则比较固定，一般不会因为工作绩效的好坏而在福利的享受上存在差异。

第三，均等性。组织内部的福利对于员工而言具有一视同仁的特点，履行了劳动义务的组织员工，都有享有组织各种福利的平等权利，不会因为职位层级的高低而有所差别。但均等性是针对一般福利而言的，对一些高层次的福利，许多组织还是采取了差别对待的方式，例如对高层管理人员的专车配备等。

第四，集体性。福利主要是通过集体消费或使用公共物品等方式让员工享有。集体消费主要体现在通过集体购买和集体分发的方式为员工提供一些生活用品。

二、员工福利管理的作用

第一，员工福利对组织的作用。从表面上来看，对于组织来说支付福利费用是一种成本支出，但事实并非如此，科学合理的福利制度为组织带来的实际收益是远高于同等数量的基本薪酬所产生的收益的。员工福利对于现代组织的意义主要体现在三点：①大多数员工是属于规避风险型的，他们追求稳定，而与直接薪酬相比，福利的稳定性更强，因此福利更能够吸引和保留员工；②福利可以满足员工心理需求并使其获得较高的工作满意度，具有较强的激励作用，能有效地提高员工绩效，实现组织的战略目标；③组织可以享受优惠税收政策，提高成本支出的有效性。

第二，员工福利对员工的作用。许多员工在选择工作的时候比较重视组织所能提供的福利待遇，原因不仅仅在于福利待遇构成了总薪酬的一个部分，更在于福利可以满足员工的多种需求。具体来说，福利对员工的作用可体现在以下方面。一是增加员工的收入。在员工的总薪酬中，有的组织福利占 30% 左右。另外，福利对于员工而言是一种保障性的收入，不会因为员工个人绩效不佳而减少。二是满足员工的平等和归属需要。福利具有均等性，能让员工感受到公平和组织对他们的重视，从而获得归属感和尊重感。三是通过集体购买让员工获得更多的优惠。集体购买产生规模效益，具有价格上的优惠。四是满足员工多样化的需求。员工福利的形式多种多样，既可以是实物也可以是服务，多样化的福利形式能够满足员工多样化的需求。

第八章　职业生涯规划与管理

职业生涯规划与管理是一个持续的过程，需要个人不断地评估自己的兴趣、能力和价值观，并与职业市场的需求相匹配。通过合理的职业生涯规划与管理，个人可以更好地应对职业挑战，实现自己的职业目标，并提高自我满意度和幸福感。因此，职业生涯规划与管理具有重要的意义和价值。基于此，本章论述职业生涯规划与管理及其理论指导、员工职业生涯规划、组织职业生涯管理。

第一节　职业生涯规划与管理概述

职业生涯规划与管理是组织人力资源管理的重要组成部分，也是组织人力资源管理的基础性工作，它充分体现了“人本管理”的思想。职业生涯规划与管理无论对于组织还是个人而言，都是至关重要的。从这个意义层面，充分了解和掌握职业生涯规划与管理的相关知识，既是组织实施“以人为本”、做好人力资源管理工作的需要，也是员工自身职业发展的需要。

职业是指从业人员参与社会分工，利用专门的知识和技能，在为社会创造物质财富和精神财富的同时，为满足自身的物质需求和精神需求而从事的社会性工作类别[①]。职业不同于工作，职业问题也不是简单的工作问题。对于个体而言，职业意味着个体将为之不懈奋斗的目标。职业是一个人的安身立命之本、成就自我之途，选择了一种职业，就意味着选择了一种生活方式、选择了一种人生状态。

职业生涯是指个体一生的工作经历，特别是职业、职位的变动及工作理想实现的整个过程。职业生涯是一个人一生工作经历中所包括的一系列活

① 黄攸立．人力资源管理 [M]. 合肥：中国科学技术大学出版社，2015：487.

动和行为，特别是指职业定位、职业寻求、职业变动及其他职业理想实现的过程。概言之，职业生涯有四个方面的含义。①职业生涯只表示个体一生所从事的各种职业和工作岗位的整个经历，它本身并不包含着成功或者失败，也没有进步快慢的含义。②职业生涯由行为活动与态度价值观两个方面组成。个体在工作期间进行的各种活动和表现的各种行为的连续体构成了职业生涯的客观特征；个体的价值观、态度、需要、动机、气质、能力、发展趋向等代表了个体职业生涯的主观特征。③职业生涯是一个过程，是个体一生中所有与工作相关的连续经历，而不仅仅是指某一个工作阶段。职业生涯受各种因素的影响，如个体对自己终生职业的设想和计划、组织的需要与未来的发展前景、客观环境的变化等都会对职业生涯有所影响。

一、职业生涯规划

职业生涯规划是指个体根据自身的情况与所处的环境，确立职业目标并采取行动实现职业目标的过程。在这个过程中，人们通常是在对各方面因素综合权衡后，逐渐选择适合自己特点的职业和具体的工作岗位，并确定特定的职业期望，形成相应的职业行为。在职业发展的过程中，如果个体没有实现预期的职业目标，就会调整原来的设想，改变自己的行为方式或期望值。

（一）职业生涯规划的类型

按照时间的长短来分类，可以将职业生涯规划分为人生规划、长期规划、中期规划与短期规划四种类型。

第一，人生规划是人生的整个职业生涯的规划，时间长至30～40年，设定整个人生的职业发展途径和目标。

第二，长期规划的时间为10～20年，主要设定较长远的目标与任务。

第三，中期规划一般为5～10年的目标与任务。例如，规划到不同业务部门做经理，规划从大型公司部门经理到小公司做总经理等。

第四，短期规划为3～5年的规划，主要是确定近期目标，规划近期完成的任务。例如，对专业知识的学习、掌握晋升所必需的业务知识等。

一个切合实际的职业生涯规划将有助于个体明晰自我，明确人生奋斗

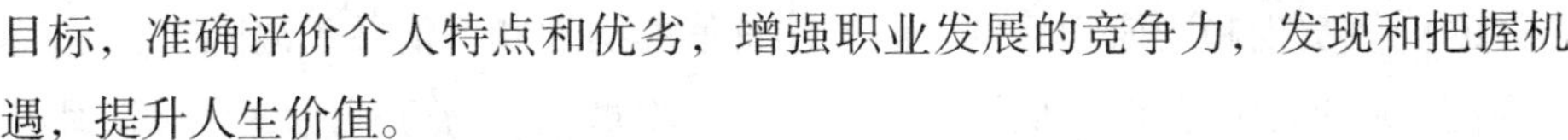

目标，准确评价个人特点和优劣，增强职业发展的竞争力，发现和把握机遇，提升人生价值。

（二）职业生涯规划的特性

职业生涯规划是由员工自己规划和设计的，包含确定职业目标、实施措施和实现目标等一系列过程，具有明显的个性化特点。概括而言，职业生涯规划具有以下三个方面的特性。

第一，可行性。职业生涯规划是立足于现实、以自身条件和所处环境为依据的行动，否则将会影响职业生涯的发展。

第二，适时性。职业生涯规划是预测和规划未来的职业发展目标，但在实现目标的行动中，各项主要活动何时实施、何时完成，都应有时序上的妥善安排，并可作为检查行动的依据。

第三，适应性。职业生涯规划所提出的职业目标能否实现，往往受到多种因素的影响，如自身理念和条件变化、组织环境和社会环境的变化等，因此职业生涯规划要有一定的弹性，以增加其适应性。

二、职业生涯管理

职业生涯管理是指组织帮助员工制订其职业生涯规划并帮助其职业发展的一系列活动。具体而言，职业生涯管理是组织根据自身发展的需要，通过分析和评价员工的能力、兴趣和价值观等，确定员工与组织都能接受的职业发展目标，并通过培训、工作轮换、丰富工作经验等一系列措施，帮助员工逐步实现其职业生涯目标的过程。

职业生涯管理强调的是组织对员工职业生涯的引导和帮助。因此，组织要实现有效的职业生涯管理，就必须充分地理解和尊重员工在其职业发展中的自主性和能动性，清楚地认识和了解员工的职业生涯规划及其所处的职业生涯发展的不同阶段，为员工在不同的职业发展阶段的成长提供帮助和支持。一般而言，职业生涯管理具有以下几个特征。

（一）职业生涯管理是组织行为

职业生涯管理不同于个体的职业生涯规划，个体的职业生涯规划是以个体的价值实现和增值为目的，而个体价值的实现和增值并不局限于特定组织内部；职业生涯管理是从组织角度出发，将员工视为可开发增值而非固定不变的资本，通过帮助员工实现其职业生涯目标，谋求组织的可持续发展。职业生涯管理带有一定的引导性和功利性，主要是通过帮助员工完成自我评估和自我定位，鼓励员工把职业生涯目标与组织的发展战略目标紧密地结合起来，尽可能多地提供机会和资源，帮助员工克服完成在工作目标过程中遇到的困难和挫折，使员工在实现自己职业生涯目标的同时，也满足组织可持续发展的需要。由于职业生涯管理是由组织发起的，通常由人力资源部门负责，所以又具有较强的专业性和系统性。

（二）职业生涯管理具有形式多样性

职业生涯管理贯穿于从新员工招聘进入组织开始，直至员工流向其他组织或退休而离开组织的全过程，涉及员工职业活动的各个方面。凡是组织为员工提供的职业活动方面的帮助，均可列入职业生涯管理中。其中，既包括针对员工个体的，如各类培训、职业咨询、绩效考核以及为员工自发地扩充技能或提高学历的学习给予便利等；也包括组织内部建立的诸多人事政策和措施，如规范职业评议制度、建立和执行有效的内部升迁制度等。

第二节　职业生涯规划与管理的理论指导

一、前职业生涯理论

前职业生涯理论又称人职匹配理论，这一理论主要是把参加工作前的个体条件作为研究重点，认为一个人在就职前的个性特征基本决定了其适合什么样的职业。在这一思想的指导下，前职业生涯理论热衷于研究预测怎样的个体特征更适合于从事何种职业，其代表理论有帕森斯的特质—因素理论、霍兰德的人格类型理论等。

（一）特质—因素理论

特质—因素理论是关于人的个性特征与职业性质一致的理论，是最早的职业选择与职业指导的经典理论之一。该理论的渊源可追溯到18世纪心理学的研究，直接建立在美国波士顿大学帕森斯教授1909年在其《选择一个职业》著作中提出的关于职业指导三要素思想之上，由美国职业心理学家威廉斯发展而形成。

1. 特质—因素理论的内容

特质—因素理论认为，每个人都有自己独特的人格模式，不同人格模式的个体都有其相适应的职业类型。所谓“特质”，是指个体的人格特质，包括能力、兴趣、价值观和人格倾向等，人格特质是可以通过心理测量工具来加以测评的；所谓“因素”，是指在所从事的职业或工作上要取得成功所必需的条件或资格，这种条件或资格是可以通过对工作的分析加以了解的。

特质—因素理论强调的是人格特质与职业性质的一致性，重视特质与因素的匹配。一般而言，特质与因素的匹配分为两种类型：一种是特质匹配，即具有某些特质的人与需要某些特质的职业相匹配，如具有敏感、易动感情、不守常规、个性强、理想主义等人格特性的人，宜于从事审美性、自我情感表达的艺术创作类的职业；另一种是因素匹配，即掌握某种专门技术和专业知识的择业者与需要某种专门技术和专业知识的职位相匹配，如具有计算机方面的专门技术和专业知识的电脑工程师与IT业的职位就具有较好的匹配性。

要实现特质与因素的有效匹配，特质—因素理论主张在职业指导中要遵循职业设计的三要素模式：①清楚地了解自我，包括了解自己的价值观、资质、能力、兴趣、抱负、资源、自身局限性和其他特质等；②了解各种职业获得成功所必备的知识和条件，包括了解自己在各种不同职业或工作岗位的优势、劣势、机会和前景以及个体适应工作要求的可能性等；③上述二者的平衡，特质—因素理论的核心是人与职业的匹配，个体选择的职业既要考虑符合自身的人格特质，也要关注在职业上取得成功的可能性。

特质—因素理论的三要素模式被认为是职业设计的至理名言，并得到了不断发展和完善，形成了职业选择和职业指导过程的三个步骤：第一步是人员分析，主要是评价个体的生理和心理特征；第二步是职业分析，主要是分析职业特征及其对从业者的要求；第三步是人职匹配，主要是个体在充分了解自身特征和职业要求的基础上，在职业指导者的帮助下，选择一项既适

合自身特征又有可能在职业发展中取得成功的职业。

2. 特质—因素理论的应用

特质—因素理论经久不衰，在职业选择中得到了广泛的应用。目前，人们比较关注的是职业兴趣、职业气质、职业性格、职业能力对职业选择的影响。

(1) 职业兴趣与职业选择。职业兴趣是指一个人对某种职业的积极态度，并表现出从事相关工作的愿望或倾向。职业兴趣直接影响个体对职业的选择及其相关活动，是一个人职业生涯的起点和原动力，可以促使人们对某种职业给予优先关注，并且具有向往从事某种职业的情感。例如，有的人志在求异创新，希望自己的工作绩效显而易见、出人意料，那么在选择职业时就会关注科技开发、产品设计、文学创作、艺术表演、美发美容等职业。

职业兴趣是以一定的人格特质为前提，在职业生涯实践过程中逐渐产生和发展起来的，它的形成和发展与个体的个性、自身能力、实践经历、客观环境和所处的历史条件等有着密切的关系。职业兴趣在职业选择中具有十分重要的意义，它是一种无形的力量，有助于人们对未来的职业活动做好准备，对正在进行的职业活动起着推动的作用，促进在职业活动中进行创造性的工作。一般而言，职业兴趣对一个人的职业发展具有至关重要的影响，如果个体所从事的职业与其职业兴趣相吻合，将促使个体全部才能的80%～90%得到发挥，并能长时间保持高效工作而不易疲劳；反之，个体只能发挥其全部才能的20%～30%，而且容易感到厌倦。

(2) 职业气质与职业选择。气质是指个体心理活动稳定的、不以人的活动目的和内容为转移的动力特征，它能反映一个人心理活动过程的速度、强度、稳定性、指向性和灵活性等。一个人的气质类型和气质特征是相对稳定的，但并不是一成不变的，它们具有稳定性和可塑性。气质是个性的生理基础，直接影响一个人的性格、兴趣、能力和活动效果。不同气质类型的人，对待同一件事情的态度和处理方法可能会迥然不同。

职业气质是指一个人对某种职业要求所具有的比较典型、稳定的心理特征。由于不同的职业具有不同的活动特征，因而需要从业者具有相应的职业气质；同理，不同职业气质的个体也需要选择与之相匹配的职业。现代心理学的研究把气质划分为四种类型，即胆汁质、多血质、黏液质和抑郁质。

第一，胆汁质的人精力旺盛，容易激动、暴躁、兴奋。他们能以极大的热情投入工作，主动克服工作中的困难，但如果对工作失去信心，情绪马上就会低落。最典型的特征是外向性、行动性和直觉性。胆汁质的人比较适宜从事记者、作家、图案设计师、实业家、导游、营销员等职业，不适合从事需要久坐室内、仔细检查、反复核对、深入研究等的职业。

第二，多血质的人对自己充满自信，有较强的活动能力，容易适应新环境。他们反应迅速、灵活，工作能力较强，情感丰富，并且表现明显。多血质的人比较适宜经商、计划、广告类职业，能够出色地胜任管理工作，如果有一个好的助手将可能成为一个成功的管理者。

第三，黏液质的人具有较强的自我克制能力，能埋头苦干、态度持重、不易分心。他们中的大多数人都能很好地利用协调性、积极性、社会性、感情稳定性等表现自己的才能，并发挥出卓越的能力。他们的从业范围比较广，不仅适宜从事学术研究、教育、科研、医师等职业，也可以活跃在政治、外交、商业、法律等职业领域。

第四，抑郁质的人感受性高，体验深刻，反应速度慢，相对刻板且不灵活。他们情感细腻，做事谨慎小心，观察力敏锐，善于察觉别人不易察觉的细小事物。抑郁质的人比较适宜从事事务管理人员、统计、工商管理、教育培训、文员、秘书、检查员、化验员、数据登记人员等工作。

需要注意的是，每种气质均有其优缺点，如胆汁质的人率直热情、精力旺盛，但比较鲁莽、易冲动、准确性差；多血质的人思维灵活、反应迅速、好交际、敏感，但易浮躁、不稳定；黏液质的人安静沉稳、自制忍耐，但反应缓慢、朝气不足；抑郁质的人细腻深刻、踏实细致，但多愁善感、孤僻迟缓。

在现实生活中，纯粹属于某一类型气质的人是很少的，大多数人的气质类型是属于混合型的。尽管气质没有好坏之分，但能影响一个人的工作效率，特别是在一些需要承受较大压力的职业中，气质不仅能影响工作效率，还关系到事业的成败。鉴于气质类型对职业生活的影响重大，所以在选择职业时，一定要注意个体的气质类型。

（3）职业性格与职业选择。职业性格是指一个人对某种职业要求所具有的稳定态度和相应行为方式的总和。每个人对待工作的态度和行为方式是不同的。例如，有的人对待工作总是一丝不苟、踏实认真；有的人在为人处世上总是表现出高度的原则性和规范性；有的人对待自己总是表现为谦虚、自信、严于律己等。职业性格不仅决定一个人的社会价值，影响一个人成就的高低，而且对一个人的职业选择也有很大的影响。

因此，择业者有必要了解自己的性格特点和不同职业对从业者性格的要求，在条件许可的情况下，尽可能地选择适合自身性格特点的职业，实现性格与职业的匹配，在职业发展中避免或少走弯路。职业性格类型的不同在工作态度和行为方式方面具有不同的表现特征，具体如下。

第一，变化型。喜欢工作内容经常有所变化，能够在新的或有挑战性的情境下愉快地工作，善于将注意力从一件事迅速地转移到另一件事情上去。

第二，重复型。喜欢连续不断地从事同一种工作，按照一个固定的模式或别人安排好的计划工作，适合从事重复的、有规则的、有标准的职业。

第三，服从型。喜欢配合别人或按照别人的指示去办事，愿意高度服从别人的指导，不愿意自己担负责任，不愿意自己独立作出决策。

第四，独立型。喜欢独立地制订自己的工作计划，按照自己的思维方式工作，乐于指导别人的活动，愿意承担责任，喜欢对将要发生的事情作出决定。

第五，协作型。喜欢与别人合作共事，并能从与他人协同工作中获得快乐，善于引导别人按照一定的规则办事，希望自己在合作中得到同事的赏识。

第六，劝服型。喜欢通过交谈或书面文字表达自己的想法，劝服别人接受自己的观点，对别人的反应具有较强的判断能力，并善于影响他人的态度、观点和判断。

第七，机智型。善于在高度紧张或压力较大的情境下很好地执行任务，在意外情况下能够镇定自若，工作出色；在出现差错时能够自我控制，应变能力强。

第八，自我表现型。性格比较张扬，喜欢表现自己，善于通过各种方式表现工作业绩，有时情感比较夸张。

第九，严谨型。喜欢注重细节的精确性，对工作过程中的各个环节都能做到尽善尽美，工作作风严谨，喜欢看到自己出色完成工作后的效果。

需要注意的是，职业性格分类更多的是一种理论分类，不是绝对的。在现实中，一个人往往在拥有某类性格特征的同时也兼有其他性格类型的一些特征。如果在择业中由于种种原因而选择了不能完全符合自己性格类型的职业，也不必悲观、失望，因为职业性格中的关键因素是性格的态度特征，只要从业态度端正，就可以在职业活动中逐步缩小性格与职业之间的差距。

（4）职业能力与职业选择。职业能力是指一个人能够胜任某种职业活动的多种能力的综合。职业能力是先天素质与后天环境共同作用的结果，与个体的实践活动具有紧密的关系。职业能力能够说明一个人在既定的职业领域是否能够胜任，也能够说明一个人在该职业领域取得成功的可能性。而完成某一种职业活动往往需要多种能力的组合。例如，教师只具有语言表达能力是不够的，还必须具有对教学活动的组织和管理能力，对教材和资料的理解、学习能力，对教学问题和教学效果的分析、判断能力等。

人的能力是有差异的，这种差异既来自先天遗传，也因后天环境如社会环境、受教育条件、从事的实践活动的不同而形成的，同时个人的主观努力程度也起着很重要的作用。一般而言，职业能力可以分为一般能力和特殊能力。

一般能力是指在不同类型职业活动中表现出来的共有的能力，是从事各种职业活动必不可少的，包括五大要素：注意力、观察力、记忆力、想象力和思维力。特殊能力是指从事某种特殊职业活动所必需的能力，比如企业家对市场反应的敏锐力和整合资源的组织协调力，画家对色彩的鉴别力和形象记忆力等。

不同的职业要求从业者具有不同的职业能力，而职业选择一旦确定，由于职业活动实践的性质不同，实践的广度和深度不同，从业者的各种能力尤其是特殊能力又会在社会实践活动中不断积累和提升。如长期从事管理工作的人，组织领导的能力会得到发展，他们善于觉察员工的情绪和思想动向，善于处理各种人际关系，善于在复杂的情况下作出科学的决策。

因此，在进行职业选择时，要根据自身的一般能力和特殊能力的强项来选择相应的职业，尽量将自身的能力与职业需要的能力匹配起来，这将有助于个体在就业后较快地适应职业需要并尽快成为职业能手。如果出于种种原因选择了与自身能力不相符合的职业，也不必对所从事的职业失去信心，因为职业能力也是可以在社会实践中逐步发展起来的，尤其是特殊能力只有在特定的职业活动中才能逐步增强。

(二) 人格类型理论

霍兰德的人格类型理论认为，职业选择是个体人格的延伸，人们普遍倾向于选择那些与个体特质相匹配的职业，这样个体才能很好地适应工作，并且使个体和社会同时受益。

1. 人格类型理论的内容

人格类型理论描述了六种人格类型和与之相适应的职业环境类型，具体如下。

(1) 实际型，具有这类人格特质者的共同特点是动手能力强，偏好于具体任务，不善言辞，缺乏社交能力等。其典型的职业类型是技术型、技能型职业，如电脑工程师、电工、机械操作工、修理工等。

(2) 研究型，具有这类人格特质者的共同特点是抽象思维能力强，喜欢思考并善于思考，独立性强，富有创造性等。其典型的职业类型包括科学研究人员、教师、医生等。

(3) 艺术型，具有这类人格特质者的共同特点是富有创造力、具有很强的自我表现欲望、想象力丰富、情绪化、冲动、理想主义等。其典型的职业类型包括音乐家、作家、画家、诗人、工艺设计师、文艺工作者等。

(4) 社会型，具有这类人格特质者的共同特点是喜欢与人交往、善于言谈、关心社会问题、具有团队合作精神、渴望发挥自己的社会作用等。其典型的职业类型包括教育工作者、社会活动者、外交官、律师、咨询工作人员和公关人员等。

(5) 企业型，具有这种人格特质者的共同特点是追求权力、具有很强的领导才能和说服能力、自信乐观、精力充沛等。其典型的职业类型包括企业经理、律师、政府官员、销售人员等。

(6) 传统型，具有这类人格特质者的共同特点是尊重权威与规章、循规蹈矩、喜欢按计划办事、有较高的自我控制能力、重视细节、较为谨慎和保守等。其典型的职业类型包括文职人员、会计、出纳、图书管理员等。

2. 人格类型理论的应用

根据霍兰德的人格类型理论，在职业决策中最理想的是个体能够找到与其人格类型重合的职业环境。一个人在与其人格类型相一致的环境中工作，容易得到乐趣和内在满足，也最有可能充分发挥自己的才能。因此，在职业选择与职业指导中，先要通过一定的测评手段与方法来确定个体的人格类型，然后寻找到与之相匹配的职业种类。为了确定个体的人格类型，就需要借助一定的人才测评手段与方法。

需要注意的是，个体是由多种个性特质组合而成的结合体，大多数人可能同时具备以上六种基本个性类型中的几种类型的某些个性特质，如一个人可能既具有社会型的人格特质，又具有艺术型的人格特质。一个人所具有的多种个性类型相容性越高，他在选择职业时所面临的冲突和犹豫也就越少，也更容易发挥个人的能力和潜力，在相关的职业范围内也更容易取得更好的成绩。

霍兰德的六种人格类型并非彼此独立的，在这些人格类型之间，彼此存在着重要的相关性。从霍兰德职业选择图（图 8-1）的人格类型六角形中可以看出，相关程度较高的职业类型是相邻关系，之后是相隔关系，那些极不相关的则是位于六角形中对角线位置的相对关系。例如，实际型与研究型和传统型相关性较强，而与社会型相关性很弱。

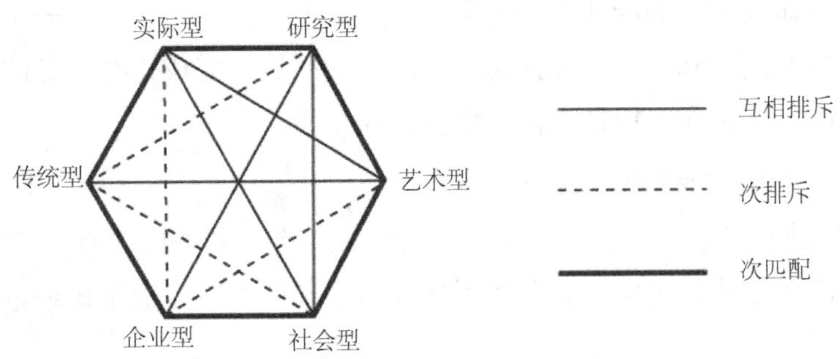

图 8-1　霍兰德职业选择

通常而言，人们倾向于选择与个性特质相匹配的职业环境。但在现实生活中，由于个体本身是诸多个性特质的结合体，而且影响职业选择与发展的因素是不确定且多方面的，所以在选择职业时人们不可能完全依据自己的人格类型，还必须考虑社会的职业需求和获得职业的现实可能性等因素。因此，个体的职业选择与其职业爱好经常是难以完全对应的。现实中，个体可能会向环境不断地妥协，需要经历一个与工作环境相适应的过程。但如果个体寻找的职业环境与人格类型完全背离，那么工作起来可能难以适应，或者得不到工作中的快乐。因此，在难以实现人格类型与职业环境完全对应的情况下，选择与之相邻的职业环境不失为一种明智的选择。

二、后职业生涯理论

由于前职业生涯理论（人职匹配理论）忽视了个体的主动适应性和自我调节能力，局限于个体职业前的特征来预测职业后的行为，于是便兴起了后职业生涯理论。后职业生涯理论关注的是个体在进入职场后所表现出来的更为丰富的职业发展与变化，其主要分支有职业发展阶段理论、沙因的职业圆锥体模型。

（一）职业发展阶段理论

职业发展阶段的划分是职业生涯规划的重要组成部分，引起了许多专家和学者的关注。萨柏、金斯伯格、格林豪斯、利文森、汤姆森、施恩等理论大师都对职业生涯发展的过程进行了专门的研究，在建立和推动职业生涯发展阶段理论方面成绩斐然，形成了各自的理论体系。这些理论的主要特点是将个体生命周期中的职业生涯划分为不同的发展阶段，假设每一个阶段都有自己独特的问题和任务，并提出了解决这些问题、完成这些任务的方法与对策。其中，代表性人物是萨帕和格林豪斯。

1. 萨帕的职业发展阶段理论

萨帕是职业发展研究领域最具权威性的人物，萨帕的个体一生的完整职业发展阶段模式，是他对职业发展研究最主要的贡献，也是该理论最有影响的部分。

（1）成长阶段（0～14岁）。成长阶段时期由于受家庭和学校中关键人物的影响，个体的自我概念逐渐发展起来。在这个阶段的早期，个人欲望和幻想占主要地位，随着参与社会和了解现实的增加，兴趣和能力也变得更加重要。成长阶段的主要任务是逐渐认识自己是怎样的人，同时对工作和工作的意义有了初步的理解。萨帕把成长阶段进一步细分为幻想期、兴趣期和能力期。

第一，幻想期（4～10岁）。这一时期个体职业的概念尚未形成，需要占统治地位，对职业的认识只是根据身边人的职业情况和一些故事中的人物，在幻想中扮演自己喜爱的角色，空想将来要从事的某种职业。

第二，兴趣期（11～12岁）。这一时期个体对于职业的认识主要依据个人的兴趣，喜好成为职业期望和活动的主要因素，并不考虑自身的能力和社会的需要，明显带有理想主义色彩。

第三，能力期（13～14岁）。这一时期个体开始更多地考虑自己的能力以及工作的要求，不仅从兴趣出发，而且注意到能力在职业生涯中的重要性，开始注重培养自己某方面的能力，以便为将来的职业作准备。

(2) 探索阶段（15～24岁）。探索阶段时期个体开始通过学校学习、业余活动和部分时间工作进行自我考察、角色鉴定和职业探索。探索阶段是人生道路上非常重要的转变时期，它可以进一步分为尝试期、过渡期和试行期。

第一，尝试期（15～17岁）。这一时期个体对需要、兴趣、能力、价值观以及就业机会等因素都有所考虑，并通过幻想、讨论、课外工作等方式进行尝试性选择，提炼出可能合适的工作领域和工作层次。尝试期的主要任务是明确一种职业偏好。

第二，过渡期（18～21岁）。这一时期个体接受专门教育训练和进入劳动力市场，开始正式选择职业，更多地考虑现实并试图补充对自我认识的看法，在现实和环境中寻求“自我”的实现。过渡期的主要任务是明确一种职业倾向。

第三，试行期（22～24岁）。这一时期个体已经发现一个大体上适合自己的职业，开始步入职场并试图把它作为可能的终生职业。如果第一份工作不合适，还会重新进行选择，从而确定并实现某种职业倾向。试行期的主要任务是实现一种职业倾向。

(3) 确立阶段（25～44岁）。确立阶段时期个体进入职业以后发现了真正适合自己的领域，并努力试图使其成为自己的永久职业。以后主要是在职位、工作和单位等方面的变化，而不是职业的变化。确立阶段的主要任务是发现自己所希望的工作机会，学会与他人相处，巩固已有的地位并力争提升，这一阶段可以进一步分为承诺期和提升期。

第一，承诺期（25 ~ 30 岁）。这是确立阶段的初期，个体在所选择的职业中安顿下来，开始在一些岗位上“试验”，如果岗位不合适还可能改选其他职业。目前，很多大学生刚工作就不断地“跳槽”，就是在不断地“试验”，寻找最适合自己的职业。

第二，提升期（31 ~ 44 岁）。对大多数人而言，这是一个富有创造性的时期。经过工作岗位上的“试验”，个体最终找到适合自己的岗位，开始充分发挥自己的才能，在工作中作出最好的成绩，争取得到提升。

（4）维持阶段（45 ~ 64 岁）。由于在工作领域中已经取得了一定成就和地位，个体更多考虑的是维持现状，保住现有的职业位置，只有极少数人会冒险探索新领域，寻求新的发展。维持阶段的主要任务是接受自己的局限性，鉴定需要解决的新问题，开发新的技能，集中于最重要的活动，维持已获得的地位并努力增进，在一个永久职位上稳定下来。

（5）衰退阶段（65 岁以上）。随着体力和脑力的逐步衰退，工作活动的变动也将停止。个体必须发展新的角色，从有选择地参与到完全退出工作领域成为一个旁观者。由于退休，个体必须找到满意感的其他来源。衰退阶段的主要任务是开发非职业性角色，做自己一直想做的事情，减少工作时间。

总而言之，职业发展阶段理论假设个体生命的发展阶段和职业的发展阶段是高度相关的，所以年龄是划分职业生涯发展阶段的一个重要依据。职业生涯的发展常常伴随着年龄的增长而变化，尽管每个人从事的具体职业各不相同，但在相同的年龄阶段往往表现出大致相同的职业特征、职业需求和职业发展任务。因此，一个人的职业生涯是可以按照年龄划分为不同的阶段的。个体职业生涯发展的各个阶段可以通过专业人士的指导加以改善，这里既包括培养个体的职业才能与职业兴趣，使个体达到成熟，也包括帮助个体在职业选择上的试选择和帮助个体的自我概念的发展。需要注意的是，以年龄对职业生涯发展阶段的划分，只是一个大概的区间而不是一个绝对的标准。人生经历的多样性和环境的变化无常，可能使每个人的职业生涯发展遭遇许多十分独特的情境，因此不能简单地去套用这些理论。

2. 格林豪斯的职业发展阶段理论

美国心理学博士格林豪斯的研究侧重于不同年龄段职业生涯所面临的主要任务，并以此为依据将职业生涯划分为五个阶段。

(1) 职业准备阶段。典型年龄段为 0 ~ 18 岁，其主要任务是发展职业想象力，对职业进行评估和选择，接受必要的职业教育，其主要目标是建立起个人职业的最初方向。

(2) 进入组织阶段。18 ~ 25 岁为进入组织阶段，其主要任务是在一个理想的组织中获得一份工作，在充分掌握必要信息的基础上，尽量选择一种合适而又较为满意的职业。其中，个体所获得信息的数量和质量及其所处的环境将影响职业的选择。

(3) 职业生涯初期。典型年龄段是 25 ~ 40 岁，其主要任务是学习职业技术，提高工作能力，了解和学习组织纪律和规范，逐步适应职业工作并融入组织。其主要目标是为未来职业成功做好准备。

(4) 职业生涯中期。典型年龄段是 40 ~ 55 岁，其主要任务是对早期职业生涯重新评估，强化或转变自己的职业理想，主要目标是选定职业，努力工作，有所成就。

(5) 职业生涯后期。从 55 岁至退休这一年龄段为职业生涯后期，其主要任务是继续保持已有的职业成就，维持自尊，准备隐退，主要目标是在人生的职场上有一个圆满的结果。

(二) 沙因的职业圆锥体模型

美国管理学家沙因的关于职业发展的职业圆锥体模型，描绘了个体在组织中的发展路线。沙因的职业圆锥体模型认为，在一个组织内部，为了使员工获得成功的职业生涯，组织可以向员工提供三种发展途径：垂直的、向内的和水平的发展通道。

第一，垂直的发展通道。垂直的发展通道即在组织内部的职位序列中逐步升迁。对于大多数人而言，能否在组织内部的职位序列中晋升是评判员工成功与否的普遍标准。因此，组织内部设计有纵向上升通道，当员工达到一定职位所需要的条件，如能力、素质、绩效等以后，员工可以从下一层职位上升到上一层职位，这是目前组织普遍运用的职业发展通道。大多数的专业技术人员、行政管理者等属于这种类型。

第二，向内的发展通道。向内的发展通道即向核心集团靠拢，这种职业发展通道并不一定伴随职位的升迁，但可能带来职位的变动。其前提是要求员工用实际行动证明自己对组织的忠诚度，即对于组织而言是可以信赖的，并愿意献身于组织。一般而言，组织内部的职位越高，越是处于核心地位，能够得到组织内部秘密消息的渠道也就越多，处于高层的管理人员也需要有大量的消息来帮助决策。向核心集团靠拢的员工能分享上司或者是有关组织的越来越重要的秘密，从而成为决策核心集团中的人物，而且向核心集团靠拢的职业发展通道往往也会给员工带来职位的升迁或头衔的改变。领导秘书、经理助理等多属于这种类型。

第三，水平的发展通道。水平的发展通道即在组织内部不同的功能部门之间轮换，也就是通常所言的轮岗。员工在职业发展的某段时间内，并没有明显的职位上的晋升，而是在同一级别的不同职位之间水平移动，这样可以更好地了解组织内部各职能部门的运作情况和管理要求，同时也创造了一些新的学习机会，丰富了员工的经历，培养了员工的适应能力。广泛的工作经历和较好的适应能力以及完善的管理技能是实现晋升不可多得的财富。一般来说，获得轮岗机会的管理人员将是组织未来的中层甚至是高层管理人员的合适人选。管理人员的发展多属于这种类型。

第三节　员工职业生涯规划

员工的职业生涯规划相当于个体经营人生的战略，包括设立人生的职业目标以及设计一系列如何达成这些目标的途径。个体要想在人生的舞台上充分演绎自身的价值，就必须运用科学、有效的方法和工具为自己的人生设定合理、可行的职业发展战略。

一、员工职业生涯规划的重要意义

员工职业生涯规划是个体根据自身的主观条件和客观环境确立职业生涯发展目标，选择实现这一目标的职业，以及制订相应的工作、培训和教育计划，并按照一定的时间安排采取必要的行动来实施职业生涯目标的过程。在这一过程中，组织的重视和参与对组织、对员工个体都具有十分重要的意义。

对员工而言，职业生涯规划的目的是帮助员工真正地了解自己，准确评价自己和确定职业方向，强化把握环境和困难控制能力，在深入分析、衡量内在条件和外在环境的优势、限制的基础上，充分开发自身的潜能，实现自我价值的不断提升和超越。

对组织而言，通过帮助员工制订职业生涯规划，可以更加深刻地了解员工的兴趣、愿望、理想；可以根据具体情况来安排员工的培训，适时地采用各种方法引导员工进入组织的相关工作领域，从而有效地把员工个人目标与组织目标更好地结合起来，在协助员工达到和实现个人目标的同时实现组织目标；防止员工因为目标偏离而产生的失落感和挫折感，有利于组织人力资源水平的稳定和提高。

二、员工职业生涯规划的制订原则

制订一个合适的职业生涯规划，必须遵循符合个体的自身特点、组织的发展需要和社会的发展态势这个总原则。具体而言，员工职业生涯规划的制订应当遵循以下原则。

（一）目标一致性原则

员工职业生涯规划的发展目标必须与组织的发展目标保持一致。个体是在一定的组织环境与社会环境中学习和发展的，职业能力的发展和应用也离不开一定的组织。因此，要处理好个人发展和组织发展的关系，寻找个人发展与组织发展的结合点，把个人发展目标与组织发展目标有机结合起来。离开了组织目标，便没有个人职业的发展，甚至难以在组织中立足。因此，个体必须接受组织的现实，认同组织的愿景和价值观念，自觉地把个人的价值观、知识和努力集中于组织的需要和发展目标上来，积极、主动地与组织沟通，争取获得组织的指导与帮助。否则，员工的职业生涯规划将成为无源之水。

（二）自身可行性原则

准确的自我认识和自我评价，是制订个人职业生涯规划的前提。个体的职业生涯能够成功发展的核心，就在于其所从事的职业要求正是自己的擅长所在。因此，在制订职业生涯规划时，要清醒地认识到自己的价值取向是怎样的，希望给自己确定一条怎样的人生道路和生活方式，自己的人格特质（如个人素质、性格、爱好、兴趣和专长等）、拥有的知识和技能水平与目标职业的适应程度等。如果我们所从事的职业或工作既是自己所擅长的，又是自己所喜欢的，那么我们将在工作中体验到更多的快乐，从而在快乐中工作，这是职业生涯规划的核心所在。

（三）发展可持续性原则

职业生涯规划的发展目标要有一定的挑战性和可持续发展性。职业生涯规划的发展目标不是一个阶段性的目标，而是一种可以贯穿自身整个职业生涯的愿景展望。如果职业发展目标过于短浅，同时又缺乏一定的挑战性，这不仅会抑制个人奋斗的激情，而且不利于自身的长远发展。所以，职业生涯规划必须有可持续发展性，实施规划要付出一定的努力，成功之后才能有较大的成就感。

第四节　组织职业生涯管理

一、组织职业生涯管理的作用

组织的职业生涯管理对员工和组织都有十分重要的作用。尤其对于员工而言，其职业的发展离不开组织的帮助。组织职业生涯管理的作用具体如下。

（一）员工层面的作用

职业生涯管理对员工的作用主要体现在以下三个方面。

第一，有助于促进员工的成长。职业生涯管理能够帮助员工正确地认识和评估自己，充分认识到自身的兴趣、价值观、优势和不足，从而根据组织提供的有关工作机会与条件，寻找到最适合自己的工作，避免因为认识上的偏差和信息不对称而产生盲目性，促进员工的成长和发展。

第二，有助于员工个人价值的提高。职业生涯管理能够促进员工按照自身的职业生涯规划，主动融入组织，接受组织的相关知识技能培训，提升环境把握和困难控制能力；同时，作为员工自主开发精神资源的有效方式，职业生涯管理还可以很好地激励员工进行自我学习和完善，充分开发自己的潜能，实现自我价值的不断提升和超越，自我认同感和社会认同感也会有所加强。

第三，有助于及时纠正员工与组织在目标上出现的偏差。职业生涯管理能够帮助员工把个人目标与组织目标有机统一起来，构成个人价值与组织目标的统一体，减少二者之间的冲突和摩擦，有助于提高员工工作士气和满意度，使员工在实现组织目标的同时也满足了自身价值的需要，避免员工工作主动性、积极性等因素的丧失。

(二) 组织层面的作用

职业生涯管理对组织的作用主要体现在以下三个方面。

第一，有助于提高员工的忠诚度。职业生涯管理可以强化员工与组织间的心理契约。心理契约是指组织和员工彼此所抱有的隐性期望，是存在于组织与员工之间的隐性契约，其核心是员工满意度，它比有形的经济契约更能激励员工的行为，增强员工对组织的向心力和认同感。一般而言，组织职业生涯管理对员工的组织承诺、工作绩效和职业满意度等具有重要的、积极的影响。

第二，有助于吸引人才、留住人才。职业生涯管理可以使员工了解自己所在组织的发展战略，组织在充分考虑员工的个人需要、兴趣、特点以及发展目标的前提下，通过帮助员工规划个人职业生涯，把员工的职业发展纳入组织管理的范畴，有效地整合人才，把合适的人才放在合适的位置做合适的工作。

第三，有助于组织人力资源使用效率的提高。组织对员工职业生涯的管理是人力资源开发的重要内容，其目的在于把员工的个人需要与组织的需要统一起来，使组织了解员工的需求，减少培训开发的盲目性；使员工在组织发展中看到自身发展的希望，从而培养和提高员工的组织归属感，并最大限度地调动员工的积极性；有效地将这些培养的员工留在组织中，并积极地为组织的发展作出贡献，达到双赢的目的。

二、组织职业生涯管理的原则

（一）互动性原则

职业生涯管理是组织发起、员工参与的管理活动，在职业生涯管理中组织与员工是相互依存、相互作用、共同发展的命运共同体，因此必须坚持互动性原则。组织要根据员工的个性特征给予必要的职业生涯规划与指导，为员工的职业生涯发展提供合适的通道，进行必要的培训或提供成长的条件和机会；员工个人要关注组织的发展战略，接受组织的价值观，要不断学习，提高自己的专业能力和综合素养，以满足组织发展的需要。

（二）动态性原则

职业生涯管理的对象是员工的职业生涯，而个体的职业生涯是一个长期的、动态的过程。职业发展阶段理论的突出表现就是将个体的一生分为若干个职业阶段，每一个个体在不同阶段都有着不同的心理状态和行为能力，希望实现的职业目标也是不同的。因此，组织的职业生涯管理要坚持动态原则，根据不同员工在不同阶段所表现出来的特点采取相应的措施，使职业生涯管理的各项政策和措施伴随员工的成长和企业环境的变化而不断进行更新。

（三）利益结合原则

利益结合原则强调的是个人发展、组织发展和社会发展相结合的原则。职业生涯管理的最终目标是要通过帮助员工的职业发展，实现组织持续发展的目标；还要在帮助员工职业生涯发展的同时，鼓励员工将自己的聪明才智奉献给社会。组织目标要服从社会需要，员工发展也要服从组织发展的需要，三者相互依存。

第九章　员工激励与团队管理

员工激励和团队管理是组织管理中的两个重要方面，它们对于提高员工表现和团队效能至关重要。本章重点探讨员工激励管理、员工沟通管理、团队管理与优化。

第一节　员工激励管理

人力资源作为现代组织的一种战略性资源，已经成为组织发展的关键因素。对人力资源的有效管理，往往关系到一个组织的生存和可持续发展的问题。而在人力资源的管理中，又以员工激励最为关键。通过激励来调动员工的积极性，进而最大限度地发掘员工的潜能，以实现组织所期望的最佳目标，已经成为组织人力资源管理的一项重要任务。

“激励”一词是心理学上的术语，是指激发人的行为动机的心理过程，即通过某种因素的刺激引发或增强个体产生行为的内在驱动力，这种内驱力能够使人们达到一种兴奋的状态，从而把刺激转化为人们的自觉行为。

员工激励就是正确诱导员工的工作动机，促使员工努力工作，使员工在实现组织目标的同时，满足自己的需要，并增加员工的满意度。在人力资源管理中，员工激励是管理者需要关注的重要内容之一，直接关系到能否把人力资源中最积极的、最具能动性的一面调动起来。一些组织人才外流的问题已经成为制约组织发展的重要因素之一。行为学认为，在当前人力资源可以自由流动的前提下，只有有效的激励制度才能吸引并留住真正的人才。

一、员工激励的分析

（一）员工激励的原则

1. 综合性原则

实施多样化激励能够产生更好的激励效果，使员工更好地为实现组织目标而努力，但是应该把握以下几个原则。

（1）物质激励与精神激励相结合的原则。对于调动员工的积极性而言，物质激励和精神激励都是必不可少的，二者分别满足员工对物质和精神的不同需求。但是这两种需求的层次和程度不是一成不变的，而是随客观情况的不同以及个体需求的差异呈现不同的需求。物质需求是人类最基本的需求，但层次也最低，所以物质激励是表面的，激励的深度有限。因此，随着生产力和人员素质的提高，应该把激励的重点转移到以满足较高层次需求的社交、自尊及自我实现的精神激励上来。物质激励是基础，而精神激励是根本，应当将二者恰当地结合在一起。

（2）正激励与负激励相结合，以正激励为主的原则。正激励和负激励之间存在着效应互补关系，因此只有把二者有效地结合起来才能形成一种良好的合力，真正发挥出激励的作用。正激励就是对员工符合组织目标的期望行为进行奖励，以使这种行为更多地出现。负激励就是对员工违背组织目标的非期望行为进行惩罚，以使这种行为不再发生。这两种激励都是必要并有效的激励方式，通过树立正面的榜样和反面的典型，可形成一种良好的风气，产生无声的压力，使整个群体和组织的行为更加积极和富有生气。但负激励有一定的消极作用，容易使员工产生挫折心理和行为，应该慎用。一般应以正激励为主，负激励为辅。同时，由于惩罚只是手段，目的则在于惩前毖后，改变行为者的行为方向，使其符合组织目标的需求，因此，即使在对某一个员工进行负激励时，也往往都应该伴随正激励的因素，即指明何种行为才是组织所需求的，并鼓励其向正确的方向前进。

（3）内激励与外激励相结合，以内激励为主的原则。根据赫茨伯格的双因素理论[①]，在激励中应当区分两种因素——激励因素和保健因素。凡是满足员工生存、安全和社交需求的因素都属于保健因素，其作用只是消除不满，但不会产生满意。例如，工资、奖金、福利和人际关系均属于创造工作环境方面的激励，也叫外在激励。满足员工自尊和自我实现的需求最具有激发力量，从而使员工积极工作，这些因素都属于内在激励因素。往往员工不是从外在激励因素，而是从内在激励因素中获取工作上的满足感。因此，根据这一理论，在组织人力资源的管理过程中，应尽量利用提高内在激励的一切手段。

2. 适时性原则

激励时机的选择是非常重要的，时机选择的恰当与否将会直接影响激励的效果。超前的激励可能会使员工感到无足轻重，迟来的激励可能会使员工觉得多此一举并产生淡然置之的心理，从而削弱激励的作用。针对不同的情况，根据激励时间与工作性质、复杂程度和完成周期的关系，可以将激励时机分为期前、期中、期末三种形式。

（1）期前激励：在工作开始前公布任务指标和相应的奖惩措施。这种激励适用于工作周期长、任务明确的情况。

（2）期中激励：在工作进行中分阶段规定任务指标及奖惩措施。这种激励适用于工作内容复杂、须分阶段完成的任务。

（3）期末激励：在工作完成之后，即总结工作的基础上进行激励。这种激励适用于工作任务复杂、难以确定具体指标的情况。

另外，还可以根据激励时间的及时程度，分为及时激励和延时激励；根据激励时间间隔规律，分为规则激励和不规则激励等。在激励工作中，应根据客观具体情况灵活地选择激励时机，有时还可以将多种激励时机进行综合运用。

3. 适度性原则

除了要充分考虑激励在时机选择上的重要性之外，还要对激励的内容、大小、方式、频率的适度性进行适当的把握。

---

① 双因素理论又称激励保健理论，是激励理论的代表之一，由美国心理学家赫茨伯格于1959年提出，该理论认为引起人们工作动机的因素主要有两个：一是激励因素；二是保健因素。只有激励因素才能够给人们带来满意感，而保健因素只能消除人们的不满，但不会带来满意感。

（1）把握激励内容的适度性。换言之，组织设计出来的激励措施的内容要实事求是、恰如其分。表扬和批评都必须以尊重事实为前提，要对员工确实值得表扬之处给予适当的表扬，以强化员工的这种行为。同样地，也要在尊重事实的前提下对员工犯下的错误进行合理的惩罚，使被罚员工在心理上产生接受感，从而抑制不良行为的再次发生。如果惩罚过度，会使他们心理上产生抗拒感并出现适得其反的效果。

（2）把握激励强度的适度性。激励的强度往往是指奖惩标准的高低，它与激励效果有着极为密切的联系。超量激励或激励不足不但起不到真正的作用，有时甚至还会挫伤员工工作的积极性。因此，从量上把握激励，一定要做到恰到好处，激励的量不能过大也不能过小。此外，激励的实施必须以考核的结果为客观依据，使奖励程度与员工的贡献程度相匹配。

（3）把握激励方式的适度性。激励要针对不同的对象采取不同的激励方式，这一原则是由激励对象需求的差异性决定的。领导者、管理者要经常了解员工的思想动态与心理状态，了解不同员工当时最迫切的需求是怎样的，从而采取适当的激励方式。

（4）把握激励频率的适度性。所谓激励频率，是指一定时间内给予员工激励的次数。管理者应该把握好这样一个关系，即激励频率与激励效果之间并不是完全简单的正相关关系，频率过高或过低，往往都收不到好的激励效果。

（二）员工激励的重要性

1. 激励是提高组织人力资源质量的关键

在人力资源自由流动的前提下，有效的激励制度是吸引人才、保留人才、提高组织人力资源质量的关键。

2. 激励是开发员工个人潜能的重要手段

如何有效地激励员工工作的积极性是管理的核心内容。科学地管理人、调动人的积极性受到人的内部心理因素和外部环境因素的双重影响。其中，内部心理因素主要指人的需求、动机、主观上的目标等。二者（内部心理因素和外部环境因素）相比，个体的内部心理因素在发挥积极性方面起着决定作用。从激励的过程来看，需求是人的行为积极性的内部原动力，是最基础的心理要素，对个体行为积极性的高低具有直接的影响。人的潜能是一个储量巨大的“人力资源库”。挖掘人的潜力，在生产过程和管理过程中具有极为重要的作用。因此，激励是调动人的积极性、挖掘人的潜能的重要途径。

3. 激励是激发员工创造力与革新精神的动力

组织在未来竞争中取胜的关键在于其产品保持优势。在现今组织的产品生命周期越来越短的趋势下，创新便成为维持组织生命的源泉所在。要使组织通过不断地创新以取得市场竞争力，关键是要提高员工的素质，特别是要提高员工的创新意识和能力。而要想做到这一点，必须对员工采取行之有效的激励措施，使他们不仅可以充分发挥自己的积极性，还要通过激励使他们形成勤奋学习、努力钻研的创新精神，进而使这种氛围不断地融入组织文化中。

二、员工激励管理及其优势

员工激励管理是指组织和管理人员通过采取措施和策略，激发和激励员工积极参与工作，提高工作表现和达成组织目标的管理过程，它涉及识别和满足员工的需要，建立激励机制和奖励体系，以及提供发展机会和成长空间，以增强员工的工作动力和工作满意度。有效的员工激励管理可以带来多方面的好处，具体如下。

第一，提高工作绩效。通过激励措施，员工会感受到认可和重视，从而激发他们的工作动力和投入，这将促使他们更加努力和专注于工作，提高工作绩效和生产力。

第二，提升员工参与度。激励管理可以增加员工对组织的参与度和忠诚度。员工将更加积极地投入工作，参与团队合作，提出创新性的想法和解决方案，为组织的发展和成功作出更大的贡献。

第三，提升员工满意度。通过提供适当的激励措施，员工将感到满意和被关注，增强其对工作的满意度和幸福感。这有助于提高员工的工作质量和工作积极性，降低员工流失率。

第四，吸引和保留人才。有效的员工激励管理能够吸引和留住优秀的人才。有吸引力的激励措施和奖励体系可以帮助组织吸引高素质的人才，并保持他们的忠诚度和长期的合作关系。

第二节 员工沟通管理

一、沟通的认知

(一) 沟通的类型

沟通就是个人或组织信息、知识、思想和情感等的交流与反馈的过程[①]。根据不同的划分标准，可以把沟通划分为不同的类型，具体如下。

1. 浅层沟通与深层沟通

根据沟通时信息涉及人的情感、态度、价值观领域的程度深浅，可以把沟通分为两种：浅层沟通和深层沟通。

(1) 浅层沟通。浅层沟通是指在管理工作中必要的行为信息的传递和交换，如管理者将工作安排传达给下属，下属将工作建议告诉主管等。组织的上情下达和下情上达都属于浅层沟通。浅层沟通是组织内部传递工作的重要内容。如果缺乏浅层沟通，管理工作势必会遇到很大的障碍。浅层沟通的内容一般仅限于管理工作表面上的必要部分和基本部分。如果仅靠浅层沟通，则管理者无法深知下属的情感态度等。浅层沟通一般较容易进行，因为它本身已成为员工工作的一部分。

(2) 深层沟通。深层沟通是指管理者和下属为了有更深的相互了解，在个人情感、态度、价值观等方面较深入地相互交流。有价值的随便聊天或者交心都属于深层沟通。深层沟通的作用主要是使管理者对下属有更多的认识和了解，便于依据适应性原则满足他们的需要，激发员工的积极性。深层沟通不属于组织管理工作的必要内容，但它有助于管理者更加有效地管理好本部门或本组织的员工。深层沟通一般不在组织员工的工作时间进行，通常在两人之间进行。深层沟通与浅层沟通相比，更难以进行，这是因为深层沟通必然要占用沟通者和接收者双方大量的时间，也要求相互投入大量的情感。深层沟通的效果严重地影响着沟通过程本身。

2. 双向沟通与单向沟通

根据沟通时是否出现信息反馈，可以把沟通分为两种：双向沟通和单向

① 张永华，苏静. 人力资源管理 [M]. 西安：西北工业大学出版社，2017：218.

沟通。

（1）双向沟通。双向沟通是指有反馈的信息沟通，如讨论、面谈等。在双向沟通中，沟通者可以检验信息接收者是如何理解信息的，也可以使接收者明白其所理解的信息是否正确，并可要求沟通者进一步传递信息。

（2）单向沟通。单向沟通是指没有反馈的信息沟通，如电话通知、书面指示等。

在组织管理中，双向沟通和单向沟通各有不同的作用。一般而言，在要求接收者接收的信息准确无误时，或处理例行公事时，宜用单向沟通。双向沟通与单向沟通相比，前者在处理人际关系和加强双方紧密合作方面有着更为重要的作用。因此，现代组织的沟通也越来越多地从单向沟通转为双向沟通。因为双向沟通更能激发员工参与管理的热情，有利于企业的发展。

3. 有意沟通与无意沟通

按照沟通的目的，可以把沟通分为两种：有意沟通和无意沟通。

（1）有意沟通。有意沟通很容易理解。每一个沟通者对自己沟通的目的都会有所意识。通常的谈话、打电话、讲课、写信、写文章甚至闲聊，都是有意沟通。表面上，闲聊好像没有沟通目的；实际上，闲聊本身就是沟通目的，沟通者可以通过闲聊消磨时光、排解孤独。

（2）无意沟通。无意沟通不容易为人们所认识。事实上，出现在我们感觉范围中的任何一个人，都会与我们存在某种信息交流。心理学认为，如果一个人在路上跑步或骑车，速度通常较慢。而如果有别人（不管认识不认识）一起跑或一起骑，速度会不自觉地加快。同样的过程也发生在别人身上。显然，彼此有了信息沟通，发生了相互影响。走在大街上，无论来往行人的密度如何大，也很少与别人相撞。这是因为与其他人在走路过程中，随时都在调整彼此的位置。

4. 正式沟通与非正式沟通

在正式组织中，成员间所进行的沟通因其途径的不同，可分为两种：正式沟通和非正式沟通。

（1）正式沟通。正式沟通是指组织中依据规章制度明文规定的原则进行的沟通，如国家之间的公函来往、组织内部的文件传达、召开会议等。按照信息流向的不同，正式沟通又可细分为下向沟通、上向沟通、横向沟通、斜向沟通、外向沟通等形式。

(2) 非正式沟通。非正式沟通和正式沟通不同，它的沟通对象、沟通时间及沟通内容等各方面，都是未经计划和难以辨认的。其沟通途径通过组织成员的关系，这种社会关系超越了单位、部门以及级别层次等。

5. 言语沟通与非言语沟通

根据信息载体的不同，沟通可分为两种：言语沟通和非言语沟通。

(1) 言语沟通。言语沟通是指人们为了达到一定的目的，运用口头语言和书面语言传递信息与接收信息、交流思想感情的一种言语活动。言语沟通建立在语言文字的基础上，又可细分为口头沟通和书面沟通两种形式。人们之间最常见的交流方式是交谈，也就是口头沟通。常见的口头沟通包括演说、正式的一对一讨论或小组讨论、非正式的讨论以及传闻或小道消息传播。书面沟通包括备忘录、信件、组织内发行的期刊、布告及其他任何传递的书面文字或符号的手段。

(2) 非言语沟通。非言语沟通是指通过身体语言来传递信息。在人们的沟通中所发送的全部信息中仅有一小部分是由语言来表达的，而大部分信息是由非言语来表达的。非言语沟通内涵十分丰富，主要包括体态语和符号语等。

(二) 沟通的意义

1. 实现整体优化

(1) 沟通是通过协调组织中的个人、各要素之间的关系，使组织成为一个整体的凝聚剂。为了实现组织的目标，各部门、各成员之间必须有密切的配合与协调。只有各部门、各成员之间存在良好的沟通意识、机制和行为，各部门、各成员间才能彼此了解、互相协作，进而促进团体意识的形成，增强组织目标的导向性和凝聚力，使整个组织体系合作无间、同心同德，完成组织的使命及实现组织的目标。

(2) 沟通也是企业与外部环境之间建立联系的桥梁。组织是一个开放的系统，必然要与外部环境进行有效的沟通，通过沟通来实现与外部环境的良性互动。在环境日趋复杂、瞬息万变的情况下，与外界保持良好的沟通状态，及时捕捉商机，避免危机，是关系到组织兴衰的重要工作。

2. 符合激励需要

信息沟通是领导者激励下属、实现领导职能和提高员工满意度的基本途径。领导者要引导追随者为实现组织目标而共同努力，追随者要在领导者的带领下，在完成组织目标的同时实现自己的愿望，而这些都离不开相互之间良好的沟通，尤其是畅通无阻的上向、下向沟通。

（三）沟通的作用

第一，沟通有助于改进个人以及群众作出的决策。任何决策都会涉及干哪些内容、怎样干、何时干等问题。每当遇到这些亟须解决的问题，管理者就需要从广泛的组织内部的沟通中获取大量的信息情报，然后进行决策，或建议有关人员作出决策，以迅速解决问题。下属人员也可以主动与上级管理人员沟通，提出自己的建议，供领导者作出决策时参考，或经过沟通，取得上级领导的认可，自行决策。组织内部的沟通为各个部门和人员进行决策提供了信息，增强了判断能力。

第二，沟通促使组织员工协调有效地工作。组织中各个部门和各个职务是相互依存的，依存性越大，对协调的需要越高，而协调只有通过沟通才能实现。没有适当的沟通，管理者对下属的了解也不充分，下属就可能对分配给他们的任务和要求他们完成的工作有错误的理解，使工作任务不能正确圆满地完成，导致组织在效益方面的损失。

第三，提高员工的士气。沟通有利于领导者激励下属，建立良好的人际关系和组织氛围。除了技术性和协调性的信息外，组织员工还需要鼓励性的信息，沟通可以使领导者了解员工的需要，关心员工的疾苦，在决策中就会考虑员工的要求，以提高他们的工作热情。人一般会要求对自己的工作能力有一个恰当的评价。如果领导的表扬、认可或者满意能够通过各种渠道及时传递给员工，就会产生某种工作激励。同时，组织内部良好的人际关系更离不开沟通。思想上和感情上的沟通可以增进彼此的了解，消除误解、隔阂和猜忌，即使不能达到完全理解，至少也可取得谅解，使组织有和谐的组织氛围。

（四）沟通的过程

第一，确定想法。沟通过程中的信息发送者首先要确定沟通的信息内容和思想想法，这些是沟通过程中要努力使对方接受和理解的东西，是实际要发出的信息或思想的核心内容。但是，这些真实的想法和信息并不是可以直接发送出去的，它们只是原材料，还需要经过编码进行加工处理。

第二，编码。编码是指由信息发送者根据信息接收者的个性、知识水平和理解能力等因素，努力设法找到一种信息接收方能够理解的语言和表达方式，将自己要发送的信息或想法进行加工处理的工作。只有完成了编码工作以后，信息发送者才能够把自己的信息或思想发送、传递出去。

第三，选择渠道。信息发送者在完成信息编码以后还需要选择合适的沟通渠道，以便将信息通过该渠道传递给信息接收者。沟通渠道的选择要根据所传递信息的特性、信息接收者的具体情况和沟通渠道的噪声干扰等情况来确定。特别是要考虑信息渠道是否畅通、是否噪声干扰过大、是否有利于信息反馈等方面的因素。

第四，传送信息。在选定沟通渠道以后就可以使用选定的渠道将信息传送给信息接收者了。信息的传送过程有时是由机器设备来完成的，有时是由人们面对面谈话实现的。一般而言，电子型信息的传送靠各种信息网络，书面型信息的传送可以通过邮局或快递公司，而思想型信息的传送多数是以面谈的形式完成的。

第五，接收信息。此时，信息从发送者手中转到了信息接收者一方，并被信息接收者所接受。在这一步骤中，信息接收者必须全面关注并认真接收对方送来的信息，特别是在面对面的沟通过程中，仔细倾听对方的讲述，全面接受对方用口头语言和肢体语言传递的信息是非常重要的。

第六，解码。解码是指信息的接收者对已经接收到的信息进行从初始形式转化为可以理解形式的信息加工工作。例如，将各种机器码转换成自然语言的过程，将外语翻译成中文的过程，将方言或者暗语、手势转化成能够理解的语言的过程都属于解码的过程。

第七，理解。理解是指通过汇总、整理和推理的过程，全面理解那些已经完成解码的信息或数据所表示的思想和要求。例如，全面认识一件事物的特性、真正知道对方的意图和想法、完全明白对方的想法和感情等。

第八，反馈。反馈是指信息接收者在对信息发送者提供的信息有疑问、有不清楚的地方进行回应或者是为了回应对方而作出的回馈，这是一种反向的信息沟通过程。反馈是沟通过程中必不可少的一个环节，因为它有助于人们的相互理解，而只有相互理解才能够使沟通继续下去。

沟通过程中的编码、解码、理解和反馈是沟通的关键环节，这些环节始于发出信息，终于得到全面理解。在这一过程中沟通的信息，既有用语言、文字表达的信息，又包含“字里行间”和“言外之意”的信息，特别是在思想交换和感情交流的沟通过程中更是如此。因此，必须充分使用反馈和非语言沟通等手段，否则会造成沟通中断等各种误解的结果。

二、员工沟通管理中的策略

（一）文化策略

文化策略是要根据沟通对象的文化背景制订有效的沟通方法、措施。文化背景是影响沟通效果的一个不可忽视的重要因素，主要包括沟通双方的价值观、风俗习惯差异，所在国家、地区、行业、组织、性别、民族、团队之间的不同文化背景、组织环境、人际关系状况等。文化影响沟通目标的确定、渠道的选择、沟通风格、沟通语言的选择，并且影响沟通主体策略、客体策略、信息策略、渠道策略的制订。因此，在制订具体的沟通策略时，必须考虑文化背景的影响。

（二）受众策略

受众策略又可称为客体策略或沟通对象策略。制订受众策略是管理沟通策略的第一个重要环节。受众策略就是要在“知彼”的基础上采取有针对性的沟通方法、对策措施。受众策略主要解决三个问题：一是沟通对象有哪些，关键是谁；二是分析沟通对象，了解他们已知、须知、感觉如何等；三是怎样激发受众，以求达成共识。

（三）信息策略

与员工进行沟通的信息策略是指沟通者在进行自我分析和沟通对象分析之后，进一步思考如何将信息有效地传达给受众而制订的相关对策、措施。在这一过程中，着重解决三个问题：一是如何筛选和过滤信息；二是怎样强调信息；三是如何组织信息。

(四) 渠道策略

渠道策略是指对沟通活动中信息传递的渠道选择，即通过自我沟通和换位思考，选择最有效的沟通渠道以实现沟通的目标。渠道策略要解决的是有哪些可供选择的沟通渠道，如何选择正确的沟通渠道。

在与员工的沟通活动中可供使用的沟通渠道很多。从形式上，沟通渠道可划分为印刷媒介渠道和电子媒介渠道；从表达方式上，沟通渠道可划分为书面语言沟通渠道和口头语言沟通渠道；从沟通范围上，沟通渠道可划分为人际沟通渠道和大众沟通渠道；从沟通方式上，沟通渠道可划分为正式沟通渠道和非正式沟通渠道。

可供选择的沟通渠道包括电话、面谈、书信、文件、会议、报刊、广播、电视、互联网等。每一种渠道又可划分为多种具体形式。例如，面谈可以是一对一面谈、一对多面谈、多人座谈、两方或多方谈判等；互联网又可细分为电子邮件、音频、视频、文字聊天、即时新闻或消息、广告、博客、播客、论坛等渠道；会议可划分为小组会议、全体会议、行业会议、国际会议、博览会、订货会、电视电话会议、茶话会、联欢会、报告会等。

(五) 沟通者策略

沟通者策略又称主体策略，是指作为沟通主体在沟通之前必须思考或制订的沟通方案或具体的计划、措施、方法和技巧等。通常，沟通主体在沟通前主要需要思考并厘清四个问题，具体如下。

第一，管理者沟通目标。管理者沟通目标是在组织总目标之下的一种具体的目标。任何沟通目标总是源于一定的沟通目标或动机。明确沟通目标有助于明确前进的方向，避免盲目、随意沟通造成的沟通无效；有了明确的目标，才有可能清晰地表达自己的目标，确保沟通对象正确地理解你的真实意图。

第二，沟通者的自我剖析。进行自我剖析，关键是分析个人的竞争能力或个人的核心竞争能力，即能够集中体现个人最突出、最内在、最具代表性、最具实力的能力。

第三，沟通风格的选择。在完成了沟通目标定位和自我剖析之后，就应该考虑选择一种适合于自己的沟通风格去实现目标。人不应该在任何时间范围内都采用同一种沟通风格。当想让受众向自己了解信息时，可采用告知和推销策略；而想要向受众了解信息时，可采用征询和参与策略。

第四，可信度分析。可信度是指受众心目中沟通者可以依赖的程度。可信度可分为初始可信度和后天可信度。沟通者可信度分析是沟通者在策略制订时分析受众对自己的看法，从受众需求角度在对方心目中的可信度进行分析的过程。初始可信度是指在沟通发生之前或之初受众对沟通者的看法。后天可信度是指沟通者在与受众沟通之后，受众对沟通者形成的看法。

第三节　团队管理与优化

团队是指所有成员聚集于一个共同的工作目标一同工作；同时，成员之间能够很好地分工与协作，注重分享、责任和相互尊重。这样的一个有机的组成才能称为团队。团队不是一些人聚在一起工作那么简单，更不是群体性的形式主义。团队和群体有着本质的区别，两者最大的差别就是团队具有创造性，而群体只具有制造性，群体永远不能达到团队的工作效果。

一、团队的构成要素与类型

(一) 团队的构成要素

团队的构成要素分别为目标、人、定位、权限、计划。

1. 目标

团队应该有一个既定的目标，为团队成员导航，知道要向何处去。没有目标，这个团队就没有存在的价值。团队的目标必须跟组织的目标一致。此外，还可以把大目标分成小目标具体分到各个团队成员身上，大家合力实现这个共同的目标。同时，目标还应该有效地向大众传播，让团队内外的成员都知道这些目标，有时甚至可以把目标贴在团队成员的办公桌上、会议室里，以此激励所有人为这个目标去工作。

2. 人

人是构成团队核心的力量。3个（包含3个）以上的人就可以构成团队。目标是通过人员具体实现的，所以人员的选择是团队中非常重要的一个部分。在一个团队中可能需要有人出主意，有人制订计划，有人实施，有人协调不同的人一起去工作，还有人去监督团队工作的进展、评价团队最终的贡献。不同的人通过分工来共同完成团队的目标，在人员选择方面要考虑人员的能力如何、技能是否互补、人员的经验如何。

3. 定位

团队的定位包含两层意思。①团队的定位。团队在发展过程中处于哪种位置，由谁选择和决定团队的成员，团队最终应对谁负责，团队采取何种方式激励成员。②个体的定位。作为成员在团队中扮演何种角色，是订计划还是具体实施或评估。

4. 权限

团队当中领导人的权力大小跟团队的发展阶段相关。一般而言，团队越成熟，领导者所拥有的权利相应越小。在团队发展的初期阶段，领导权是相对比较集中的。团队权限关系有两个方面：①整个团队在组织中拥有怎样的决定权，比如财务决定权、人事决定权、信息决定权；②组织的基本特征，如组织的规模多大，团队的数量是否足够多，组织对于团队的授权有多大，它的业务是什么类型。

5. 计划

计划有两个层面的含义：①目标最终的实现，需要一系列具体的行动方案，可以把计划理解成目标的具体工作的程序；②提前按计划进行可以保证团队的顺利进度。只有在计划的操作下，团队才会一步一步地接近目标，从而最终实现目标。

（二）团队的类型划分

1. 依据团队存在目的和自主权大小分类

（1）自我管理型团队。真正意义上的团队都具有自我管理的特征。企业中，团队享有较大的自我管理权。自我管理型团队可以进行自我激励、自我评估和自我改进，这样就可以在很大程度上降低团队的管理成本。自我管理型团队有三种基本类型，具体如表 9-1 所示。

表 9-1　自我管理型团队的基本类型

自我管理型团队的特征	高度自我管理团队	中度自我管理团队	低度自我管理团队
团队采用目标管理，团队对目标负责	几乎全部	很多	部分
团队自我进行监督工作的过程和结果	几乎全部	很多	部分
团队对自己工作业务流程及事项负责	几乎全部	很多	部分
团队自身独有的创新精神和创新机会	强、多	中等或较多	较低或较少
团队中成员受到团队伙伴的影响程度	很大	中等	偏小
团队领导适度使用职权，强调上下沟通	是	经常	有时

（2）多功能型团队。多功能型团队是指由来自同一种等级的不同领域的人组成的团队。多功能型团队中的成员能够走到一起，其唯一的目的就是要完成某项任务。多功能型团队的优点是团队成员之间可以交换信息，激发新的观点和思路，协调复杂的项目，以解决团队所面临的一些问题。多功能型团队的缺点是多功能型团队在早期阶段需要耗费大量时间；团队成员在知识、经验、背景和观点方面不甚相同，建立起信任并合作也需要一定时间。

（3）跨职能型团队。跨职能型团队在实现团队中隐性知识共享的过程中扮演着核心的角色。跨职能型团队可以使团队中的每一名成员在进行交流与沟通的同时，增长跨专业化、跨职能化的知识和技能。

（4）问题解决型团队。问题解决型团队的核心特点是提高工作质量和效率、改善工作环境等。团队成员就如何改变工作程序和工作方法上相互交流，提出建议。

2. 依据团队在组织中的功能进行分类

（1）生产服务团队。生产服务团队通常是由专职人员组成的，从事的工作是按部就班的，在很大程度上是自我管理的。例如，生产线上的装配团队、民航客机的机组人员、计算机数据处理团队等。

（2）行动磋商团队。行动磋商团队由一些拥有较高技能的人员组成，共同参与专门的活动，每个人的作用都有明确的界定。这种团队以任务为中心，具有不同专门技能的团队成员都对成功完成任务作出了贡献。团队面临的任务十分复杂，有时是不可预测的。例如，医疗团队、乐队、谈判团队、运动团队。

（3）计划发展团队。计划发展团队是由技术十分娴熟的科技人员或专业人员组成的，并且团队人员来自不同的专业。这类团队的工作时间跨度一般较长。他们可能需要很多年才能完成一项发展计划，如设计一种新型汽车；他们也可能是组织中承担研究工作的长期团队。常见的计划发展团队有科研团队、生产研发团队等。

（4）建议参与团队。建议参与团队主要是提供组织性建议和决策的团队。大多数建议参与团队的工作范围都比较窄，不占用大量的工作时间，成员在该组织中还有其他任务。例如，董事会、人事或财务的专业顾问团队、质量控制小组。

二、团队凝聚力与团队士气

（一）团队凝聚力

团队的凝聚力是指团队对每个成员的吸引力和凝聚力，以及团队成员之间人际关系的程度和力量，它是维持群体行为有效性的一种合力，它可以通过团队成员对团队的向心力、归属感、荣誉感、责任感等来表示，也可以用团体成员之间的人际关系融洽、众志成城、齐心协力、友谊和志趣等态度来说明。有无团体凝聚力是衡量一个团体是否有战斗力、是否成功的重要标志，它对团队的存在和发展、团体行为和团体效能的发挥都有重要作用。

凝聚力的中心点就是团队对所有成员的吸引力，这主要表现在三个方面。①团队本身对成员的吸引力。团队的目标方向、组织形态、行业精神、社会位置等适合成员，吸引力就大；反之，吸引力就会降低，甚至会使成员厌倦、反感，从而脱离团队。②满足所有成员多种需要的吸引力。团队满足成员个人的各种物质和心理需要，是增强团队吸引力的最重要条件。③团队内部成员间的吸引力。团队成员利益一致，关系和谐，互相关心、爱护和帮

助，吸引力就大；反之，吸引力就小，甚至反感、相互排斥。

1. 团队凝聚力的基本原则

团队凝聚力的产生有内外两个方面的因素。内在因素来自成员与团队本身，外在因素来自环境的压力。团队凝聚力可以是团队成员关于情境的理解与反应趋向一致的过程，可以是成员对他人行为的附和，也可以是成员共同持有一种特定的价值观，这种价值观的主要内涵就是要遵循以下四条基本原则。

（1）对共同利益的认同原则。应将团队的共同利益与大家讨论清楚。面对社会上现实的收入反差，大家容易形成对共同利益的认同，这种认同会自动转化为维护大局的自觉行动。对个人利益暂时与集体的根本利益不完全重合的同时，要给予选择机会。

（2）以贡献论报酬的公平原则。当前，人们都能接受同事们彼此有不同的收入，只要这种差别大体上是合理的。

（3）杜绝损害整体利益的公正原则。不允许发生占用公共资源、占据工作时间的现象，这种现象特别影响同事们的工作热情，影响团队的形象和威望，影响集体的形象，对凝聚力的毒害是不可估量的。

（4）强调发展目标的激励原则。一个团队要有共同的发展目标。有没有共同的目标、共同目标的好差，直接影响团队的风气、精神和凝聚力。共同目标要通过个体目标来实现，个体目标要注重个体的发展。一个团队的未来设想与可能方向要经常与团队成员讨论、争论，让他们在潜意识支配下进行自我设计。个体成员看重未来，更看重创造未来的机会。对他们追求的这种境界，要鼓励、尊重和珍惜他们的创业激情。

2. 团队凝聚力的影响因素

（1）外部影响因素。在受到外部威胁时，群体通常会变得凝聚力更强，但这种现象是有条件的。如果团队成员认为实力悬殊，他们的团队根本无力应付外部的攻击，那么，团队作为成员安全之源的重要性就会下降，团队凝聚力就很难提高。另外，如果团队成员认为外部攻击仅仅是因为团队的存在而不是个人的原因所引起的，只要团队放弃或解体就能终止外部的威胁或进攻，团队凝聚力也可能降低。

(2) 内部影响因素。

第一，领导方式。领导在团队行为中扮演着向导和核心的角色。领导所采取的领导方式直接影响团队的凝聚力。一般而言，在开放、民主型领导方式下，小组成员具备充分表达自己意见的机会，拥有较强的参与意识，成员之间团结协作、互助友爱，并积极参与活动和交往，从而形成高度的凝聚力。而在专制型领导方式下，情况有所不同，领导独裁、武断，成员没有参与团队活动 (包括集体活动和决策) 的机会。因此，成员内心对这个团队感到不满，彼此之间推卸责任，且攻击性言论明显高于民主型领导方式下的团队。至于放任的领导方式，则使团队中人心涣散，凝聚力固然很低。

第二，团队规模。团队规模大小是影响团队凝聚力的一个重要因素。规模过大，一是容易造成团队成员意见分歧，信息交流与信息沟通受阻；二是成员之间相互接触相对减少，关系淡薄；三是容易产生人浮于事、不负责任、办事拖拉等现象。如果团队规模过小，内部压力太小，将会失去平衡，影响工作任务的完成，造成团队成员心理不平衡，有了矛盾难以调解与解决，从而降低凝聚力。

第三，团队目标。团队目标是团队奋斗的方向，是团队成员的共同行为导向。一个吸引力、号召力强的团队目标，如果能与个人目标相一致，由成员通力合作才能完成，团队的凝聚力就会增强；反之，如果团队成员的任务目标互不关联，成员间交往合作少，团队成员间的感情就会冷漠，从而降低团队的凝聚力。

第四，奖励方式。管理心理学表明，个人奖励与集体奖励方式有不同的作用。西方管理心理学认为集体奖励方式可能增强团体的凝聚力，因为团队奖励会使成员意识到个人的利益和荣誉与他们所在的团队是不可分割的。为了争得团队的奖励，他们必须紧密地团结奋斗。团队奖励将促进团队间的竞争，而团队间的竞争会促使团队凝聚力增强；而个人奖励方式可能增强团队成员之间的竞争力，从而使相互协作的成员形成利益对立关系，弱化团队的凝聚力。把个人奖励和团队奖励结合起来，既能调动个人的积极性，又能增强团队的凝聚力。

第五，人际关系。在一个团队中，如果彼此间存有较强的人际吸引力，无疑是一种聚合的力量，特别是团队中能够形成一个人际聚合中心时，团队比较容易规划团队成员的行为。

第六，团队以往达成目标的状况。如果团队一贯有成功的表现，团队在过去总是能够按照团队目标的导向很好地运行，它就会增强团队成员的信心，容易建立起团队合作精神来吸引和团结群体成员。在这样的团队中，内聚力的提高是为了取得共同的目标利益，使个人利益和团队目标直接联系在一起。成功的企业更容易招聘到优秀的员工就是一个很好的例子。团队成员个性之间的共同性是团队行为一致性和建立共同观念、需求的出发点，共同性越多，越容易形成内聚力，尤其是在态度和价值标准方面的相似性，在团队环境中可能起到重大作用。

3. 团队凝聚力的培育措施

团队凝聚力不仅是维持团队存在的必要条件，而且对团队潜能的发挥有很重要的作用。一个团队如果失去了凝聚力，就不可能完成组织赋予的任务，本身也就失去了存在的条件。所以培育团队凝聚力是必不可少的。

(1) 明确一致的目标。管理者与团队成员共同建立目标，融团队目标和个人目标于一体，使个人目标与团队目标高度一致，可以提高团队的生产效率。有效目标的建立一般有如下原则。①目标的具体化、可测量化。②清楚地确定时间限制。良好的目标应该是适时的，它不仅需要确定的时间限制，而且要对完成任务的时间进行合理的规定。③运用中等难度的目标。除了上述三个方面以外，定期检查目标进展情况，运用过程目标、表现目标以及成绩目标的组合，利用短期的目标实现长期的目标，设立团队与个人的表现目标等，都有利于团队凝聚力的培育。

(2) 良好的团队内部管理。

第一，领导。在领导方式上，根据勒温的经典实验，要增强团队凝聚力，应较多地采取民主型领导方式，在团队决策上应共商共议，力求最大限度地反映民意，切忌独断专行。这样可以使成员之间更友爱，成员相互之间情感更积极，思想更活跃，凝聚力更强。

第二，沟通。团队成员者的沟通与交流既可增强人际凝聚力也可增强任务凝聚力，所以在团队内部应保证足够的沟通时间、适宜的空间或渠道、良好的沟通氛围。①在沟通时间上，可以根据任务的需要安排每天或每周的某个固定时间或其他合宜时间，由各成员汇报最近的任务进展情况、新的想法、新发现的问题等，以便能即时调整，避免人力、物力浪费。②要保证有沟通的空间与渠道。沟通的场所可以选择在办公室、会议室、休息室、餐厅等，渠道可以是面对面交流、电话、网络等。场所与渠道的多样性与优质性可以方便成员间进行快捷、有效的沟通，保证信息在团队内部的畅通以及知识和信息的共享。③营造良好的沟通氛围是要让各成员敢于表达、愿意表达、能够表达自己的思想，集思广益。营造良好沟通氛围应注意成员之间应相互信任（信任的四个要素，即获得成效、一致性、诚实和表现关注）、相互尊重彼此的想法，把交流的中心集中在任务上，对事不对人，避免伤及他人感情。团队中的领导对成员发言进行评价时要慎重，避免伤害发言者或欲发言者的积极性。为了让成员打开思路，可以对其发言进行追问，不要急于评定其想法的优劣。另外，也可考虑延迟评价。

第三，制定有效的团队规范。团队规范是团队成员认可并普遍接受的规章和行为模式，它可以具体化为团队成员对某种特定行为的认同或反对，区分出某种行为是有益的或是有害的，以此来规范团队成员的行为，鼓励有益的行为，纠正有害的行为，帮助成员了解何为被期望的行为，提高团队的自我管理、自我控制的能力，促进团队凝聚力的成长。另外，根据成员的需要不同，合理、恰当地应用激励方式可以增强团队凝聚力；多开展一些积极的团队竞赛活动，通过参与竞争来增强团队凝聚力；进行一些团队拓展培训，使成员在团队活动中体会到团队的重要性和团队凝聚力。

4. 团队凝聚力的行为效果

团队凝聚力是团队活性的重要标志，提高凝聚力必然能够增强团队行为的效果，主要体现在以下几个方面。

（1）团队的凝聚力与团队的生产率。团队凝聚力是影响生产效率高低的决定性因素，但不是唯一因素，也不是有了凝聚力，生产效率就自然高。管理者必须在提高凝聚力的同时，提高团队的生产指标的规范标准，使团队目标与组织目标保持一致，加强对团队成员的思想教育和指导。克服团队中的消极因素，这样才能使团队凝聚力真正成为提高生产效率的动力，使团队向正确的方向发展。

（2）提高团队成员的工作满意度。凝聚力较高的团队，其成员对工作的责任感也较强。共同的利益价值观使他们能够在达成目标之后，获得一定的工作满足感。同样地，在这样的团队中，成员之间彼此容易接纳、相容，因此而增强了友谊和吸引力。

(3) 团队对个人的成长与发展。高凝聚力的团队中，个人的成长会出现积极和消极两个方面的特征。一方面，高凝聚力的团队可以提高人际吸引力，在共同分担的基础上提高生产率，使个人从中得到成长的机会；另一方面，高凝聚力有较强烈的团队限制特性，已形成的规范、行为准则可能限制个人潜能及能力的发挥。

(4) 加强对团队行为的指导和控制。凝聚力是团队行为表现一致的反映。利用形成的团队规范、人际吸引力和聚合的力量指导团队行为是一种有利的管理手段。当然，这种手段也可能为消极力量所控制，从而对团队的发展产生不利的影响。

总而言之，在共同目标下，使成员的价值观相互联结在一起，促成和推动凝聚力的增长，是提高工作绩效、工作满意度、发展个人和团队的重要管理手段。

(二) 团队士气

团队士气概括而言，就是团队精神，即团队成员愿意为实现团队目标而奋斗的精神状态和工作风气。

1. 团队士气的特征

(1) 团队的团结来自团队内部的凝聚力，而非由外部情境决定。

(2) 团队中的成员之间没有分裂为相互对立的小团队的倾向，没有离心倾向。

(3) 团队本身具有解决内部矛盾、处理内部冲突和适应外部环境变化的能力。

(4) 成员之间彼此理解，对团队具有强烈的认同感，成员对团队有较强的归属感。

(5) 团队成员都明确地掌握和理解团队目标。

(6) 团队成员对团队的目标及领导者抱有信任和支持的态度。

(7) 团队成员承认团队的存在价值，并且有维护团队继续存在与发展的愿望。

2. 影响团队士气的因素

(1) 对团队目标的认同。如果团队成员赞成、拥护、接受团队的目标，认识到团队目标反映了自己的要求和愿望，具有较高的价值，个人就愿意为达到团队目标而努力，则团队士气高涨。

(2) 利益分配的合理性。人们为团队工作，总要获得利益，或物质的，或精神的。利益的分配代表着一个人的贡献和成就，必须公平合理，同工同酬，论功行赏，这样才可以调动成员的积极性，提高团队士气；反之，引起成员的不满，挫伤成员的积极性，降低团队的士气。

(3) 团队成员对工作产生满足感。对工作感到满足就能够提高士气。何为满足，即个人对工作非常热爱、感兴趣，而且工作适合个人的能力与特长，有用武之地。因此，要提高士气，就应根据成员的智力、才能、兴趣、技术特长安排每个人的工作。如果个人的能力超过了工作的要求，个人就不会有什么满足感，觉得没劲；反之，如果个人的能力不及工作的要求，则个人就会生活在一种痛苦压抑的环境中。所以，工作的安排必须以能够施展个人的抱负且具有挑战性为宜。

(4) 优秀的领导者及领导集团。领导者和领导集团作风民主，广开言路，乐于接纳意见；办事公道，遇事能同大家商量；善于体谅和关怀下级，则团队士气高涨。

(5) 团队内部团结和谐。团队成员之间人际关系和谐，相互赞许、认同、信任、体谅和通力合作，凝聚力强，则士气较高。

(6) 良好的信息沟通。领导与下级、下级与上级以及同仁之间的意见沟通受阻，会引起成员的不满情绪而影响士气。单向沟通没有反馈信息，容易使人陷入不安并产生抗拒心理，从而降低团队的士气。所以要让员工参与决策，进行双向沟通，方可提升成员的工作精神和状态。

第十章　人力资源的特色服务探析

人力资源的特色服务是针对员工的个体需求、提供定制化、差异化的服务。这种服务强调将员工视为组织最重要和最宝贵的资源，关注他们的职业发展、个人成长和福祉。通过提供特色服务，组织可以吸引、留住并激励员工，从而提高员工满意度和员工忠诚度，进而提高组织的业绩和竞争力。本章重点论述人力资源的猎头服务、人力资源的派遣服务和人力资源的就业服务。

第一节　人力资源的猎头服务

“猎”的意思是猎取、搜寻、抓住。“头”是智慧、才能集中所在地。猎头，也就是物色人才的人，帮助组织找到优秀的人才。猎头追逐的目标是高学历、高职位、高价位三位一体的精英人才，搜寻的是那些受教育程度高、实践经验丰富、业绩表现出色的专业人才和管理人才。

一、人力资源的猎头技巧

（一）基础的猎头技巧

人力资源的猎头技巧是指在招聘和人才管理领域，猎头专业人士应具备的技巧和知识。以下是一些与组织合作时可以使用的猎头技巧。

第一，深入了解组织需求。作为猎头，与组织合作前，需要充分了解其需求和招聘目标。这包括理解组织的业务模式、文化价值观、组织结构和岗位要求等。通过与组织的沟通和了解，可以更好地把握人才需求，找到匹配的候选人。

第二，建立良好的合作关系。与组织建立良好的合作关系对于猎头的成功至关重要。建立信任和沟通的基础，与组织的招聘负责人、部门经理等关键人员保持密切联系，了解招聘进展和反馈。积极主动地与组织合作，提供专业建议和支持，确保共同达到招聘目标。

第三，精准定位目标候选人。根据组织需求和岗位要求，猎头需要明确目标候选人的特征和技能。通过深入的市场调研和人才资源的分析，找到合适的人才群体，并利用专业的网络和渠道进行搜寻和筛选。同时，猎头还需了解候选人的职业发展目标和期望，确保候选人与组织的文化和职位相匹配。

第四，有效沟通和推销。猎头需要具备良好的沟通和推销技巧，能够与候选人进行积极、专业的沟通。通过清晰地介绍岗位机会、组织文化和职业发展前景，吸引候选人的兴趣并建立信任关系。同时，猎头还需要与候选人深入了解其技能和经验，评估其适应性和潜力，以便为组织提供合适的人选。

第五，综合评估和反馈。在与组织合作的过程中，猎头需要进行全面的候选人评估，并及时向组织提供反馈。这包括面试和评估候选人的技能、背景和文化适配度等方面。通过提供准确和详细的候选人报告，帮助组织作出明智的招聘决策。

第六，职业道德和保密。猎头行业对职业道德和保密性要求很高。猎头需要保护候选人和组织的隐私信息，遵循行业规范和道德准则。保持良好的职业操守，建立信任和口碑，有助于与组织建立长期的合作关系。

总而言之，人力资源猎头需要具备综合的招聘管理和人才管理技巧，与组织紧密合作，找到最佳的候选人，满足组织的招聘需求。

(二)猎头顾问的业务技巧

作为猎头顾问，以下是一些业务技巧，可以帮助您在招聘领域取得成功。

第一，建立强大的人脉网络。积极与各个行业的专业人士建立联系，并发展广泛的人脉网络。这包括与候选人、行业专家、高级管理人员和其他猎头顾问建立良好的关系。通过与人脉的互动和交流，可以更容易地找到合适的候选人和获得宝贵的市场信息。

第二，深入了解客户需求。与客户合作之前，要仔细了解他们的需求和期望。这包括组织的文化、价值观、业务目标和岗位要求等方面的了解。通过与客户的沟通和咨询，确保准确理解并满足客户的招聘需求。

第三，有效的市场调研。通过深入的市场调研，了解行业的人才供需情况、竞争对手的招聘策略和趋势，以及候选人的职业发展动态。这有助于更好地了解市场情况，并为客户提供有价值的建议和洞察力。

第四，精准的候选人搜寻和筛选。利用专业的数据库、网络和其他渠道，针对客户需求，精准地搜寻和筛选候选人。通过综合考虑技能、经验、文化适应性和潜力等因素，找到最匹配的候选人。

第五，强大的沟通和谈判技巧。作为猎头顾问，良好的沟通和谈判技巧至关重要。与候选人进行有效的面试和评估，与客户进行有意义的沟通，协调候选人和客户之间的期望和需求，能够引导和影响各方，以达成招聘目标。

第六，保持专业和保密。作为猎头顾问，遵循职业道德和保密原则非常重要。处理候选人和客户的信息时，应确保保密性和机密性。同时，以专业的态度和行为来处理与候选人和客户的关系，树立良好的声誉和信誉。

第七，持续学习和发展。招聘领域不断变化和发展，作为猎头顾问，持续学习和自我发展至关重要。保持对行业趋势和最佳实践的了解，参加培训和专业活动，提高自身的专业知识和技能。掌握这些业务技巧，可以提高猎头顾问的效率和成功率，同时建立长期的合作关系，并为客户提供有价值的招聘解决方案。

二、人力资源的猎头服务趋势

随着经济社会的不断发展，人才的竞争日益激烈，猎头公司具有非常好的发展前景。同时，猎头服务的服务内容也跟随时代的进步不断发生变化，向人力资源管理专业化和深层次扩张，目的是更好地满足客户的市场需要，在激烈的市场竞争中发展壮大。

第一，网络猎头突飞猛进。随着网络信息技术的发展，网络应用相当便捷，措头公司迎来了契合信息技术发展的机遇。计算机网络技术的发展使猎头公司能够建立全面的人才数据库和管理信息系统，对人力资源管理和使用方面的信息进行全面、准确和快速的整合，提高了人力资源相关的查询、招聘、资料分析、人才测评、岗位匹配等工作的效率。适合中国国情的猎头式招聘网站也开始纷纷出现，不少网站在招聘市场中越来越有影响力，如猎聘网。

第二，猎头服务模式创新。猪头作为一种高端的人才招聘模式，行业的创新能力并不强，最初的模式较为单一，行业变化度不高。但随着社交化网络媒体和移动互联网的兴起，除了本身从事猎头行业的人外，大量没有猎头经验的人也开始盯上这个行业。内行加外行后，各种技术和方式方法的融合，使行业创新能力被激发。许多猎头开始摆脱传统操作手法，高端人才招聘的新模式就产生了。例如，微博招聘、微信招聘等媒体猎头招聘就是当下流行的一种新模式。此外，随着智能手机的发展，手机 App 猎头业务也快速发展。虽然这些模式都还没有形成大气候，但已经开始改变组织人力资源从业者和猎头们的思想和看法，其认可度不断提高。

第三，猎头服务专业化加强。随着猎头服务业的快速发展，竞争越来越激烈，客户对猎头行业也有一定的了解，要求也越来越高。客户在选择猎头公司时，往往要求他们对所在行业有较深的了解，具有成功案例更是成为一个重要的考量维度。猎头公司必须适应这种趋势，提升专业化能力。许多猎头公司专门针对某一个或几个行业进行深入挖掘，掌握一个或几个行业丰富的人力资源，一方面很好地提升了猎头公司的品牌；另一方面和客户、高级人才拉近距离，建立较好的关系，提高了搜寻高级人才的成功率。

第四，猎头公司业务多元化。猎头服务是一个高度依赖于人（猎头顾问）的行业，猎头公司要保持竞争力，扩大市场份额，就必须选择多元化的道路。除了传统猎头业务外，可以开展人事外包、劳务外包、管理咨询等业务。此外，业务的多元化还包括猎头公司与顾问之间合作方式的多元化。猎头公司人员流动快，猎头公司门槛低决定了猎头公司对顾问的管理应该呈现更多变化。目前，在不少大的猎头公司执行的合伙人制度是一个创新的方式，共享共赢。今后也还需要不断加强顶层设计和创新，带动行业的发展。

第五，猎头行业兼并及收购。随着经济社会的持续发展，全球化现象越来越明显，行业间的兼并收购也将变得越来越频繁。猎头行业的兼并收购主要表现在三个方面。一是大的品牌猎头公司收购小型的、区域性的、专业性的猎头公司。大的猎头公司有品牌、团队运作等优势，经常会收购某个本身不擅长或者缺乏积累和影响力的区域或行业猎头公司；二是国际猎头公司进军中国市场，收购在国内运作比较成熟的猎头公司，迅速打开中国市场，发挥国际大组织的本土化优势；三是国际或国内知名猎头公司花费巨额费用招聘人才，在储蓄了相当多的人力资源后，纷纷成立公司猎头部，为自己的公司专门去猎聘各种人才，给他们服务过的猎头公司或把猎头顾问挖过来，这方面的趋势目前有扩大化倾向。

三、人力资源的猎头服务体系优化

(一) 加强团队建设方案

猎头顾问的水平与团队的配合度在很大程度上决定着猎头公司的服务质量和水平。为了实现组织的长远发展和保障猎头服务体系的良好运转，人力资源公司应从人才引进、人才培养、人才激励、团队协作等方面制订一系列加强猎头团队建设的措施。具体的团队建设方案可以从以下几个方面展开。

第一，重构薪酬制度并做好员工招聘和激励。相对于大型猎头公司，人力资源公司在品牌、平台等方面对人才吸引力不大。为了在同大型组织的竞争中获得人才，制定有吸引力的薪酬制度非常重要。人力资源公司设计了新的薪酬制度，原则上是对于新人保持高底薪，对于老人则推进高绩效低底薪＋合伙人制度。对于初入行的新人来说，第一年往往很难取得较好的业绩。为其提供高底薪可以吸引高素质新人加入并保障他们入职一年内的收入，以解除他们的后顾之忧。而高绩效低底薪则是用来区分和筛选业绩不同的员工，淘汰业绩差的员工，留住高业绩的员工。对于对公司有较高忠诚度的、高业绩的优秀人才，则采用合伙人的方式将其与公司绑定在一起。

第二，制定行之有效的员工培训体系。人力资源公司针对新员工与老员工的不同特点设计具有针对性的培训计划。新员工施行全面培训计划，从公司制度、公司文化、猎头知识、公司分析方法、人才画像制作方法、候选人沟通方法等方面进行全面培训。老员工则实行重点补短和特长提升培训计划。重点补短是根据每个人的缺陷提供针对性的培训，这一点可以跟新人培训结合在一起，老员工在哪一方面有缺陷就跟着新人一起学习相关课程。特长提升计划则是选择适合的优秀猎头人员参加由人力资源公司等组织举办的特训班，以有针对性地提升猎头顾问的特长，使优势变得更加突出。除此之外，人力资源公司也会不定期地开展新老结合的短期交流培训，以保证新老人员之间具备较好的沟通习惯和相似的概念与理解方式。

（二）加强文化建设

组织文化是组织的灵魂，人力资源公司应当借猎头服务体系优化改革之机，着力打造自己的组织文化。使员工能够发挥主人翁精神，努力提高猎头业务水平，乐于与同事分享猎头知识与工作经验，积极配合同事共同进步。

对于组织文化建设，人力资源公司应当从组织的愿景、战略及管理方式等方面展开，并着重强调客户第一、团结协作、不断学习等文化元素。

在文化建设的过程中，高级管理人员应当发挥带头作用，主动推动组织文化建设，并不断地在会议中、活动中、组织管理中积极宣传和引导组织文化。通过高级管理人员的示范能对中下层员工产生积极的影响，能够更好地塑造组织的文化灵魂。

在组织管理中，人力资源公司的管理层要通过奖惩结合的方式促进组织文化的落地，对于一些工作行为非常符合组织文化的员工，要及时给予奖励和褒扬；对于不认同和抵制组织文化的员工要及时给予教育指正和惩戒，不改正的要及时予以辞退。

（三）优化猎头服务体系

为了保证人力资源公司优化后的服务体系能够落地并获得很好的成效，人力资源公司采用PDCA循环管理[①]方法来对服务体系进行不断的优化升级。

---

①PDCA循环是美国质量管理专家沃特·阿曼德·休哈特（Walter A. Shewhart）首先提出的，由戴明采纳、宣传，获得普及，所以又称戴明环。全面质量管理的思想基础和方法依据就是PDCA循环。PDCA循环的含义是将质量管理分为四个阶段，即Plan（计划）、Do（执行）、Check（检查）和Act（处理）。

第一，P——计划阶段。人力资源公司成立以董事长为组长的猎头服务体系优化小组，各级管理人员担任组员。优化小组要对优化后的猎头服务体系深刻理解，并将之传达给所有公司员工。优化小组制订新猎头服务体系逐步实施的计划，并需要获得绝大多数员工的理解与认同。

第二，D——执行阶段。在大多数员工了解和认同新猎头服务体系顺利执行对公司的重大意义和对员工工作能力与效率的提升后，人力资源公司可在公司逐步推行新猎头服务体系。在执行的过程中，肯定会遇到各种各样的问题，优化小组要及时对出现的问题进行处理。

第三，C——检查阶段。在本阶段，优化小组要让全体员工意识到猎头服务体系不断优化的正面意义，并积极鼓励各级员工在日常工作中及时发现猎头服务中存在的问题与不足之处，并上报给优化小组。对于提出较好优化方案的员工，优化小组要及时进行表彰和奖励。

第四，A——处理阶段。优化小组要定期召开会议，各个成员在会议中对工作中发现的和员工汇报的问题进行分析和讨论，并制订相应的补充方案和优化措施。会议结束后，优化小组各级成员要及时把新的优化方案传达给员工，并让员工理解和执行。

第二节　人力资源的派遣服务

人力资源派遣服务[①]的特点是派遣单位（雇用单位）和用工（使用）单位相分离，用工单位通过与人力资源派遣单位签订租用合同，租用员工并向人力资源派遣单位支付员工的工资、福利和服务费。

派遣员工通过与人力资源派遣单位签订派遣合同，明确自己的权利和义务。人力资源派遣的雇佣关系由三方当事人和两份契约组成，三方当事人分别是派遣单位、派遣人员与用工单位，两份契约分别是派遣单位与用工单位签订的派遣协议书和派遣单位与派遣人员签订的劳动合同。这两份契约明确了三方当事人的权利和义务：用工单位负责派遣员工工作期间的日常管

① 人力资源派遣服务是一种灵活的用工方式，有别于工业经济时期传统的人力资源配置运行机制。

理、考勤考核，并按期向派遣单位支付管理费和劳务费，包括派遣员工的薪酬、保险福利等费用。派遣单位一方面受用工单位委托，为其招募与甄选合适员工；另一方面，负责派遣员工的日常人事管理，如工资薪酬的发放，社会保险的代扣代缴，合同的签订、续订和解除及协调处理派遣员工与用工单位之间的劳务纠纷。派遣员工不仅要遵守派遣单位的有关规定，还应当严格遵守用工单位的规章制度，按合同要求提供劳动，保质保量完成工作任务。

一、人力资源派遣服务的特征

第一，派遣单位为用工单位与派遣员工之间的中介组织，它通过协议(合同)分别与用工单位和派遣员工明确各自的权利和义务，为用工单位和派遣员工提供相关的服务，并维护用工单位与派遣员工双方的利益。

第二，派遣人员的人事关系属于派遣单位，服从派遣单位的管理和派遣，依法从派遣单位获取劳动报酬；在用工单位工作期间应遵守劳动纪律和所在工作岗位的岗位要求及操作规范。

第三，从派遣员工的职业范围和能力看，最初派遣员工大多从事体力劳动和一般性文职工作。随着业务的发展，派遣员工素质逐渐提高。现在派遣员工大多经过培训而且具备专业技能，其中包括管理人员、机器操作工人、商业服务人员，也出现了博士、硕士学位的专业人才。

二、人力资源派遣服务的方式

劳务派遣的具体形式有以下几个方面。

第一，完全派遣。由派遣公司承担一整套员工派遣服务工作，包括人才招募、绩效评价、报酬和福利、安全和健康等。

第二，转移派遣。有劳务派遣需要的组织自行招募、选拔、培训人员，再由派遣公司与员工签订劳动合同，并由派遣公司负责员工的报酬、福利、绩效评估、处理劳动纠纷等事务。

第三，减员派遣。减员派遣指组织对自行招募或者已雇佣的员工，将其雇主身份转移至派遣公司。组织支付派遣公司员工派遣费用，由派遣公司代付所有可能发生的费用，包括工资、资金、福利、各类社保基金以及承担所有雇主应承担的社会和法律责任。其目的是减少组织固定员工，增强组织面对风险时候的组织应变能力和人力资源的弹性。

第四，试用派遣。这是一种新的派遣方式，用人单位在试用期间将新员工转至派遣公司，然后以派遣的形式试用，其目的是使用人单位在准确选才方面更具保障，免去了由于选拔和测试时产生的误差风险，有效降低了人事成本。

第五，短期派遣。用人单位与劳务派遣机构共同约定一个时间段来聘用和落实被派遣的人才。

第六，项目派遣。组织为了一个生产或科研项目而专业聘用相关的专业技术人才。

此外，还有晚间派遣、钟点派遣、双休日派遣、集体派遣等形式派遣。

劳务派遣在用人组织长期工作后，由用人组织将其身份转为组织员工，享受组织员工的所有同等待遇，称为派遣转正。

三、人力资源派遣服务的优化

第一，完善员工派遣管理制度。人力资源派遣服务的基础派遣员工，派遣员工的质量保证人力资源派遣服务的质量和用工单位生产的质量。派遣员工之所以能够被派遣，就是因为用工单位对其具备的知识、技能的需要。特别是对于技能性强的制造业而言，所需的派遣员工必须是掌握一定的专业技能、能够提供专业服务的人员。因此，对派遣员工的知识、技能应该有一个科学的资质认定，建立技能资格认证是非常必要的，这样派遣员工被派遣上岗才会成为可能，用工单位也可以根据岗位需求选择合适的派遣员工。与此相关，还需要建立派遣员工的资格考评，实施权威的认证管理。

第二，规范派遣行业服务体系。人力资源派遣的费用体系中起码应包括派遣员工的基本薪酬、奖励津贴、有关补贴、医疗保险、失业保险、养老保险、代理服务费、人力资本保全费等，还应制定专门的人力资源派遣服务费用体系管理办法，明确各项费用的确定依据、程序与核算办法，并由用工单位拨付给人力资源派遣服务单位，由人力资源派遣服务单位按照规定兑付各项费用。同时，还要针对人力资源派遣服务中涉及的劳动条件、劳动保护、工伤事故管理、员工权益保护、派遣期间的相关知识产权保护等问题，制定相关的政策法规或管理办法，不断明确和规范人力资源派遣中的各种管理行为。

第三，建立派遣行业自律机制。建立人力资源派遣协会不仅有利于协助政府有关部门进行行业管理，协调之间的纵向关系及行业内部的横向关系，而且可以为全部人力资源派遣行业提供各种可操作的规则、手段和目标，促进派遣单位之间信息互通和共享，开发多种形式的人力资源派遣服务产品，提高人力资源派遣服务单位的专业化水平，建立人力资源派遣市场管理机制和活动规则，健全完善人力资源派遣市场，健康有序地发展人力资源派遣服务业。在竞争日益激烈的市场经济条件下，派遣单位必然要与政府、用工单位、派遣员工等多方发生经济联系，人力资源派遣单位需要通过以下途径不断增强自己的实力：①主动以市场为导向，善于灵活经营，提高经营管理能力；②制定各种风险应对策略，提高风险预警力和承受力；③提高服务质量，创新人力资源派遣服务内容，提高市场占有率，促进人力资源派遣服务进一步专业化和产业化。建立市场规则是建立和发展人力资源派遣市场体系的一项重要内容，对派遣服务中出现的违法和违反市场经济规则的行为，政府应及时进行制止或制裁。

第四，加强派遣服务监察力度。加强人力资源派遣服务中的劳动保障监察工作，严厉打击人力资源派遣中的违法违规行为。因此，政府相关部门特别是劳动保障部门，要加强对派遣单位和用工单位的执法监察，重点监督检查人力资源派遣单位和用工单位督察人力资源派遣单位与派遣人员签订的劳动合同、依法建立劳动关系、为派遣人员办理社会保险等情况，监督检查用工单位工资支付、工作时间、休息休假、劳动保护等情况。严肃查处侵害劳动者权益的违法行为，对违反劳动保障法律法规的派遣单位和用工单位加大处罚力度，为人力资源派遣活动的健康有序开展保驾护航，营造良好的社会氛围。

第五，优化派遣服务舆论环境。人力资源派遣服务作为一种新兴的产物，不但需要派遣机构、用工单位的共同努力，而且需要社会舆论的引导和监督。例如，新闻媒体对人力资源派遣单位的报道有正面的宣传推广以及负面的曝光批评作用；又如，劳动争议仲裁委员会对派遣员工的保护等。当然，舆论的最根本目的是使大家认识和接纳这种新兴的用工方式，并明确用工单位、派遣单位、派遣员工三方的权利和义务。应充分利用新闻媒体、网

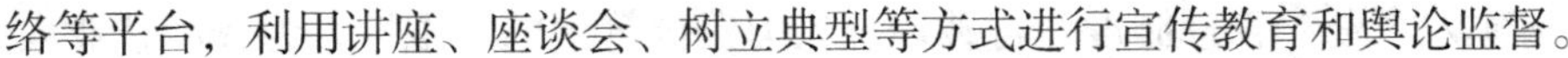

络等平台，利用讲座、座谈会、树立典型等方式进行宣传教育和舆论监督。

第三节 人力资源的就业服务

一、人力资源就业服务的灵活化发展

(一) 就业服务灵活化的影响因素

第一，政府因素。政府是影响灵活就业人员顺利就业的重要因素，同时也是组织人力资源管理的重要保障因素。由于受养老金制度影响，部分灵活就业人员自身收入较低，所以其还面临着补贴不足的问题，导致灵活就业人员的生活水平难以提升。

第二，组织因素。在组织内部管理中，人力资源管理的形式和效率影响了灵活就业人员的就业状况和个人发展，因此需要分析组织对灵活就业人员的影响。组织要根据社会市场需求和灵活就业人员实际状况来开展人力资源管理工作，并结合自身发展现状来合理划分灵活就业人员的岗位职责，从而明确灵活就业人员与正式员工的工作内容，利用不同类型员工混合就业的人力资源管理方式来促进组织生产发展。另外，组织在灵活就业人员中的招聘方式、信息真实度以及招聘状况等都会对人力资源管理状况造成影响。

第三，个人因素。灵活就业人员作为人力资源管理的主体，其自身因素不仅会影响人力资源的管理效果，还会影响自身就业状况，因此需要重点关注灵活就业人员的就业问题。

(二) 就业服务灵活化的优化建议

1. 构建科学的人力资源管理制度

构建科学的人力资源管理制度，提高灵活就业人员的积极性，同时促进人力资源管理工作的顺利开展。政府要从现阶段的灵活就业人员就业保障状况入手，以开放的态度来接纳不同灵活就业人员在社会生产活动中的工作，并在此基础上制定相对应的社会保障制度，以此来减轻灵活就业人员在岗位工作中的压力和负担，有利于激发灵活就业人员的工作热情。此外，通

过构建人力资源管理制度，打破传统人力资源管理的局限性，为灵活就业人员职业发展提供制度条件，实现人力资源管理的科学化和规范化。

2. 制定绩效考核标准体系

为提高共享经济平台下的人力资源管理效率，应根据组织在新时代社会发展中的经营管理方向制定绩效考核标准体系，为灵活就业人员提供丰富的绩效考核标准，以此来达到预期的绩效考核效果。组织要改变传统的人力资源管理理念，立足于共享经济平台和组织经营状况，分析灵活就业人员在岗位工作中的综合表现和工作能力，为灵活就业人员提供科学合理的晋升岗位和晋升途径，从而提高灵活就业人员在组织发展中的归属感和责任感。

组织要在共享经济平台应用的过程中实现技术创新，为人力资源管理工作提供先进的管理理念和信息技术，优化灵活就业人员的绩效考核流程和内容，实现组织资源的合理配置。

组织要加强对灵活就业人员的管理，通过制定绩效考核标准体系，为灵活就业人员提供良好的发展条件和发展空间，充分发挥人力资源管理中绩效考核的激励作用，在此基础上提升组织在共享经济平台上的核心竞争力。

3. 增强人力资源管理能力

人力资源管理对于灵活就业人员的工作和发展来说尤为重要，因此，要在共享经济平台下的组织人力资源管理工作中增强管理者的专业能力，并且从灵活就业人员的实际状况入手，充分保障灵活就业人员的基本权利和合法利益。在共享经济平台的基础上开展人力资源管理制度工作时，要明确灵活就业人员和共享经济平台之间的关系。

政府要利用灵活就业人员保障的相关制度规范人力资源管理工作的开展，并根据共享经济平台的发展和社会经济发展趋势及时调整和优化，以此来满足灵活就业人员的经济发展需求。只有增强人力资源的管理能力，才能够促进共享经济平台下的组织发展，同时利用人力资源管理降低组织生产经营中的风险。

总而言之，随着我国社会经济的稳定发展，我国已经迎来了共享经济时代，这为我国新时代组织人力资源管理和灵活就业人员发展提供了平台，实现了人力资源管理模式的改进和创新。通过构建人力资源管理制度，制定绩效考核标准体系，增强人力资源管理能力，一定程度上实现了灵活就业人

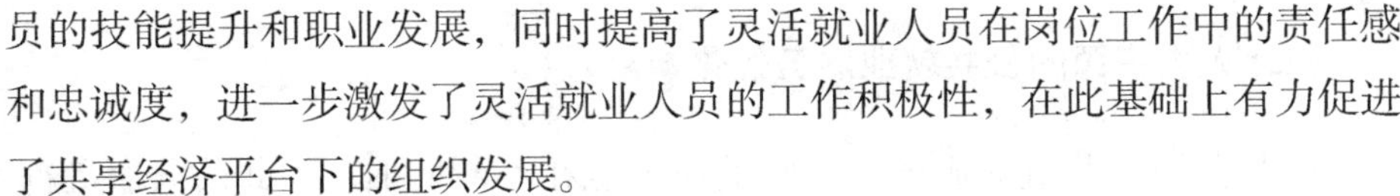

员的技能提升和职业发展，同时提高了灵活就业人员在岗位工作中的责任感和忠诚度，进一步激发了灵活就业人员的工作积极性，在此基础上有力促进了共享经济平台下的组织发展。

二、人力资源的公共就业服务

公共就业是各级劳动保障部门的重要职能，关系到国计民生与社会的稳定发展。我国社会的公共就业服务机构主要包括职业中介机构、公共就业服务机构等类型。公共就业服务部门的作用是为人才提供交流和沟通的良好环境与机遇，实现人才的就业，为社会公众提供就业方面的公共服务。

（一）公共就业服务的优势

公共就业服务的优势在于能够推动就业水平提升，帮助社会中的特殊人群、困难人群等实现就业和自力更生，使其获得生活来源与保障，有效缓解社会的压力。

第一，有利于构建社会主义和谐社会。就业是人们获得生活来源的基础，既要保障就业者的权益，也要为社会公众提供相对公平的就业机会，让居民们能够安居乐业。

第二，有利于维护市场的稳定运转。政府提供的公共就业服务是面向整体社会的，在市场经济背景下，劳动作为一种市场资源，对经济的发展具有重要的作用，提高公共就业服务的质量和水平，有利于弥补市场经济的缺陷，消除市场经济发展中存在的就业歧视、信息不透明等相关的就业问题，通过就业帮扶的形式帮助弱势群体实现就业，从而确保人力资源市场的和谐稳定和健康发展。

政府要提高对公共就业服务的重视程度，要根据公共就业服务机构的工作任务，确定机构的人员编制，人员经费纳入同级财政预算。上级公共就业服务机构要重视对下级机构的指导，不定期组织下级公共就业服务机构工作人员进行业务培训，提高公共就业服务队伍的整体素质，以高质量、专业化的公共就业服务，满足现代社会的就业需求形势。

(二)人力资源的公共就业服务优化

当前我国公共就业服务所面临的压力也在不断增加，为此公共服务部门要提高人力资源管理的效率，强化员工素质，开展有关的职业教育培训与就业指导工作，完善就业保障体系，不断优化公共就业服务与人力资源的管理水平，从而更好地解决公共就业等相关问题。

1. 增强对现代人力资源管理理论的认识

公共就业服务部门在社会人力资源管理中发挥着重要的作用。要及时改变传统落后的公共服务思想理念，树立现代的人力资源管理思想，树立起为人服务的观念，坚持实事求是的工作作风与工作态度，从现阶段的人力资源管理工作的现状出发，制订科学完善的工作计划与理念，创新公共就业服务的内容与形式。例如，借助线上网络宣传的方式，引导失业群体实现再就业，激发他们的积极性和信心，帮助其解决就业问题。

2. 发挥政府在公共就业服务中的主导作用

政府是公共就业服务管理的重要主体，在具体的工作开展中要首先明确就业服务与人员保障的责任点所在，坚持就业服务与人员保障的工作要求，及时掌握失业、待业人群的工作状况，提供就业方面的咨询服务以及相关就业信息，通过网络、海报、人才市场等方式来引导社会下岗职工实现再就业，满足其就业的需求，让惠民政策深入千家万户，扩大和提高政策的知晓面和知晓率，不折不扣落实上级关于促进就业创业的一系列优惠政策，以便更好地为就业困难群体服务，把各项优惠政策落实到位，促进社会的和谐稳定发展。

修改和完善公共就业服务主要工作领域的岗位职责、业务流程、操作规范和工作标准，通过对业务素质考核等措施，逐步推进工作的规范化、标准化和科学化。根据服务对象数量，合理配置工作人员，优化人员结构，加强岗位培训力度，提高业务素质和操作技能，做到内强素质、外树形象。政府相关部门还可以通过组织技能培训活动、“互联网 +”、进村入户、进企事业单位、进学校宣传公共就业服务等政策，帮助社会各种群体掌握就业致富的技能，从而提高就业的能力。

3. 加快建立完善的社会公共就业保障体系

为了确保公共就业服务政策实施的有效性，要加快构建科学完善的社会公共就业保障体系，推进劳动保障工作平台建设。加快整合各级各部门向农村延伸的公共就业服务机构，充实服务内容、完善工作制度、规范操作流程，建立和完善乡（镇）劳动保障事务所（劳动和社会保障服务中心）、社区（村）劳动保障工作站，对接县、乡服务平台，加快形成“资源共享、县乡村联动”的基层服务网络。通过该体系为具有能力以及有工作意愿的群体提供适合的就业岗位，实现人尽其才。同时针对年纪偏大、丧失劳动能力的人员，可以给予必要的经济支持以及就业培训引导等，使其获得一定的生活基础。政府部门要建立完善的失业保障体系，通过舆论来引导和消除社会上对待业人员的歧视，减少待业人员的心理负担。

总之，公共就业服务与人力资源管理的目的是为社会公众提供相关就业服务，有效缓解社会就业压力，适应新时代社会就业发展的多方面需求。公共部门的人力资源管理要明确自身的职责所在，依照工作制度来提供有效的人力资源管理服务，降低不正常的社会失业率，从而帮助我国构建社会主义和谐社会。

（三）人力资源公共就业服务对劳动力就业的促进

1. 对保证劳动者就业有着重要的作用

政府通过加强人力资源公共就业服务能够促使劳动者就业得到确切保障。提升劳动者就业能够促进社会与市场经济的快速发展。劳动者就业必须以人口流动为基础，人口流动在很大程度上可以促进社会的发展，但是如果人口流动过度频繁就会起到反作用。

政府基于对人力资源公共就业服务的不断强化能够加快人口的合理化、有效化流动，使其保持在一个可控的范围之内，从而给予市场的良性发展以带动作用。因此，政府务必要引起对人力资源开发工作的强烈重视，积极强化人力资源公共就业的服务力度。

针对在市场中处于弱势的就业人员，必须有针对性地为他们提供就业指导，全方位保障就业者的就业权益，积极完善劳动就业保护体系，确保其与市场中现存的规律相契合。对于劳动力就业群体要进行详细划分，同时给出与不同就业人员的能力与素养相适应的就业指导计划，以此来为不同群体的就业者提供专业的劳动指导，保证就业者在市场中获取自身应有的权益，推进其自身工作价值的全面提升，保证其自我的充分实现，进而获得更好的发展。

2. 增强劳动者的职业素养

政府加强人力资源公共就业服务有助于提升劳动就业人员的整体职业素养。政府在公共就业服务管理中通过对相关培训制度及策略的有效落实，不断对劳动者就业作出具体的培训指导，进而给劳动就业人员提供更具清晰性与明确性的指导方向，提高劳动者的专业化技能，使其能够更好地适应就业市场变化发展。

如今，市场与组织在劳动者职业素养和技能方面提出了更严格的要求，劳动者必须积极转变现有的意识和观念，以更高的个人素养、更强的工作技能来实现对市场环境变化的更好迎合。因此，将政府作为导向的人力资源公共就业服务机构通过全面发挥自身职能，可以保证对社会资源以及各类设施的充分使用，提升对劳动者的科学化指导，推动就业者帮扶计划的设置与优化，还可以构建具备系统性的劳动者培训计划，促进对培训工作的有序落实，实现劳动者职业素养的高效提升。

3. 能够缩短城乡在就业方面的差距

政府强化人力资源公共就业服务有利于缩短城乡之间的就业差距。详细来说，城镇与乡村在就业资源、条件、设施等要素上存在着很大差距，要想打造更为均衡的就业市场，就必须推进对人力资源公共就业服务的不断强化，全面整改农村当前的就业环境和条件，进一步整合农村的就业资源，然后将重新整合之后的资源再进行优化配置，尽量将城镇与乡村之间的差距缩到最小，推进劳动力市场的平衡发展。

政府必须深入挖掘劳动力市场，循序渐进地将相关就业策略加以执行并落实，针对城镇与乡村各自实际的就业情况来制订对应的计划，在原有制度的基础上进行整改与完善，继而确保人力资源公共就业服务在缩减城乡差距方面的指导工作的落实。

4. 能够促进就业服务和市场相适应

政府强化人力资源公共就业服务，有利于增强就业服务与市场之间的适应性。政府在人力资源公共就业服务管理工作中需要以劳动力市场为导向，据此来深入地调研当前的劳动力市场状况，并对人力资源公共就业服务的工作状况进行全面把握，并精准地掌握当前劳动力市场的分布情况以及劳动力结构等方面的问题，这样才可以依据真实的市场情况使政府对就业服务的指导策略得到真正落实。

政府需要更加准确地对就业市场进行把握与控制，有助于推进市场和就业服务之间的深度融合，然后以此为前提，确保公共就业服务与市场发展方向、发展状况的更好迎合。人力资源公共就业服务受市场因素的影响比较大，所以公共就业服务在制订计划与策略的过程中需要以劳动力市场为中心。而且在市场环境的不断变化发展下，公共就业服务更要对自身的机制加以整改，从而向更具系统性与体制性的方向发展。所以，政府务必要积极转变自身职能，但政府的固有职能尤其是在服务方面的职能是不会改变的，这也正是人力资源公共就业服务以政府为导向开展工作的一项极大的优势。

总之，人力资源公共就业服务在劳动力就业中发挥着至关重要的作用。通过对劳动就业关系与政府在推动劳动力就业中的职能进行概述，能够使相关人员形成对这两方面内容的全面了解；通过对人力资源公共就业服务中的问题进行分析，能够使机构人员充分认识到自身工作的不足之处；通过所总结的人力资源公共就业服务的强化对于劳动力就业的促进作用，能够使政府以及社会深刻意识到强化人力资源公共就业服务的重要性。

第十一章　人力资源战略与规划的制订

随着全球化和技术进步的不断推进，组织面临着越发复杂和不确定的发展环境。在这样的环境下，人力资源战略与规划的制订变得尤为重要。人力资源战略与规划是指组织在长期发展过程中，通过全面评估和规划组织人力资源的需求，优化人才管理和提升员工绩效的过程。本章重点论述人力资源战略与规划、人力资源战略的形成与制订、人力资源战略的常见类型、人力资源规划体系的制订四个方面内容。

第一节　人力资源战略与规划概述

一、人力资源战略与规划的目标

作为人力资源管理的重要部分和重要领域，人力资源战略与规划是为了员工和组织的利益，最有效地利用短缺人才。为此，必须达到以下四个维度的目标。

第一，通过将组织战略分解到人力资源战略，进而建立和明确人力资源规划，使人力资源管理成为支撑战略实现的有效保证。

第二，通过对人力资源各项职能的整体审视和组织的要求，找出差距和解决办法，为人力资源管理的各项工作指明方向。

第三，通过人力资源战略和规划，将组织的关键人才配置在更适合的岗位，真正做到人力资本增值。

第四，通过规划，提前做好准备，减少不必要的人力成本支出，为组织节省人力成本开支。

二、人力资源战略与规划的地位

(一) 增加组织经济效益的重要手段之一

人力资源战略与规划是为未来的组织生产经营活动预先准备人力，持续和系统地分析组织在不断变化的条件下对人力资源的需求，并开发制订出与组织长期效益相适应的人事政策。因此，人力资源战略与规划是组织发展战略的有机组成部分，是组织发展总规划的核心内容，它不但与组织在多变的市场环境中能否成功有密切关系，更直接关系着组织的前途与命运。

对组织进行合理而科学的人力资源战略与规划，不但可以帮助组织找出现有人力资源结构的不合理因素，帮助调整人力配置不平衡的状况，还可以在此基础上谋求人力资源的合理化使用，充分发挥人力效能，使人力成本控制在合理的支付范围，从而提高组织的劳动效率，提高组织的经济效益。

(二) 配合并满足组织的发展需要

随着组织规模的扩大和结构的复杂化，管理的工作量和难度都在迅速提高，无论是确定人员的需求量、供给量，还是职务、人数以及任务的调整，不通过一定的周密规划显然是难以实现的。例如，何时需要补充人员，补充哪些层次的人员，如何补充；如何组织多种需求的培训，如何对不同层次和部门的员工进行考评和激励等。这些管理工作在没有人力资源战略与规划的情况下，很容易陷入相互割裂和混乱的状况。因此，人力资源战略与规划是组织管理的重要依据，它能为组织的录用、晋升、培训、考评、激励、人员调整以及人力成本的控制等活动，提供准确的信息和依据。

任何组织都会不断地追求生存和发展，这是组织的特性。而组织生存和发展的主要因素是人力资源的获得与运用，也就是如何适时、适量及适质地使组织获得所需的各类人力资源。现代科学技术日新月异，社会环境变化多端，如何针对这些多变的因素，配合组织发展目标对人力资源进行战略与规划极为重要。

(三) 有助于促进人力的发展和人力资源的合理运用

人力资源战略与规划是组织人力资源发展的基础。人力资源战略与规划一方面对人力现状予以分析，发现问题与不足，帮助组织了解人事动态；另一方面，通过对未来人力需求作预测，使组织能站在战略的高度对人力资源进行掌控，为组织的人力增补和人员培训进行战略规划。

一般情况下，只有少数组织的人力资源配置能够符合理想的状况。在相当多的组织中，人力资源分配是不平衡的。比如，一些人的工作负荷过重，而另一些人则工作过于轻松；一些人的能力有限，而另一些人则感到能力有余，未能充分利用。

(四) 有助于发挥人力资源个体的能力，满足员工的发展需求

人力资源战略与规划不仅是面向组织的战略与规划，也是面向员工的战略与规划。一个组织在人事政策上之所以出现了较严重的问题，往往是因为没有制订一个科学细致的人力资源战略与规划。许多组织面临员工的纷纷跳槽，表面上来看是因为组织无法给员工提供优厚的待遇或者晋升渠道，其实则是显示了组织人力资源战略与规划的空白或不足。虽然并不是每个组织都能提供有诱惑力的薪金和福利来吸引人才，但是许多缺乏资金、处于发展初期的中小组织照样可以吸引到优秀人才并迅速成长。它们的成功之处不外乎立足于组织自身情况，营造组织与员工共同成长的组织氛围，充分发挥团队精神，规划组织的宏伟前景，让员工对未来充满信心和希望，为有远大志向的优秀人才提供其施展才华、实现自我超越的广阔空间。因此，人力资源战略与规划要着力考虑员工的发展。在此基础上，积极地、有步骤地引导员工进行职业生涯设计和发展，让员工清晰了解未来的职位空缺，看到自己事业的发展前景，从而去积极地努力争取，这对于调动员工积极性非常有益。

三、人力资源战略与规划的具体过程

人力资源战略与规划是一项系统工程，在制订人力资源战略与规划时，组织可以分为如下步骤。

(一) 组织环境分析

人力资源战略与规划的第一步就是要对组织的内部和外部环境进行分析，并作出评价。组织在进行环境分析的时候，必须仔细考察组织的内部和外部环境，以获取可能对组织未来人力资源管理产生影响的信息。组织环境分析主要包括两个方面，即内部环境和外部环境。

内部环境包括组织的研究与开发、制造、市场销售、人力资源和其他对组织的绩效产生影响的方面；另外，涉及组织内部不同部门的决策行为，如资源分配、制订规划、管理能力开发和客户服务等流程；组织内部的资本、技术、人力资源等，以及组织结构、组织文化、员工等。

组织的外部环境主要包括外部宏观环境和对组织产生影响的竞争者、供应商、顾客等市场主体。组织在对外部环境进行分析时，首先要全面了解如人口结构、法律、政治、社会和技术变化趋势等宏观经营环境。此外，组织还要注意对竞争环境进行分析。组织要能够通过对竞争环境的分析，鉴别竞争对手的行动对自身的威胁和影响。例如，组织可能由于竞争对手的新产品推出速度加快，而需要加大新产品的研发和销售力度，同时鼓励员工的创新精神等。

(二) 制订人力资源战略

在对人力资源内部环境和外部环境进行分析以后，组织就可以制订人力资源战略了。组织战略作为一个整体发展战略包括人力资源战略、财务战略、市场战略等子系统。人力资源管理系统是组织管理众多系统中的一部分，每一个系统都对组织战略的形成发挥作用，并且每一个系统都有自己细分的子系统。人力资源系统中包括人员规划、人力资源配置与开发、评估与激励、员工关系等子系统。人力资源战略本身也正是通过这些子系统体现出来的。人力资源作为组织竞争优势的来源在组织中具有越来越重要的地位。人力资源战略作为组织战略的一个子系统，对组织战略的实现所起的作用也越来越大。组织有不同的人力资源战略选择，诸如技能战略、产业战略、工资化战略等。每种战略有不同的适用范围，组织可以根据自身的情况选择不同的人力资源战略。

(三)进行人力资源供给和需求预测

确定了人力资源战略以后，组织就可以根据人力资源战略进行相应的人力资源规划。要进行人力资源规划，组织首先必须对现有的人力资源状况进行清楚的分析。其次，组织必须根据自身的未来发展战略，对未来的人力资源需求作出正确的预测，找到未来理想的人力资源状况与现在的差距。最后，组织必须根据劳动力市场的现状对未来的人力资源供给作出正确的预测，确定未来的劳动力市场能否给组织发展提供合适质量和数量的人力资源。

(四)制订人力资源规划方案

当目前的人力资源状况和未来理想的人力资源状况存在差距时，组织必须制订一系列有效的人力资源战略与规划方案。在员工过剩的情况下，组织可能需要制订一系列的人员裁减计划。在员工短缺的情况下，则可能需要在外部进行招聘；而如果外部劳动力市场不能保证有效供给，组织则需要考虑在内部通过调动补缺、培训、工作轮换、晋升等方式增加劳动力供给。一个完整的人力资源规划方案通常包括：人员补充规划、分配规划、晋升规划、教育培训规划、工资规划、保险福利规划、劳动关系规划、退休规划。

(五)人力资源规划的实施

如果人力资源战略不能满足上面的条件，人力资源战略则可能以失败或不成熟而告终。人力资源规划在实施过程中，要加强监督、检查和控制，在外部环境和内部条件没有明显变化的情况下，要保证人力资源规划得到有效的实施，发现不严格执行规划等问题要及时加以纠正。规划实施后，还要对结果进行汇总和评价，积累经验，以指导以后的人力资源规划工作。在评价人力资源规划时，需要将执行结果与规划内容进行比较，找出两者的差距，并分析产生差距的原因，判断是规划本身的问题还是执行中的问题，然后针对问题采取有效解决措施，以使下一轮的人力资源规划工作水平得到提高。

(六) 人力资源战略与规划的评价与控制

在具体实施人力资源战略与规划的过程中，人类预测理性的有限性、内外部环境的变化等，都有可能使最初制订的人力资源规划不能真正有效地达到组织预期追求的目标和要求。因此，必须建立一套科学的评价与控制体系，利用评价结果对最初的人力资源规划主动调整以适应变化后的内外部环境，修正组织在人力资源规划实施中的偏差，最终保证人力资源规划的持续滚动发展。因此，对人力资源规划进行系统化的反馈、评价与控制就成为一项对组织利害攸关的重要工作。

对人力资源战略与规划的评价与控制的基本目的是保证组织最初所制订的人力资源规划与其具体实施过程动态实时地相互适应。对人力资源战略与规划的评价与控制的基本内容包括：选择人力资源规划关键环节中的关键监控与评估点，确立评价与控制基准和原则，监测评估关键控制点的实际变化及变化趋势，选择实施适度的控制力和正确的控制方法，调整偏差。对人力资源战略与规划的评价与控制的工具一般包括人力资源管理信息系统、预算法、定量分析等。

第二节　人力资源战略的形成与制订

一、人力资源战略的形成

(一) 人力资源战略的形成方法

1. 战略形成的理性规划法

早期人力资源战略形成的规划模式与人事规划模式相比，存在一些关键差异，主要体现在两个方面：一是规划过程中提出的问题；二是规划的参考标准。人事规划模式是在组织规划基础上预测人力资源的需求，并根据组织内部的供应分析调整这些需求。其关注的最根本的问题是组织所需要的技能、组织内部的人事流动以及组织各层级的人员配置等。而早期的人力资源战略形成模式将组织的长期需求以及广泛的人力资源相关问题如柔性运营、员工竞争力、士气及承诺等统筹考虑，即在组织战略和人力资源战略之间是一种单向的关系，与其他职能单位如财务部门或市场部门的专项战略一样，人力资源战略主要建立在组织战略的基础上，并能够反映组织今后的需求。

2. 战略形成的循序渐进法

（1）战略形成的相互作用法。在早期对人力资源战略形成的描述性研究中，戴尔的结论是组织战略和人力资源战略相互作用，组织在整合两种战略的过程中要求从人力资源角度对计划的灵活性、可行性及成本进行评估，并要求人力资源系统开发自己的战略以应对那些由于采取计划而面临的人力资源方面的新挑战。

伦尼克豪在人力资源战略形成的“相互依赖”模式的描述中认为，组织战略与人力资源战略的形成具有双向作用。该模式建立在战略形成理性化的基础上，并提出三个假定：一是假定组织战略已经制订好；二是假定人力资源战略是受组织战略实施导向的，因此人力资源战略对组织战略的形成及完成并无贡献；三是人力资源战略的实施可能会随组织战略变化而调整，不过是平稳的调整。其研究证实了人力资源战略不仅受到组织战略的影响，同时也受到组织是否对未来的挑战和困难做好了准备的影响。当然这些影响也并非单向的，人力资源战略对组织形成全面战略及战略执行有着自己的贡献。他们提出，人力资源战略的产生就是为了适应组织的成长期望和组织对期望的准备。基于不同的成长预期和组织准备有四种不同的战略方案，例如，有较高组织期望但准备不够充分的将表现为三种操作：一是投资在人力资源上以提高执行能力；二是根据所缺乏的准备条件调整组织目标；三是利用现有的人力资源配置优势改变战略目标。上述三种情况下的人力资源战略和组织战略相互提供信息并相互影响。因此处于战略形成过程中的组织如果能系统全面地考虑人力资源和组织战略，其组织绩效将会远远好于将两种战略看成竞争性战略或者仅仅把人力资源战略当成解决组织竞争优势的一种途径的组织。人力资源战略的核心作用是通过建立组织异质性的人力资源以获取竞争优势来推动组织战略的实现，人力资源战略通过创造和发展核心资源这一直接路径以及建立和维护核心资源发挥高效运作的组织文化间接路径对组织战略产生影响。研究证实，越来越多的组织将人力资源整合到组织战略的形成过程中来。对两种战略进行整合的大中型组织的比例已从 20% 上升到

45%。

泰勒、比奇勒和内皮尔运用资源依赖理论来解释战略形成过程中交叉作用的性质。他们认为，相互作用的程度取决于：①系统—部门战略设计的组织导向（高度集中、分权或学习型）；②被公司最高管理层视为成功执行组织战略的关键性内部系统资源交易的性质；③系统领导者的能力。卡佩利和辛格提出，人力资源战略与组织战略必然结盟，甚至人力资源战略还可能在某种程度上主导组织战略。他们认为，正是有技能的员工创造了后工业化的组织，这意味着竞争优势来自组织本身，即具体的、难以模仿的有价值的资源。人力资源管理的战略意义就是人力资源管理人员通过对公司员工有价值的、不可转移的技能开发，体现出人力资源对组织持久绩效的可能影响。

人力资源战略对组织战略的作用主要体现在以下方面：第一，系统—部门战略的分权化导向；第二，公司最高管理层将人力资源系统视为获得竞争优势的主要基础；第三，人力资源系统的管理者被视为非常有能力的人。上述的资源依赖理论是建立在交换、协商以及政治利益基础之上的。因此对人力资源战略形成过程的性质和结果的预测仅在某种程度上是可行的，即对那些有着共同利益的权利和独立关系有着全面的了解。

（2）战略形成的决定法。上面的理论提到人力资源战略直接或间接地（通过组织战略）受环境因素影响，而环境因素是由人力资源系统的决策者来识别、诠释、分析并执行的。有些研究人员认为管理人员的作用在人力资源战略形成过程中应受到更多的限制。例如，在调查合法性及获得监督部门（政府部门、行业协会）的许可时，组织可能不考虑整体的组织战略而采用一般性的人力资源战略。因此从法律的观点来说，如果人力资源战略的组成要素有利于确保组织的稳定和生存，尽管与组织的战略利益密不可分，人力资源战略要素仍然有可能被放弃。

近年来，对国际人力资源战略的研究支持这样的观点，预测监督者的行为对人力资源战略的形成也起到重要的作用。赫塞里德、杰克逊和舒勒在研究中发现，美国组织更倾向于技术性人力资源管理，而不是战略性人力资源管理，其原因在于主要的外部监督者（如政府部门的平等就业委员会）的要求和规定改变了管理行为并为专业性的人力资源培训与评估创造了条件。因此他们认为应按照法规要求组建人力资源系统，塑造人力资源经理的专业技能等。外部的法律压力显然对把战略方法运用到人力资源系统中起到了限制作用。赵智文在对跨国组织海外子公司人力资源管理战略选择模型的研究中指出，当环境不确定性、文化差异越高时，跨国组织子公司越倾向采取“当地回应”的国际人力资源管理战略，以取得更好的经营绩效。

人口生态学家也认为管理并没有在战略形成中起到很大的作用。组织绩效和生存在很大程度上取决于组织存在的环境的性质。环境特征如人口密度和环境稳定与否，能更好地解释组织的选择。尽管大多数学者批评人口生态学派过于看低战略方向对于组织的价值，但他们仍坚持认为，结构的相关性（员工协同作用、向组织提供关键性结构惯性资源）在很大程度上对组织的生存至关重要，组织人力资源战略的制订同样也是组织战略和组织生存的重要决定因素。不是人力资源系统去适应产品生命周期或组织战略，而是组织应在生命周期的早期就设计人力资源技巧去加强结构惯性，并通过这种方式增加组织的生存机会。他们的发现说明，组织从早期就开始重视建立强势的、关联的员工队伍可以增加组织的生存机会。人力资源战略的任何变化都有可能削弱组织关联性，从而影响组织生存。

（3）参考点理论。班伯格和菲根鲍姆试图将建立在理性规划法基础上的人力资源战略形成的决定模式和循序渐进模式结合起来，他们使用战略性参考点来描绘人力资源战略的形成过程。人力资源的战略性考察点是目标或基准点，组织决策者用来评价选择战略决策。人力资源战略参考点理论（HRSRP）可以用三维矩阵来描述，即内部能力、外部条件和时间。从这一点来看，HRSRP 吸取了理性规划法关于经理人对战略的形成具有高度的控制这一观点。班伯格和菲根鲍姆从两个方面发展理性规划法：第一，他们提出了以高度决定性的资源和权力为基础的理论来解释 HRSRP 构架体系；第二，他们提出了管理诠释和感知过程会对 HRSRP 解释人力资源战略起到调节作用。

很多学者认为利用组织理论、资源基础学说和权力基础学说有助于理解 HRSRP 的系统架构。上述学说中有人口生态学说、法律及资源决定学说。扎姆托提出，虽然学说之间存在差异，但所有这些理论在关于组织构成这一点上有共同的观点，其原因在于它们都是建立在权力基础学说和资源基础学说之上。班伯格和菲根鲍姆认为，类似的权力基础学说和资源基础学说推动系统层面出现了许多现象，如 HRSRP 构架中的参考点。如果组织中人力资源职能缺乏影响，就不可能有能力去构想富有远见的人力资源计划。对所有参考点进行评估和选择时，职能影响较弱的经理会大量运用历史导向的参考点。这些经理认为有必要在平稳和渐变的基础上审视战略选择，这样才能保证他们在组织中的存在和发展没有风险。相反地，那些具有较强影响力的经理更多地采用未来导向的战略参考点。对他们来说，更重要的是能突出以自己为中心、反映自己利益和更复杂组织变换基础上的战略选择的审视。

类似地，班伯格和菲根鲍姆提出，在人力资源系统更有影响力的组织中：① HRSRP 矩阵的内部要素受到成果导向目标（如结果）而不是过程导向目标（如方式）的制约；② HRSRP 构架的外部取向更加明显。关于第二点，虽然法律要求所有的人力资源系统在确定系统目标时要考虑公共利益，但是在多大程度上考虑外部的战略参考点是组织内人力资源部门的权力。例如，薄弱的人力资源系统依赖其他系统资源，在形成人力资源政策和措施时将不得不特别注意外部监督者的利益和所关心的问题，但是人力资源系统肯定缺少授权和资源来考虑更大范围的外部参考点。

总而言之，经理在 HRSRP 构架的形成中具有一定的控制力，班伯格和菲根鲍姆提出管理控制经常是受到限制的，综合考虑了组织决定论观点，非常强调组织的微观政治环境是理性规划过程的限制条件。

虽然人力资源战略参考点构架影响了所采取的人力资源战略和措施，但与组织现状相关的战略参考点会调节这一影响。也就是说，人力资源战略参考点构架会影响战略选择的性质，影响方式以战略决策者认为系统在战略参考点之上或之下的程度而定。如果人力资源系统在参考点之上，更有可能把新问题 / 新状况视为危机从而作出反应（选择新的更有斗志的工会领导），将因采取保守性和防护性政策措施（对劳资关系采取传统的对抗性方式）而导致的潜在损失最小化。相反地，如果人力资源系统在参考点之下，最好把新问题和新情况当成一种机遇，采取更大胆的措施利用这一机遇。在这种情况下，工会领导权的复杂变换会鼓励人力资源决策者挑战现有的思维方式，采用更有创新性的劳资合作计划。

因此，人力资源系统相对于主要参考点的位置关系左右了人力资源决策者的意愿，并对他们的思维方式进行挑战，推动他们采用更大胆的人力资源战略。但这并不意味着人力资源系统在主要参考点之上的组织无须在已有的基础上改进，因为环境中始终存在不确定性，甚至人力资源决策者最好在现有基础上采取渐进的方式，而不是采取与过去截然不同的方式。如果人力资源系统不得不面对新环境和新问题，人力资源决策者最好采取保守一点的态度，遵循经过证实的方式。

(二) 人力资源战略的构成

许多人力资源管理领域的学者特别重视规划好的人力资源的配置方式和能使组织达成目标的行为，通常有两种适应类型：垂直方向和水平方向。垂直方向的适应包括人力资源管理措施和组织战略管理的过程，它能引导人力资源发挥积极性；水平方向的适应是指众多人力资源管理战略之间的一致性，它能有效地配置人力资源。

除了讨论适应性外，越来越多的研究关注到人力资源战略中的柔性。组织面临的复杂而多变的环境要求灵活地采取措施。动态权变观指出，当环境变化且日趋不确定时，柔性能够稳定组织绩效并能提高组织的生存率。从这一点来看，人力资源战略从根本上说是开发组织能力以谋求与环境的一致。

上述两个观点之间实际上并不矛盾，仅仅是一些定义性的差别。本小节将提出一种理论基础来理解人力资源战略管理的双重角色，既适合人力资源系统以满足组织发展战略的需要，又要建立人力资源系统以确保灵活地应对各种战略需求。

1. 适应性与柔性的定义

很多理论从个人、群体和组织层次上提出适应性这一概念，将适应性定义为某个组织单位的需求、目标、任务、结构与其他组织单位的需求、目标、任务、结构的结合程度。大多数论述中的适应性有一个前提，即如果获得适应性，组织会有效得多。

桑切斯将柔性定义为组织对动态的竞争环境中不同需求的反应能力。柔性为组织提供能力来调整现有的政策以应对环境中不可确定的变化。韦克认为，柔性要求组织识别环境的变化并保持足够的创新行为，这样就能适应变化。柔性战略不仅是一种适应性战略，更强调创造或利用变化，或一种破坏旧的竞争优势并通过变化创造新的竞争优势的战略。高度柔性的组织具有这样一种能力，即扫描环境，评估市场和竞争者，在竞争之前快速完成转型和转变。柔性化的人力资源管理模式是一种以人为中心，以柔性方式去管理和开发人力资源，运用弹性工作制、激励导向的薪酬战略与自助餐式的福利相结合的管理模式，是激发知识型员工积极进取的重要手段之一，体现了和谐、融洽、协作、灵活、敏捷、韧性的柔性特征，是一种反应敏捷、灵活多变的人力资源管理模式。

2. 适应性与柔性的关系

米利曼等人提出，在适应性和柔性之间有两种关系，第一种是垂直观点，即适应性和柔性是连续体的两个端点，它们不可能同时存在；第二种是互补观点，认为两者之间是相互依赖的。米利曼等人认为，两种观点之间的差别主要在于时间参数和研究目的。在时间参数方面，垂直观点支持者关心与组织相关的每一个时点上发生的事，因此不可能发生同时存在适应性和柔性两种方式的情形；互补观点支持者认为，两个概念对于组织绩效来说是必要的，战略管理的挑战就是处理变化，持续地适应组织发展和外部环境，这本身就是适应性和柔性的统一。在研究目的方面，垂直观点更多的是描述性的，强调组织实际上是如何做的；而互补观点更多的是提供方法，强调组织应该如何做。

适应性与柔性互补的另一个原因是侧重组织的不同方面。我们也可以把适应性看作在某一时点的存在状态，同时由于适应性体现在内部（人力资源方面）和外部（战略方面）两个变量的交叉处，因此适应性处理了不少动态的互补关系，就好比是“快照”，在时点1时适应不保证在时点2时仍然适应。

然而柔性对组织来说不是一个临时状态，而是一种特征。大多数柔性的定义中提到在动态环境中解决需求的能力。相比适应性处于内部和外部的交叉处，柔性更多的是在内部，通过组织特征使之成为可能，包括广泛的、特殊的技能，人力资源的竞争力，有机的管理系统等确保组织适应环境变化的组织特征。实际上，柔性强调多样化和可塑性，我们将柔性定义为组织响应环境变化的快速调整资源采取行动的能力。较之垂直观点，这一定义同时涵盖了适应性和柔性。

3. 适应性、柔性与人力资源战略管理

人力资源战略管理的根本作用在于推动组织去适应竞争性环境。在稳定的可以预测的环境中，组织通过官僚体制可以有效地达成目标，人力资源的技能开发只在很小的范围里，人力资源系统也只能产生小范围的员工行为。在动态且不可预测的环境里，组织需要采取有机的人力资源系统，推动人力资源开发广泛的技能，能在相当广泛的范围内从事工作。在可以稳定预测的环境情况下，一旦获得适应性，柔性就变得相对次要，因为环境在很长一段时间内不会改变。在目前的大环境中，我们面临的是不断变化的、竞争性的环境，组织只有成为柔性的组织才能获得适应性。人力资源战略管理就是推动组织向柔性化方向发展从而达到动态适应的一系列政策和措施。毫无疑问，人力资源战略管理将同时促进组织的适应性和柔性。

在组织中存在不同的人力资源管理措施，有的支持组织适应性，有的推动组织柔性，有的兼而有之。例如，追求客户服务档次提高的组织就可以开发甄选程序，用角色扮演或面谈来充分观察和评价候选人在提供客户服务方面的个人能力。培训计划也可以提高员工的客户服务技能，此外，组织还可以建立评估和激励系统，对客户服务行为进行评价和奖励。

很多人力资源管理措施重在开发员工技能和行为规范，这同样也可以提高组织柔性。甄选程序的创新有助于组织识别那些具有学习能力并能很快适应新环境的候选人，这无疑也会形成组织的竞争优势。培训计划提高了员工的技能和行为规范，同时也对员工的效率和在组织中的适应程度有所影响。工作轮换、临时性委派都会使员工获得更多的经验，拓展个人技能。类似地，评价及报酬系统可激励有能力的员工参与到决策过程中来，并对突发性的环境因素采取有效的行动。近来有研究表明，人力资源管理措施结合参与性工作系统给员工创造了新的机会，员工的贡献将直接导致组织目标的达成。

4. 组织的人力资源战略

人力资源战略是组织战略将人与组织连接起来的一个很有说服力的例证，要求其重视管理，在所需资源之间建立承诺。许多在行业中领先的企业或组织很重视制订有效的人力资源战略，人力资源经理最关心的就是必要的战略分析、战略制订以及战略实施。在制订人力资源战略过程中提出的人与

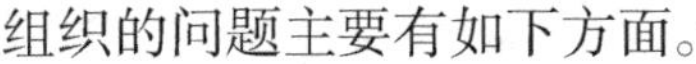

组织的问题主要有如下方面。

（1）吸引、留住、开发重要人才。①招聘、甄选具有特殊才能的人才；②开发和培养将来人才所需的能力；③通过组织承诺和员工承诺建立忠诚；④对关键人才提供必要的价值计划。

（2）建立高绩效工作系统。①为创造高绩效文化作出承诺；②建立责任制；③与客户建立紧密关系，提高客户满意度；④与每位员工沟通，使他们了解公司的定位；⑤跨单位、跨地区推动团队合作；⑥帮助个人提高专长和技能；⑦加快创新和创造的速度；⑧将薪酬体系与优先权结合（激励、利益共享、股权、以团队工作为基础的付酬）；⑨确立组织长期成长的价值和理念。

（3）组织之间的战略联盟。①员工参与组织计划制订；②创建组织思想体系，提出员工如何对组织作出贡献和通过相互理解建立承诺；③跨业务行为（跨职能部门的团队、任命、沟通）；④与部门经理、团队负责人、领导之间有效的互动式个人沟通；⑤从质量管理到平衡、整合变化，如成长性、市场份额、新市场、客户保留。

（4）组织学习与知识管理。①举行信息共享和学习的讨论会，在所有的会议和交流中培养学习习惯；②建立知识体系（数据库、处理和输入的技术）；③跨部门的信息共享技术（内部网络）；④提供除课堂教育之外的学习资源（业务相关学习、远程学习）；⑤建立学习联盟（高校、咨询机构、专家）。

（5）全球竞争。①了解全球经济、市场机会和竞争前景；②建立柔性全球组织、伙伴关系，不直接控制（联盟、合作组织）；③组织单元小型化，与市场和全球性组织建立联盟；④对国际市场相关的文化和经营管理差别有全面认识；⑤全球范围内的战略实施能力；⑥通过教育、任命、继任和个人负责树立全球领导能力；⑦组织内的知识的杠杆作用（加速新业务和新市场的开发）。

二、人力资源战略的制订

（一）人力资源战略制订的原则

人力资源战略在组织发展过程中起着举足轻重的作用，在制订人力资源战略时，要遵循以下几个原则。

第一，整体性。人力资源战略和人力资源管理的各模块是不可分割的整体。制订人力资源战略时，应该把招聘与配置、员工开发、绩效管理、薪酬福利、员工关系管理和员工退出等环节作为一个系统的整体来研究和细化，使各模块在战略的整合下共同发挥作用。人力资源战略引领一个组织从人力资源的角度进行战略管理，以实现组织的发展目标，同时提供了通过人力资源管理获得和保持竞争优势的发展思路。

第二,一致性。人力资源战略必须与组织战略具有一致性，这种一致性是通过建立组织与员工的双向促进机制来实现的。人力资源战略应该促使组织发展与员工发展相统一，使两者共同成长。

第三，长期性。人力资源战略关注的重点是组织人力资源的长期发展，是对组织经营战略的长期影响，而不是短期的眼前所面对的问题。因此，组织人力资源战略通常以 5 年或 5 年以上为宜。组织人力资源战略只有规定了未来一段时期内组织人力资源管理的发展方向、目标和实现途径与对策以后，才能对组织人力资源的总体发展起到指导作用，并发挥对组织人力资源发展活动的促进和约束作用。

第四，适应性。人力资源战略必然要受到组织外界环境和内部条件的影响和约束。因此，人力资源战略必须因地制宜，要既能够适应外部环境的变化，又能满足组织内部的各项约束条件。此外，人力资源战略要符合组织内外各方面的利益，才能得到员工的认同。

第五，可行性。可行性是指组织一旦选择了某个发展战略，就必须考虑组织能否成功地实施该战略，组织是否具有足够的财力、物力等资源支持该发展战略的实施。如果在可行性上存在疑问，就需要扩大组织人力资源战略的研究范围，考虑采用何种方式来获取战略实施所需要的资源，或考虑选择其他的发展战略。在许多情况下，如果组织在开始实施发展战略时并不知道应该采取哪些行动，就说明组织所选择的战略可能不可行。

第六，动态性。人力资源战略管理是一个与组织战略动态匹配的过程。在现实的管理过程中，组织战略是动态发展的，它会随着组织内外环境的变化、组织目标的改变而不断发生变化。组织战略对人力资源管理中的人员招聘、绩效考核、薪酬管理等方面有着重要的影响作用。因此，人力资源战略

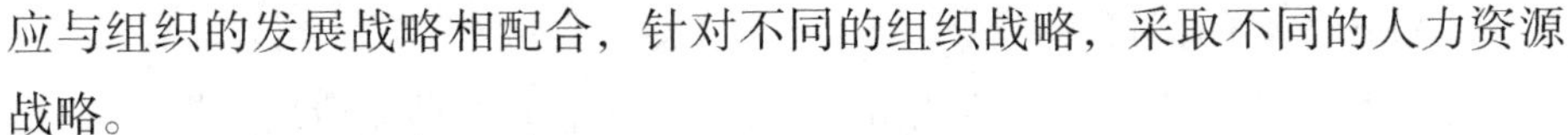

应与组织的发展战略相配合，针对不同的组织战略，采取不同的人力资源战略。

（二）人力资源战略制订的过程

1. 环境的分析

环境分析是制订人力资源战略的第一步。进行环境分析不仅要关注组织人力资源管理的现状，更为重要的是要考察并获取可能对组织未来绩效发生影响的内外部变化信息。

组织应该定期或者不定期跟踪扫描内外部环境变化，识别可能影响人力资源和组织发展的潜在问题。审视分析组织的内外部环境需要识别一些组织未来可能发生的情况（例如，组织以当前的增长速度持续成长，或者组织利润跌破行业平均水平致使组织发生负成长等），分析组织战略和竞争战略的导向，从而为制订人力资源战略奠定基础。

2. 关键问题的识别

根据前面所作的环境分析，确定目前组织应该解决哪些具有战略高度的人力资源管理问题。例如，由于组织发展中出现的全球化、顾客导向、文化变革、公司并购、多元化经营、分销渠道创新等问题，相应的人力资源问题可能包括人才吸引与保留、人力资源结构优化、人才队伍建设、员工福利待遇满意度提升等。

识别关键问题是为了明确人力资源战略的重点，是构建人力资源战略目标的基础。关键问题来自组织经营管理过程，解决关键问题能够从根本上保证人力资源战略对组织战略的支持度。

3. 战略模式的选择

目前，已经有一些成熟的人力资源战略分类得到了广泛认可。例如，根据人力资源战略重点，将人力资源战略划分为吸引战略、投资战略和参与战略；而从获取人力资源的角度，又可将人力资源战略分为完全外部获取战略、混合获取战略和完全内部获取战略。通过 SWOT 分析，将人力资源管理工作面临的内外部环境因素分为优势、劣势、机会、威胁四大类。组织可以从发挥优势、避免劣势、创造机会、减少威胁的角度出发，选择一种或者多种成熟的人力资源战略，作为制订本组织人力资源战略的基础。

4. 备选方案的拟订

在选择了人力资源战略类型的基础上，根据组织具体情况，提出有组织特色的战略措施，拟订备选的人力资源战略方案。人力资源战略方案编制的核心内容包括指导思想、战略目标和战略措施。

5. 最终战略方案的选择

在多个人力资源战略备选方案中进行选择时，可以采用关键因素评价矩阵方法。采取赋分值的办法，以备选方案和关键影响因素的契合程度为依据，对方案进行评分。评分标准为：非常契合计4分、契合计3分、不契合计2分、矛盾计1分，并根据每个影响因素的重要程度，给每个因素赋予权重，权重与评分的乘积，即该备选方案与这一因素的契合得分，总分最高的备选方案即最可行的备选方案。表11-1[①]为人力资源战略备选方案评分。

表11–1　人力资源战略备选方案评分

影响因素	权重	某方案与影响因素的契合程度				得分
		非常契合	契合	不契合	矛盾	
组织战略						
组织文化						
组织结构						
组织发展阶段						
组织经营方式						
人力资源管理现状						
合计						

通过以上程序，一个完整的人力资源战略就形成了。应该注意的是，由于组织的实际情况受多方面因素的制约，所以一个有效的人力资源战略要综合不同方面的因素来建立，并非一成不变。人力资源战略的制订过程也应该根据组织情况灵活把握，绝不能生搬硬套。

① 尹乐，苏杭．人力资源战略与规划[M]. 杭州：浙江工商大学出版社，2017：73.

第三节　人力资源战略的常见类型

一、战略重点视角的分类

第一，吸引战略。吸引战略与成本领先的竞争战略相联系，主要是通过丰厚的薪酬来吸引人才，从而形成一支稳定的高素质的员工队伍。常用的薪酬制度包括利润分享计划、奖励政策、绩效奖酬、附加福利等。由于薪酬较高，人工成本势必增加。为了控制人工成本，组织在实行高薪酬的吸引战略时，往往要严格控制员工数量，吸引的也通常是技能高度专业化的员工，招聘和培训的费用相对较低，管理上则采取以单纯利益交换为基础的严密的科学管理模式。

第二，投资战略。投资战略与差异化的竞争战略相联系，主要通过聘用数量较多的员工，形成一个备用人才库，以提高组织的灵活性，并储备多种专业技能人才，这种战略注重员工的开发培训，重视培育良好的劳动关系。在这方面，管理人员担负了较重的责任，以确保员工得到所需的资源、培训和支持。采取投资战略的目的是要与员工建立长期的工作关系，因此组织十分重视员工，以员工为投资对象，让员工感到有较高的工作保障。

第三，参与战略。参与战略与集中化的竞争战略相联系，它谋求员工有较大的决策参与机会和权利，让员工在工作中有自主权，管理人员更像教练一样为员工提供必要的咨询和帮助。采取这种战略的组织很注重团队建设、自我管理和授权管理。组织在对员工的培训上也较重视员工的沟通技巧、解决问题的方法、团队合作技巧等内容。

二、员工管理理念视角的分类

1989年舒勒基于组织对员工的管理理念，将人力资源战略分成三种类型：累积型、效用型和协助型。

第一，累积型战略。累积型战略即用长远观点看待人力资源管理，注重人才的培训，通过甄选来获取合适的人才。基于建立员工最大化参与的技能培训，以获取员工的最大潜能，开发员工的能力、技能和知识。

第二，效用型战略。效用型战略即用短期的观点来看待人力资源管理，较少提供培训。基于对员工的承诺及高技能利用极少，录用具有岗位所需技能且立即可以上岗的员工，使员工的能力、技能与知识能配合特定的工作。

第三，协助型战略。协助型战略介于累积型和效用型战略之间，个人不仅需要具备技术性的能力，同时在同事之间还要有良好的人际关系。在培训方面，员工个人负有学习的责任，组织只提供协助。

可见，当组织将人力资源视为一项资产时，就会采取累积型战略，加大培养力度；而当组织将人力资源视为组织的成本时，就会选择效用型战略，只提供较少的培训以节约成本。

三、人力资源管理环节视角的分类

在人力资源管理实践中，根据管理环节的不同，可将人力资源战略划分为获取战略、保留战略和使用及培养战略。

（一）人力资源的获取战略

从人力资源获取的角度将人力资源战略分为完全外部获取战略、完全内部获取战略和混合获取战略。以下阐述各种战略模式的特点及适用条件。

1. 完全外部获取战略

顾名思义，完全外部获取战略即组织的人力资源完全从外部市场获得。此战略的目标在于使组织的培养成本最低。采取完全外部获取战略的组织与员工之间通常是一种纯粹的利益关系，两者之间的权利和义务主要是依靠契约确立的。采用此类战略的组织，其员工流动率通常比较高，组织主要依靠有竞争力的薪酬吸引劳动力进入组织，因此选择此类战略要求组织所在地的劳动力市场相对较发达。通常采用这类战略的组织对员工的投入主要表现在薪酬上，而在培训等方面的花费很低。这类人力资源战略要求组织的工作说明及各类规范制度完善、明确，组织尽量实行标准化的管理，减少组织活动对员工的依赖，并将工作说明作为招聘时对申请人员进行审核的主要依据。

完全外部获取战略适用于所在地劳动力市场较健全的组织，因为这类组织可以随时在市场上招到需要的人；同时，采用该战略的组织的各类活动通常标准化程度较高，对员工的依赖性较低。

完全外部获取战略的优点在于从外部获取人员，能够吸纳大量优秀的各方面人才，使员工队伍更加优良，进而加强组织的创造力；该战略的缺点在于员工对组织的认同感不高，组织员工队伍不稳定，并且具有不同的文化背景，这样会加大员工之间的观念冲突，增加组织的协调沟通成本。

2. 完全内部获取战略

完全内部获取战略即组织人员绝大部分是由内部获取。这类战略的目标在于通过培养内部员工提高组织凝聚力，从而提高组织竞争力。采取完全内部获取战略的组织与员工的关系不仅仅是契约关系，组织会通过福利、培训等方式加强员工的归属感，因此组织在员工身上的投资大幅增加。完全内部获取战略的工作规范不是很严格，在招聘时主要的依据也不是工作规范，而是重视申请人员的培养潜力。

完全内部获取战略适用于组织文化较强大，能够在很大程度上影响组织员工行为的组织，同时组织活动对于团队合作的程度要求较高。

完全内部获取战略的优点在于通过内部培养人才，能够加强员工对组织的认同感，会使组织的人力资源队伍相对稳定，且组织内部的沟通相对顺畅；这类战略的缺点在于组织员工的流动率较低，因此组织的创造力会下降。

3. 混合获取战略

混合获取战略即组织的员工通过外部市场和内部市场相结合的方式获得的战略模式。混合获取战略是通过综合外部获得人力资源和内部培养两种方式的优缺点，对组织的不同类型人员运用不同的获取方式，进而达到人力资源获取的最优。

混合获取战略适用于规模较大、部门较多的组织。此战略的优点在于综合使用两种战略，对不同的人员采用不同的管理方法，使人力资源管理更加合理和科学。此战略的缺点则是增加了人力资源部门的工作量，对组织人力资源部的要求也较高。如果组织的人力资源部门不能很好地实施各项战略，就会造成组织人力资源管理的混乱，进而影响员工的工作。

(二) 人力资源的保留战略

从保留人才的角度，可将人力资源战略分为不留人战略、培养留人战略和诱导留人战略。

1. 不留人战略

采用不留人战略的组织不会努力采取措施来留住人才，这种战略的目标在于降低人力资源管理成本。在这种战略指导下，组织与员工的关系是契约关系或临时契约关系，组织对员工的投入主要局限于薪酬方面，培训方面的投入很少，且薪酬水平不会高于市场平均水平。

由于该战略下组织对员工投入少，因此员工流动率较高。该战略适用于劳动力相对充足地区的组织以及机械式结构的组织，这些组织活动标准化程度高，对员工依赖度低，不用担心员工的离开会使组织陷入困境。

不留人战略的优点是组织基本不会努力采取措施留住员工，因此可以节省组织的成本；缺点在于该战略可能会使大量的优秀员工流失，从而减弱组织竞争力。

2. 培养留人战略

培养留人战略即通过为员工提供量身定做的相关培训来吸引员工，进而留住员工。该战略的目标在于通过为员工提供有针对性的培训以及良好的锻炼机会，提高员工的技能水平，提高组织的工作效率，同时留住优秀的员工。此类战略重视员工的培训活动，因此在招聘时组织既重视员工的潜力也看重员工的技能。为了更好地让员工得到锻炼，组织会提供岗位轮换的制度，并为员工制订适合的培训计划。在此战略下，组织对员工的投入主要体现在培训上，在薪酬方面会与市场水平基本相当或略低于市场水平。

培养留人战略适用于以下条件的组织。①资金实力相对不够强，但在培训员工方面有相当的积累的组织。②处于成长期的组织，因为组织处于成长期，会给员工提供更多的锻炼机会和上升空间。③处于产品更新速度较快的行业的组织，因为产品更新速度快，要求组织员工的知识更新速度也很快，因此对员工的培训也是很重要的。

培养留人战略的优点为成本相对较低；缺点为见效时间较长，速度较慢。

3. 诱导留人战略

诱导留人战略即通过高薪酬来留住人才的战略。此类战略的目标在于通过高薪留住组织内部优秀的人才，增强组织的核心竞争力。该战略对员工的投入主要体现在高出市场平均水平的薪酬上，培训方面基本没有投入。此

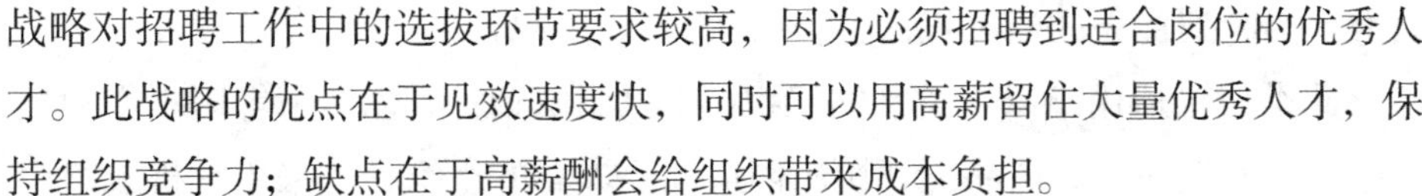

战略对招聘工作中的选拔环节要求较高，因为必须招聘到适合岗位的优秀人才。此战略的优点在于见效速度快，同时可以用高薪留住大量优秀人才，保持组织竞争力；缺点在于高薪酬会给组织带来成本负担。

(三) 人力资源的使用及培养战略

从人力资源使用和培养的角度对人力资源战略进行分类，将这两类功能合并起来，从组织对这两项功能投资多少的角度看，人力资源战略分为低成本战略、高投入战略和混合战略三类。

1. 低成本战略

低成本战略即尽量降低组织使用员工的成本。此战略的主要目标在于最大限度地降低人力资源的使用成本。选择此战略的组织基本没有对员工的培训，对员工的考核主要是通过对工作结果的评价得出的，往往以组织利益最大化为指标考核员工。组织也不会为保留员工而增加用人成本，因此人员流动率较高。采用此类战略的组织也会尽量降低招聘的成本。

以成本优势为核心竞争力的组织会采用这种人力资源战略。这种战略的使用会带来高员工流动率，因此采用此战略的组织通常具有以下特征：①组织所在地的劳动力市场相对健全，不会因为人力资源的流失而影响到组织的正常活动；②组织结构为机械式组织，这种组织结构具有层级严格、职责固定、高度正规化、沟通渠道正式、决策集权化等特点；③产品更新速度不快，生产活动标准化程度高。

低成本战略的优点在于最大限度地降低了人力资源管理的成本；缺点在于从降低成本的角度考虑人力资源管理活动，可能降低员工对组织的忠诚度，导致组织员工凝聚力差。

2. 高投入战略

高投入战略即在用人和育人方面投入较大的人力资源战略。此战略通过对员工队伍增加投资来提高组织效率。该战略的主要特点在于对员工的投入较大，组织关注员工在组织内的成长，并因此投入人力、物力，组织人员的流动率也就相对较低。此类战略对员工的考核也不再是只关注结果，而是结合过程和结果共同进行评估。在培训方面，也会付出大量物力给员工以较好的培训。员工的成长带动组织成长是该战略的目标所在。在招聘方面，组织为了招聘到优秀的员工投入也会较大。

此类战略适用于以下类别的组织：①以团队精神、创造力等因素作为核心竞争力的组织；②产品更新快、创造性要求高的组织；③采用有机式组织结构的组织，因为该类组织的特点是合作、不断调整职责、低正规化、低复杂性和分权化。

高投入战略的优点在于组织对员工的高投入，能够吸纳或培养大量的优秀员工，提高组织的整体竞争力；缺点在于组织对员工的投入高会提高组织的成本。

3. 混合战略

混合战略即混合使用上述两种战略的人力资源战略。该战略通过对不同的员工使用低成本战略或高投入战略，从而使组织的资源得到最优化使用。该战略的特点是综合了以上两种战略的特点，并根据具体情况使用在不同员工身上。

混合战略通常适用于规模较大、员工数量较多、职能划分较明确的组织。该战略针对不同的员工采用不同的战略，综合两者的优势，使人力资源管理更加科学和合理。缺点在于它需要组织具有较强的人力资源管理能力，如果组织不能很好地执行既定的战略，往往会造成人力资源管理的混乱，其效果可能反而不如使用单一的人力资源战略所达到的效果。

第四节　人力资源规划体系的制订

一、人力资源规划编制

（一）编制人力资源规划的目的

人力资源管理的各种职能，如招聘、任用、培训发展、绩效评估、薪酬计划和劳资关系等，基本上是相互联系、具有一定连贯性的，并不是各自独立和分散的。因此，在高度竞争的市场经济环境中，组织必须通过适当的人力资源规划，使组织全部人力资源得到合理的整合，只有这样，才能充分发挥组织的综合竞争力。

从广义上来说，人力资源规划编制的目的是配合组织的整体经营战略，评估组织人力资源外在环境中的机会与威胁，以及分析组织内部人力资源的优劣，并拟订战略，以确保组织人力资源得以有效运用。

从狭义上来说，人力资源规划编制的目的在于以下几个方面。①减少用人成本。人力资源规划可以通过对组织中现有人力资源状况进行分析，找出影响人力资源效用的“瓶颈”，使人力资源效能得以充分发挥，减少浪费。②合理配置人力资源。人力资源规划可以改善组织内人力资源配置的不平衡和不合理状况，使各部门在经营过程中做到人尽其才。③适应组织的未来发展需要。人力资源规划针对组织未来的发展，拟订人力资源招聘与培训计划，培养组织所需的各种类型的人才，使组织的发展与人力资源的成长相互协调，实现员工个人与组织的最佳配合。④满足员工需求。人力资源规划能让员工充分了解组织对人力资源需求的计划，以根据组织未来发展中可能空缺的职位，制订个人努力的目标，并按照所需条件不断充实和发展自己。人力资源规划一方面适应了组织目前和未来的人力需求，另一方面也使员工获得了个人成长的满足感。

(二) 编制人力资源规划的内容

关于人力资源规划的内容，国外许多专家学者提出了自己的建议。沙因认为，在整个人力资源规划过程中，员工个人需求和个人发展均是决定有效人力资源规划的要素。维特勒认为，人力资源规划是对当前人力资源状况的分析及配合组织需求进行的未来人力资源需求预测过程。伯格则将人力资源规划分为短期规划与长期规划，短期规划是根据组织目前的状况测定其对人力资源的需求，进而制订计划以配合组织目标的实现；长期规划则是以未来组织需求为起点，参考短期规划的需求，测定未来的人力资源需求。

国内学者也提出了一些人力资源规划编制的主要内容，其所强调的重点各有不同。但也存在一些问题：①仅考虑人力资源供需问题而忽视了其他因素，如人力资源成本问题等；②把长期人力资源规划与短期人力资源规划混为一谈，对实际应用不利；③长期与短期人力资源规划脱节，人力资源规划与组织经营战略脱节，缺乏战略性整合。

鉴于此，综合目前国内外理论界的研究成果与组织的实践经验成果，

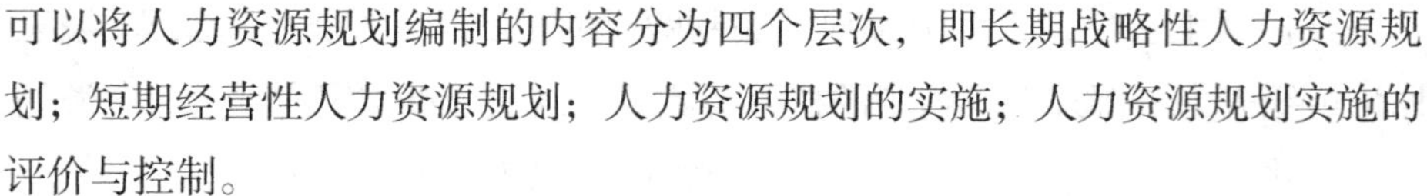

可以将人力资源规划编制的内容分为四个层次，即长期战略性人力资源规划；短期经营性人力资源规划；人力资源规划的实施；人力资源规划实施的评价与控制。

（三）编制人力资源规划的程序

人力资源规划是通过结合组织当前和未来的战略发展导向对组织内外部人力资源需求和供给状况进行分析和预测，并以此作为组织人力资源战略基础的一种人力资源管理职能。通常而言，组织人力资源规划编制可按照环境评估、设定目标与战略、拟订方案、实施与控制四个步骤进行。

1. 环境评估

人力资源规划作为组织规划的一个重要环节，必然受到组织所处经营环境的影响。而组织经营环境一般可从内、外两个方面分析。对于内部环境，应评估组织员工数量、员工素质、培训制度体系等。一般情况下，组织可以借助人力资源档案中对每个员工的基本资料、工作经验、受教育程度以及其他特殊信息的记录来分析评估；而对于外部环境，主要分析人口政策、教育政策、经济发展、科技发展等对未来劳动力市场构成影响的若干因素。

2. 设定目标与战略

人力资源的目标与战略的设计应以组织的目标与战略为蓝本，并配合组织未来整体目标的实现。目标可以分为近期、中期和远期目标，目标之间相互连贯配合。某些组织的目标实质上也就是人力资源规划的目标。例如，降低员工流动率可能包括在组织整体目标之中，同时也是人力资源规划的目标之一。组织的目标一旦设定，就要提出实现此目标体系的一系列可行性战略。

3. 拟订方案

一套完整的人力资源规划方案一般应包括下列几个内容。

（1）工作分析，即对组织中各项工作的内容、责任、性质以及从事此项工作的员工所应具备的基本条件（包括知识、能力、责任感）加以研究、分析的过程，是实现科学化人力资源管理的基础，并为组织进行人力资源的使用及配置、职务的升降、绩效考核、培训、合理的薪酬体系提供依据。

（2）工作评价，是工作分析的延伸，是为了解各项工作的责任程度和考

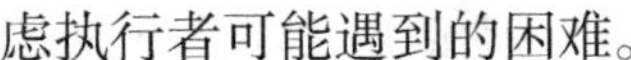

虑执行者可能遇到的困难。

(3) 职业生涯分析。依据员工自行拟订的职业生涯规划，鼓励其对工作积极参与，提高其成就感。

(4) 招聘规划。因事设人，而非因人设事，达到人—事的最佳匹配。

(5) 培训规划。适应实现组织与员工个人发展目标的需要，依据5W1H (who/whom，when，where，what，how) 分别拟订计划，并安排培训课程、编制预算。

(6) 绩效考核规划。根据员工表现，给予公平合理的评估，作为薪酬调整、晋升及其他奖惩的依据。

(7) 人力资源流动规划。根据绩效考核的结果，对员工进行公平合理的调整。

(8) 人力资源报酬规划。给予员工合理公正的报酬、优厚的福利待遇及舒适安全的劳动条件，使其安于工作，提高劳动生产率。

(9) 其他。诸如申诉制度、劳资关系、离职管理等。

4. 实施与控制

一旦人力资源规划方案及行动方案通过可行性评估并得以确立，就应在组织中推行，并对其成效加以评估和控制，将结果反馈到人力资源管理部门以便得到进一步修正和完善。人力资源规划的实施过程中，应当做到有明确的人员对规划的实施过程进行跟踪和反馈，同时按照实际状况作出必要的调整和修改。

二、人力资源流动规划

人力资源流动是人力资源的流出、流入和在组织内流动所发生的人力资源变动，它影响到一个组织人力资源的有效配置。一般而言，组织内的人力资源流动主要包括晋升、调动和降职三种，其运用是否合理得当，将会直接影响组织的整体士气与活力。

(一) 晋升

晋升的途径主要包括直线晋升制和多路晋升制两种方式。直线晋升制，即遵循单一途径由低层到高层。这种单一晋升制度因不能兼顾员工广泛的兴趣而受到很大的限制，只适用于小型组织。多路晋升制则适用于功能型或混合型组织，组织中的每一位员工均有较多的弹性晋升机会。员工若是能够确切了解其在组织中的晋升途径，就能很容易地确定其未来的发展方向，从而拟订合理的职业生涯规划。

晋升的标准随着各个组织性质的差异而有所不同，如工作年限、经验、工作表现、学识、能力等因素都可成为晋升依据。为使晋升制度公平、公正，一般晋升的方式有以下两种。

1. 晋升考试

在职位出现空缺的时候，可以由公司内部表现优异的员工报名参加晋升考试，以决定谁将获得晋升。一般的晋升考试有笔试和面试两种方式，笔试在于测试考试者在专业知识方面是否达到一定水平，面试则主要在于了解和判断考试者的仪态、反应和思考能力。晋升是组织对工作努力的员工的一种肯定和回报，所以晋升考试应将实际工作表现成绩以不低于 30% 的比例予以考虑，最后得分最高者就可以获得晋升的机会。

2. 绩效考核

以晋升为目的的绩效考核应成立评审委员会，评审委员会由对组织业务比较了解且立场比较公正的主管和员工代表组成，一般是对被考评者的学历、考绩、品德、工龄、平时所得的奖惩、发展潜力等项目逐项评分。

晋升是一个组织中人力资源流动的最重要的方式。不论采用哪种方式，必须使组织中最成功的人员获得晋升，才能保证组织的正常运转。一旦晋升失误，补救十分困难。

(二) 调动

1. 调动的目的

组织将员工在职位层次相当、职责程度相当或薪酬水平相当的职位上予以调动的目的一般在于：①适应组织紧急性业务的需要，配合组织目标而将现有人力资源重新配置；②增加员工的见识、经验和对组织的忠诚而进行的轮换；③解决人员间的冲突，消除组织中的紧张情绪；④满足个人需要；⑤防止非法舞弊事件发生而进行的防范性人员调动。

2. 调动的程序

调动程序一般包括了解员工状况、考虑是否调动、研究如何调动和实施调动。

(1) 了解员工状况。组织可从以下几个方面了解员工的工作状况及专长：①能否胜任现职工作？②工作成绩如何？③对现职工作的兴趣如何？④任现职已有多久？⑤与同事相处是否和谐？⑥具有何种特殊才能？⑦所具学识是否与现职相符？

(2) 考虑是否调动。组织可以就如下方面确定员工是否需要调动：①是否久任现职以及成绩是否优良？②个人和职位是否相宜？③与同事能否有效配合？④对工作是否厌倦？⑤学用是否一致？⑥组织编制是否允许此项调动？

(3) 研究如何调动。研究如何调动即考虑员工的调动去向，一般可遵循如下原则：①若是为了增加阅历，则以不同职务为原则；②若是为了改变环境，则以调往不同单位具有同样工作任务的职务为原则；③若是为了调剂工作情绪，则以不同内容的职务为原则；④若是为了学以致用，则以符合员工专长为原则；⑤若是为了配合编制需要，则以业务需要为原则。

(4) 实施调动。调动行动一方面可能是基于员工的申请需要，另一方面也有可能是基于用人单位的业务需要或人才培养而办理的。考虑到时间因素，可以随时办理个案，也可以定期批量办理。

(三) 降职

1. 降职的原因

一般而言，降职的发生往往基于下列原因。

(1) 组织压缩人员。例如，组织裁员或合并，必须减少相应人力或一些部门，其高级、中级员工不希望离去而自愿就任低层职务的时候，则需要对其降职。

(2) 对员工的惩罚。员工违规犯错或工作绩效不佳，但未达到解雇条件，则可以考虑降职作为惩罚手段。

(3) 弥补以前不恰当的任用。在员工晋升或调动任用后，经过一段时间的试用，发现其能力或资历不能胜任，则可以通过降职予以补救。

(4) 适应员工的个人需要。基于员工个人原因如健康状况或兴趣等，员工自愿请求降职，可以运用降职变换其工作。

2. 降职的原则

考虑到降职的负面影响较大，比如可能引起被降职员工的不满而使之产生防卫性、破坏性及报复性的行为，对于降职应该慎重考虑。在实施中应该秉持如下原则：①建立完善的试用制度；②调查事实真相；③运用书面规定，以示公正和客观；④事先通知被降职员工，可以考虑先面对面口头沟通，而后书面通知。

三、人力资源薪酬福利规划

薪酬是组织的员工依据劳动合同承担义务而获得的来自资方的报偿，是劳动者本身的收入来源，也是其维持生活的经济支柱。福利则是指员工在所获得的薪酬之外享有的利益和服务，其目的在于改善员工生活，提高工作效率。

(一) 薪酬规划

薪酬规划是组织预计要实施的员工薪酬支付水平、支付结构及薪酬管理重点等内容，是组织薪酬政策的具体化。组织薪酬规划是人力资源管理的重要组成部分，更是组织运作和管理的重要内容之一。

1. 薪酬体系

薪酬体系是组织中薪酬规划的重要组成部分，也是薪酬规划中最复杂的部分。通常而言，组织中的薪酬体系主要包括基本薪酬 (工龄薪酬、职务薪酬、职能薪酬)、津贴 (工作津贴、生活津贴) 和奖金 (绩效、工作、年终奖金、全勤、合理化建议、考绩奖) 三项。

2. 薪酬结构

薪酬体系确定后，组织需要设计薪酬结构，包括设定薪酬等级和各等级间的差距。

(1) 薪酬等级设定。通常使用的薪酬等级有两种，即单一薪酬等级和可变薪酬等级。

第一，单一薪酬等级指薪酬体系中基本薪酬的等级，组织中凡是属于同一等级职位的员工都采用同样的薪酬待遇。这种形式的薪酬缺乏激励作用，表现优异的员工可能因无法得到额外的报偿而只愿意保持最低的工作效率。

第二，可变薪酬等级则在每一职位等级内以工龄、能力、绩效考核或技术等因素为基础，设定不同的薪级。可变薪酬等级承认，员工虽然做着同样的工作，但是可能获得不同的薪酬报偿，这样可以激励员工改进工作绩效，有利于组织的发展，却容易造成管理和经费控制上的困难。

（2）薪酬差距设定。高等薪酬与低等薪酬之间的差距受产业规模、所属行业类别、职业、地域、职位等级、性别等因素的影响。在设计组织中的薪酬差距时，需要考虑薪酬幅度和各职位等级最低薪酬额的差异。

就薪酬幅度而言，通常对于组织中较复杂、危险或责任较重的工作设定较大的薪酬幅度，一般最高与最低薪酬之间的差距以不超过50%为宜。以对美国组织调查结果为例，同一职位等级内最高与最低薪酬之间的差距通常是20%～35%，在低层管理人员中，最高与最低薪酬之间的差距为30%～40%，高层管理人员的薪酬差距则达到50%～60%。需要考虑的影响薪酬幅度的另一因素是，选择固定薪酬与变动薪酬幅度的问题。例如，固定薪酬幅度为300元，即任一职位等级与下一等级薪酬的差距均是300元，但是在低职位等级中300元可能代表20%的幅度，而在高职位等级中300元则可能代表不足10%的幅度，于是在加薪的时候低职位等级的比例就显得较大，形成一种不公平的表象。事实上，因为低职位比高职位要多得多，其晋升机会也就相对较多，所以幅度不宜太大，而越到上层职位，晋升机会也就越少，就应该考虑采用较大的幅度，避免出现人力资源冻结现象。

最低薪酬额的差异问题在于相邻两个职位等级间薪酬幅度是否涵盖，或上一个职位等级的底薪是否恰恰等于下一个职位等级的最高薪。

各职位等级间没有涵盖的差距设定，其缺点较多，若幅度适中或过大，会因薪酬累进而导致成本太高；若幅度过小，又无法与考绩加薪相配合。

各职位等级间有涵盖的差距设定是一种常用的薪酬幅度设计方式，其优点在于一方面能够显示工作熟练程度的差异，即次一等的熟练员工可以比上一等的新进员工得到较高的待遇；另一方面便于暂时性的职位调动。

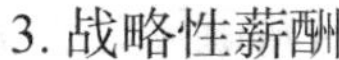

3. 战略性薪酬

战略性薪酬将组织薪酬体系的构建与组织发展战略有机结合起来，使组织薪酬体系成为实现组织发展战略的重要杠杆。战略性薪酬强调薪酬体系为组织发展提供带有前瞻性的战略支撑，它关注为组织所有员工提供一般意义上的薪酬激励的同时，也为组织战略瓶颈部门和核心人力资源设计出有重点、有区别的薪酬体系与政策，以便为组织整体发展提供战略支撑。

（1）战略性薪酬管理的兴起。战略性薪酬管理的兴起是人力资源管理的薪酬管理模块针对战略性人力资源管理的发展而作出的积极调整。在过去的几十年间，随着迈克尔·波特《竞争战略》的出版和麦肯锡、波士顿等以战略管理咨询作为主导业务的推动，战略管理的重要性日益为组织的管理者所认识并由此衍生出多种战略性管理模式。正是战略管理在组织管理中重要性的凸显，使管理者开始思考类似人力资源管理等传统的支撑型职能在组织的整体战略框架中所扮演的角色。组织将自身的职能整合进组织的整体战略中，以真正实现人力资源管理从“成本中心”向“利润中心”的转变。

（2）战略性薪酬的结构。战略性薪酬管理是现代人力资源开发管理体系的重要组成部分，必须与其他人力资源工作紧密联系，形成一个有机体。战略性薪酬管理包括薪酬策略、薪酬体系、薪酬结构、薪酬水平、薪酬关系及其相应的薪酬管理制度和动态管理机制。

第一，基于组织战略的战略性薪酬。在现代组织中，人力资源管理的基础性地位日益凸显，特别是在类似金融、咨询和会计等高度专业化的服务业中，人力资源可以说是组织重要的核心竞争力，也是组织最重要的资本。人力资源管理的基础性地位不言而喻，薪酬管理则是人力资源管理各个职能模块相互平衡的支撑点。这主要是因为，薪酬是维系其从工作分析与设计、人力资源规划、招聘与甄选等员工入职前的人力资源管理职能到培训与发展、绩效管理、职业生涯管理、劳资关系管理等员工入职后的人力资源管理职能的中介点。战略性薪酬不仅是对组织战略以薪酬作为工具进行的解构，而且是对人力资源管理职能模块的重新整合。战略性薪酬的这种作用可以从战略、制度和技术三个层面概括。

一是战略层面。每个组织的存在都有其自身的意义及其价值取向。组织的战略选择正是对组织自身的意义及其价值取向作出的界定。但是，组织的整体战略通常是宏观的和模糊的，那么就需要对组织整体战略在各个部门和职能模块之间进行解构。战略性薪酬的作用就在于将组织的整体战略和人力资源战略进行对接，将宏观的组织整体战略具体化为可操作的、能够为人力资源管理职能考核的标准。而要实现战略性薪酬的这一作用，只有从战略上来系统设计薪酬制度。

二是制度层面。制度是战略和理念落实的载体。组织中的各项制度本质上而言应当是为组织总体战略的实现服务的。战略性薪酬制度也是组织各项制度中的一项，所不同的是这一制度的确立对于实现组织整体战略的影响要远远大于那些补充性的制度。例如，战略性薪酬制度的重要性无疑要比组织日常的规章流程更大，组织日常的规章流程大多是对程序性作业的规范，而战略性薪酬则是对组织战略目标的支撑。

三是技术层面。包括薪酬管理的各项程序的具体操作和技巧。

第二，基于薪酬模型的战略薪酬决策。有关组织战略和薪酬管理的关系，研究者大多是从两者的内部一致性、适合、匹配和联结的观点出发，认为薪酬策略的选择和组织战略是紧密联系的，随着组织战略的变化，组织的薪酬策略和薪酬管理体系也要作出相应的调整和改变。为了实现组织战略和战略性薪酬的匹配，学者开发了许多薪酬模型。

归纳起来，主要的薪酬模型有：斯奈尔的战略—薪酬模型，梅贾和威尔伯内等人的战略薪酬模型（组织战略—薪酬战略），米尔科维奇等人的整体薪酬战略设计（组织战略—人力资源管理战略—薪酬战略），伯格的战略薪酬整合模型，蒙特马耶有关支撑组织战略的薪酬策略选择研究以及我国学者文跃然提出的战略薪酬矩阵（组织战略维度—薪酬管理维度）等。这些薪酬模型都是从不同的角度将组织整体战略和战略性薪酬进行匹配和融合所做的尝试。

（3）战略性薪酬决策的制订。战略性薪酬要与战略匹配进而发挥其对组织发展产生实质性影响的作用，就不能仅仅停留在概念性的框架论述之上，而需要开发出具有实际可操作性的战略性薪酬方案。

第一步，评估总体薪酬的含义。组织要评估总体薪酬的含义，就要清楚经营环境中有哪些因素有助于组织获取成功。当组织规划未来发展时，这些因素中又有哪些可能变得更重要。特别是在今天，组织面临着经营环境的全面全球化、高度动态不确定性、跨文化情境下的国际人力资源管理和我国在新的发展时期的劳资关系管理等问题。

任何组织都是在特定的情境之下经营的，无论是组织战略的制订还是市场的开拓，都需要在特定的情境下作出经营决策。战略性薪酬的制订同样如此，组织应当明确薪酬战略在组织的整体人力资源战略中的地位和作用。对于总体薪酬的定义应当是结合组织整体战略和人力资源战略作出的。如果组织是强调分权而且比较重视弹性化，那么由少数人控制的集权化保密薪酬体系就很难有效运作。要确定战略性薪酬在组织总体战略中所扮演的角色，同样需要了解组织的真正关注点。关注高增长的组织，战略性薪酬的制订可能与组织的增长目标相联系；而关注与员工共同发展的组织，战略性薪酬的制订可能会寻求在目标和员工发展两者之间平衡。总而言之，如组织的经营战略、全球动态竞争、组织文化和价值观，以及全面的全球化、高度动态不确定性的经营环境、跨文化情境下的国际人力资源管理以及劳资关系管理等因素，都是对薪酬管理含义进行评估和构建战略性薪酬所必不可少的。

第二步，绘制总体薪酬战略图。薪酬战略主要由薪酬模型的要素组成：目标和四项政策选择(内部一致性、外部竞争性、员工贡献和薪酬管理)。将这些要素融合起来，绘制对这些选择的决策图是开发薪酬战略的第二步，其目的就是根据组织参与竞争的方式作出正确的薪酬选择。正如市场营销中通常会使用绘图法来介绍和说明某种产品的特性一样，总体薪酬战略图是对公司薪酬战略的一种描述性说明。绘图法也可以用来阐明公司使用其薪酬体系所传达的信息。

第三步，实施战略。就是通过设计和执行薪酬体系来实施战略性薪酬决策。薪酬体系将战略转化为具体的实践，特别是在这个过程中转变为可用货币度量的劳动生产率。

第四步，重新评估和调整。这是战略性薪酬环状流程图的最后一步，同时也是调整评估后的战略性薪酬环状流程图的开始。这一步骤反映出为了适应外部经营环境的不断变化，组织的战略性薪酬同样必须针对这些变化的情境作出必要的调整。因此，为了持续不断地了解新战略以及调整和改进现有战略，有必要定期对战略性薪酬决策重新进行评估。但唯一不变的是，战略性薪酬的调整和适应应当是和组织的整体战略同步进行的，也应当始终保持其天然的匹配。

总而言之，今天的组织管理者面临着比其前辈更为复杂多变的经营环境，同时也面对着更为庞大的全球市场。战略性薪酬正是薪酬管理摆脱单纯从属于组织人力资源管理的职能模块这一角色而成为联结起组织整体战略和其他细分战略桥梁的角色。这一角色的转变是薪酬管理对管理实践的变化所作出的响应。战略性薪酬从战略的高度考虑的薪酬开发制订、实施以及管理。在知识工作者逐渐成为组织员工队伍的主要构成群体的今天，战略性薪酬在未来的组织管理过程中，特别是在人力资源管理体系中的作用无疑会得到更进一步的凸显。

(二) 福利规划

福利所包含的内容很广，有广义和狭义之分。广义是指能够改善员工生活、提升生活情趣、促进身心健康的各种措施。而狭义则是指政府规定的员工福利条例及相关规定。福利措施一般可分为经济性福利措施、娱乐性福利措施和设施性福利措施。

1. 经济性福利措施

经济性福利措施主要在于为员工提供基本薪酬和有关奖金外的若干经济安全服务，以减轻员工的负担或增加额外收入，进而提高组织士气和员工生产力。具体包括四个方面：①退休金，由组织单独负担或员工与组织共同分担；②保险，包括失业保险、意外保险、人寿保险和疾病保险等；③贷款；④抚恤金及子女奖学金等。

2. 娱乐性福利措施

娱乐性福利措施的目的在于通过增加员工的社交活动和体育活动，以促进员工身心健康，增强员工间的合作意识，其最基本的目的在于通过这类活动，加强员工对组织的认同感。内容包括三个方面：①组织各种体育活动及提供运动设施；②社交活动，如郊游、聚会等；③特别活动，如烹饪、插花、书法、摄影、演讲等相关社团类活动。

3. 设施性福利措施

设施性福利措施是指为适应员工的日常需要而由组织所提供的服务，具体包括：①保健医疗服务，如医务室、保险等；②住宅服务，如提供宿舍等；③员工餐厅；④提供廉价日用品的福利商店；⑤教育性服务，如图书阅览室、子弟学校及幼儿园等；⑥交通便利，如通勤车等；⑦法律及理财咨询服务。

第十二章　人力资源战略与规划的实践发展

随着全球化、技术进步和人才市场的竞争加剧，组织需要深入思考和规划如何最大限度地利用和发展人力资源，以保持竞争力并取得长期的成功。人力资源战略与规划的实践发展是企业持续发展和成功的重要组成部分，因此，本章重点围绕人力资源战略与规划的评价、人力资源战略与规划的控制、人力资源战略与规划的调整、人力资源战略与规划的新发展进行研究。

第一节　人力资源战略与规划的评价

人力资源战略与规划的评价是通过对组织实施的人力资源战略与规划的内在基础的考察分析，将人力资源战略与规划的预期结果和实际的反馈结果进行比较、判断和分析的管理活动。

一、人力资源战略与规划的评价内容

评价是为了衡量人力资源战略与规划的目标是否实现，所以评价的内容就是与有关目标相对应的结果。一般而言，人力资源战略与规划评价的内容包括以下三个方面。

(一) 人力资源战略与规划的制订因素

成功的人力资源战略与规划对组织的战略发展意义重大。环境的变更使人力资源战略与规划从制订、实施到评价的周期越来越短，组织很难对人力资源的中长期战略与规划进行定位，短期的战略与规划也在不断调整中，这就给人力资源战略与规划的评价提出了更高的要求。评价人力资源战略与规划的制订，可从下列因素着手。

第一，形成人力资源战略与规划的过程是否经过了充分的论证，是否有具体客观的数据支持，对关键性的问题是否有考虑。

第二，是否充分、客观地评价与预测组织的内部、外部环境。

第三，组织是否具备战略管理能力和人员、资金等资源保障。

第四，组织的战略目标是否人人知晓，组织战略的实施难度是否在预测之内。

第五，所有层次的管理人员能否有效、持续地贯彻战略与规划。

第六，组织的结构是否与人力资源战略与规划相互匹配。

第七，组织文化和人力资源战略与规划是否冲突。

第八，组织的评价、奖励和控制机制是否有效。

第九，人力资源战略与规划和总体战略是否高度关联。

第十，控制手段和意识能否达成统一或者协调性妥协。

（二）人力资源战略与规划的评价实施

由于不同组织的特征以及所面临的情况不同，在人力资源战略与规划的实施方面会有明显的组织特色，但需要评价的基本内容大致都包括以下几个方面。

第一，组织管理层对人力资源战略与规划的重视和利用程度。

第二，高层管理者是否按战略与规划把具体任务授予各部门。

第三，组织所有力量（单位、部门、员工、经理等）的努力目标是否一致。

第四，组织是否对实施人员进行了培训并使培训行之有效。

第五，对工作职责的具体规定和描述是否清楚。

第六，组织的信息沟通是否顺畅，解决问题是否高效。

第七，人力资源战略与规划的制订与实施人员对自身工作的熟悉和投入程度。

第八，人力资源战略与规划的目标是否达到。

第九，实际的员工流动率、缺勤率指标以及供求差距与预测相比是否一致。

第十，组织人力资源战略与规划的成本与收益状况。

(三) 人力资源战略与规划的评价技术手段

由于信息技术等许多相关科学技术和方法的不断创新与发展，对传统和新兴的评价技术进行选择时，就要结合本组织的实际情况进行评价。既不要盲目地选择一些过于复杂而成本高昂的评价技术，又要防止由于评价技术不当而导致评价不准的情况出现。对评价技术自身需要评价的因素有：①人力资源战略与规划的评价技术是否适合组织的实际状况；②人力资源管理信息系统的实效性程度。

二、人力资源战略与规划的评价方法

人力资源战略与规划的评价方法非常丰富，既有定性方法也有定量方法。定性方法比较传统，在实际的人力资源战略与规划工作中得到了广泛的运用。而随着管理工作的进一步细化与集约化，采用定量方法来评价人力资源战略与规划的活动，既是人力资源管理工作日益具有战略性、功能不断增强、对组织的意义越来越深远背景下的必然要求，同时也是人力资源战略与规划工作目标实现的必要保证。

当然，评价方法应和评价内容相匹配。例如，如果评价内容是培训效果，就需要用培训效果评价工具；如果评价内容是定量指标，那就需要使用相应的定量评价工具。

第一，人力资源会计评价法。人力资源会计评价法曾盛行于 20 世纪 60 年代末 70 年代初，80 年代一度衰落，但现在这种方法又被人们重新采用。人力资源会计评价法是将员工视为组织资产，给出员工价值，采用标准会计原理去评价员工价值的变化。它是一个识别、评价人力资源并交流有关信息以实现有效管理的过程。人力资源被看成组织的资产或投资。与其他资产评估不同的是，人力资产评价需使用由行为科学提供的评价工具对员工的能力和价值进行计算。

第二，人力资源关键指标评价法。这种评价法是用一些测评组织绩效的关键量化指标来说明人力资源战略与规划的工作情况。这些关键指标包括求职雇佣、平等就业机会、雇员能力评估和开发、职业生涯发展、薪酬管理、福利待遇、工作环境、劳动关系以及总效用等。每一项关键指标均需给出可量化的若干指标，例如，组织在招聘时，各个岗位能够吸引的应聘人数与最终录用人数之比等。对人力资源战略与规划工作和组织绩效的关联性的研究与实证分析显示，两者有较高的相关度，人力资源战略与规划工作优秀的组织确实有良好的组织业绩。

第三，人力资源效用指数评价法。人力资源效用指数评价法是一种试图用一个衡量人力资源工作效用的综合指数来反映组织人力资源工作状况及其贡献度的评估方法。人力资源效用指数使用人力资源管理系统的大量数据来评估甄选、招聘、培训和留用等方面的人力资源管理工作，但由于其过分庞杂，加上指数与组织绩效之间的相关性仍不明确，不少研究者并不看好它，操作上过于复杂和关联性不强导致使用人力资源效用指数评价与控制人力资源战略与规划活动受到很大的局限。

第四，人力资源指数评价法。人力资源指数[①]不仅说明组织的人力资源绩效，而且反映组织的环境气氛状况，包括的内容比较丰富。在美国、日本、墨西哥，许多组织使用人力资源指数问卷进行调查，并在此基础上建立了地区标准和国际标准。有学者曾根据中国的实际情况，对人力资源指数进行重新设计，并在中国国内进行了大量的调查。调查结果显示，人力资源指数问卷的信度和效度均较高。

第五，投入产出分析评价法。将投入产出分析方法运用于人力资源管理评估，计算人力资源成本与收益之比，具有较高的信度。在组织个案研究中，投入产出分析是比较成功的。一般而言，人力资源项目的成本是可以计量的，但问题是项目收益的确认尤其是无形收益的确认比较困难。投入产出分析在评估人力资源单一项目时是比较有效的，但在评估整个人力资源工作时则显得力不从心。

第六，人力资源调查问卷评价法。人力资源调查问卷评价法将员工态度与组织绩效联系起来，以实现对组织人力资源工作的评价。一般而言，员工态度与组织绩效之间存在正相关关系，虽然相关性的原因仍不清楚，但已有的一些研究表明，或者是好的组织气氛提高组织业绩，或者是成功组织的环境产生了良好的气氛。问卷调查方式经常用于进行人力资源战略与规划的评价，这种方式就是给职工一个机会来表达他们对人力资源部门的各种工作

① 人力资源指数由薪酬制度、组织沟通、合作、组织环境等因素综合而成。

包括人力资源战略与规划工作的看法。员工意见调查可以有效地用于诊断哪些方面存在着具体的问题，了解员工的需要和偏好，发现哪些方面的工作得到肯定，哪些方面被否定。除了常规性的问卷调查外，为了打消员工提出意见和建议的顾虑，组织也可以通过电子邮箱调查和按钮话机对话式调查的方法来了解员工的意见。

第七，人力资源声誉评价法。有些专家通过员工的主观感受来对组织人力资源战略与规划工作进行评估。员工的反映及组织人力资源工作的声誉对人力资源战略与规划的评价来说是比较重要的。但实证分析和研究发现，这种评价与控制和组织绩效之间的直接相关度不高。

第八，人力资源案例研究评价法。人力资源战略与规划案例研究近年来被广泛地引入人力资源管理评估的实践中，成为一种低成本的评估方法。具体做法是通过对人力资源工作绩效的调查分析，与人力资源部门的顾客、计划制订者进行访谈，研究一些人力资源项目、政策的成功之处并将其报告给选定的听众。

第九，人力资源成本评价法。大多数管理者虽然意识到了工资和福利的总成本，但是没有认识到人力资源工作的改变会带来巨大的开销。评估人力资源绩效的一种方法是测算人力资源成本并将其与标准成本进行比较。这种人力资源成本控制方法是对传统成本控制方法的拓展，在典型的成本控制表中可包括雇佣、培训和开发、薪酬、福利、公平雇佣、劳动关系、安全和健康、人力资源整体成本等。

第十，人力资源目标管理评价法。运用目标管理的基本原理，根据组织目标的要求，确立一系列的目标来评价人力资源工作。在这种方法中，关键是目标合理，可评估，有时效性，富有挑战性且又合乎实际，能被所有参与者理解。同时，目标又必须是达到高水平管理所要求的。当然，这些目标应尽可能量化，且必须与组织绩效相联系。

第十一，人力资源利润中心评价法。利润中心评估方法是当代管理理论和实践将人力资源部门视为能够带来收益的投资场所的体现。人力资源部门作为利润中心运作时，可对自己所提供的服务和计划项目收取费用，典型的人力资源服务项目有培训与开发项目、福利管理、招聘、安全和健康项目、调遣项目、薪资管理项目和避免工会纠纷等。

第二节　人力资源战略与规划的控制

组织要适时、适地、适量地提供人力资源以满足组织和工作要求，这是最经济地使用人力资源的要求。组织的人力资源规划不是设计未来的发展趋势，而是顺应与尊重现实和未来的发展趋势，面对瞬息万变的信息和技术革新、纷繁复杂的市场需求，改变在管理上、经营上、应变和适应上的滞后现象。人力资源规划实施过程中，一些组织在人力资源开发与管理中，往往缺乏动态的人力资源规划控制的观念，它们把人力资源规划理解为静态地收集信息和相关的人事政策信息，无论在观念上还是实施上都有依赖以往规划的倾向，存在一劳永逸的思想。这是一种错误观念，因为这种静态观念与动态的市场需求和人力资源自身发展的需求是极不适应的，会致使人力资源得不到合理的利用，甚至严重地影响人力资源的稳定性，造成优秀人力资源的流失，对组织的发展壮大极为不利。因此，人力资源管理必须强调对人力资源规划的控制，并在实际工作中注意根据环境和要求的不断变化，灵活调整和完善组织的人力资源规划，这样才能保障人力资源规划的科学性、可行性和动态发展。

控制就是检查工作是否按预定的计划、标准和方法进行，发现有偏差就要分析原因并进行改进，以保证目标的实现。对人力资源战略与规划的控制过程，是针对组织所制订的人力资源战略与规划和实际贯彻执行的过程进行动态调节，纠正偏差，确保战略和规划有效实施和适用的过程。

一、人力资源战略与规划控制的重要性

由于在人力资源战略与规划实施过程中的不可控因素较多，因此在人力资源战略与规划的实施中会出现各种各样的问题，具体如下。

第一，解决战略与规划制订中出现的问题。人力资源战略与规划和实施方案出现问题时，给人力资源发展所带来的影响是各不相同的。如果战略与规划不匹配，同时未能及时采取有效措施进行纠正，就会造成实施人力资源战略与规划的失败。而在实施方案中出现的问题，则有可能给人力资源战略与规划的正确实施带来困难，严重时会使人力资源战略与规划无法推进。

第二，适应人力资源系统外部环境和内部条件的重大变化。组织人力资源系统的外部环境通常包含组织经营战略、经营水平、技术开发能力、生产能力和社会人力资源系统。这些外部环境是组织人力资源战略与规划的依据，如果这些外部环境发生重大变化，组织人力资源战略与规划就必须尽快调整，以适应环境变化的需要，否则会导致组织人力资源战略与规划的实施失败。组织人力资源系统的内部条件主要是指组织人力资源系统的总量、结构和素质等。当这些条件发生变化时，也需要对组织人力资源战略与规划的实施计划进行调整，以满足人力资源战略与规划的需要。

第三，防止人力资源战略与规划实施失调。组织人力资源战略与规划实施失调可能发生在整个组织、某个部门或某一个环节中。当战略与规划实施失调时，如果不能及时解决，不仅可能造成战略与规划的局部失败，还有可能造成战略与规划的全局失败。因此，对战略与规划实施过程中的失调必须及早加以解决。

二、人力资源战略与规划控制的具体原则

第一，客观性。在人力资源战略与规划的控制过程中，难免会有许多主观因素影响对工作的正确决断，进而延误具体计划的有效执行，影响组织的整个战略。因此，客观、公正的评价与实事求是的工作作风是最重要的控制原则。

第二，灵活性。我们常常说计划没有变化快。在实际开展人力资源战略与规划时，由于环境的突然变化，常常会出现计划的变动，这就需要在制订人力资源战略与规划时尽可能地设计多套应变方案，考虑各种可能，灵活处理可能出现的困难，以保证实现人力资源战略与规划的目标。

第三，经济性。人力资源战略与规划的控制必须保证在技术上、方法上、环境适应能力上以及经济上的可行性。如果监控的费用过高，就会给组织带来较重的经济负担。例如，不少高深的评价技术和控制手段对组织并不实用，且成本高昂，违背了控制成本的初衷。

第三节 人力资源战略与规划的调整

在人力资源战略与规划的实施过程中，如果发现实施结果和实施控制目标有偏差，就要解决偏差问题。偏差问题的解决主要有两种方式。一是提供完善实施战略与规划的条件，使战略与规划目标得以实现。二是如果无法做到这一点，就需要对战略与规划进行调整。调整就是通过对有关问题的解决，使人力资源战略与规划能够符合组织战略并能得到有效实施的过程。

一、人力资源战略与规划的调整内容

对人力资源战略与规划的调整主要包含两个方面：一是对战略与规划内容的调整；二是对战略与规划实施方案的调整。

（一）人力资源战略与规划内容的调整

如果人力资源战略与规划在执行中因外部环境因素和内部条件发生重大变化，或人力资源战略与规划的制订有问题，或人力资源战略与规划的实施出现明显失误，导致无法完成，就需要对战略与规划内容本身进行调整。在内容的调整中，可能要摒弃原有的战略与规划，重新制订；也有可能只需进行局部调整，即原战略与规划的基本框架不变，只对有问题的内容进行调整。前者的调整实际上就是进行新一轮人力资源战略与规划的制订，一切工作从头开始。后者的调整则不需要制订新的人力资源战略与规划，只需解决所存在的局部问题即可。

在人力资源战略与规划的实施和总体调整中，为了保证调整的及时性和灵活性，可以对战略与规划进行滚动调整。所谓滚动调整是指将人力资源战略与规划分为几个执行期，当第一个执行期结束时，就按照执行的结果对以后执行期的战略与规划进行调整，并将原先的第二个执行期作为第一个执行期予以实施。按照战略与规划执行期进行战略与规划的执行和滚动调整，可以避免在战略与规划执行中，当战略与规划出现严重问题时才进行调整，导致因调整代价太大甚至无法调整而被迫放弃。在进行滚动调整时，执行期可长可短，长者以 5 年为一个执行期，短者以 3 个月为一个执行期，一般以

1年为一个执行期。

由于在滚动调整中第一个执行期是战略与规划的实际执行部分，其翔实程度应该达到可以具体操作的程度，其他执行期则是准备执行部分，可以相对粗糙些。在对战略与规划的滚动调整中，可以通过对战略与规划各个执行期的不断调整，使真正进入执行期的战略与规划和组织人力资源的内外部条件更加吻合，更加易于实现。

(二) 人力资源战略与规划实施方案的调整

如果人力资源战略与规划的实施不力或实施中有偏差，就可能需要对战略与规划实施方案作出调整。而且调整战略与规划实施方案的可能性要比调整内容本身的可能性大，因为在调整内容本身时，必然要对实施方案进行调整。而在战略与规划的实施过程中，有时并不需要对内容本身进行调整，只需要对实施方案进行调整就可以纠正实施中的问题。

人力资源战略与规划实施方案在执行中会发生各种各样的问题，有的问题可能会涉及人力资源战略与规划整体的成败，有的只涉及实施方案本身。人力资源战略与规划在调整之前，必须对所发生的问题进行全面的、深刻的分析，找出问题发生的原因以及对战略与规划实施所产生的影响，然后才能确定是否对人力资源战略与规划进行内容本身的调整或是对实施方案进行调整。如果所发生的问题涉及战略与规划实施整体的成败，就需要分析是否需要对战略与规划进行整体调整；如果只涉及战略与规划的局部，或所发生问题解决后对战略与规划的整体并无影响，则只需对实施方案进行调整即可。

二、人力资源战略与规划的调整方法

人力资源战略与规划的调整方法主要有四种：战略刺激法、纠偏战略分析法、纠正活动法和应急计划法。

(一) 战略刺激法

人力资源规划本来是一个战略行为，但在其实施的过程中往往会出现短期行为。组织高层决策者经常会陷入日常的事务堆里，不愿意也没有时间进行长远的战略性思考，他们最为关心的是眼前的目标，所以就会有意无意地忽视长远的目标或长远的利益。很多人只重视近期的或战术性的资本投入，只是把长远的或战略性的资本投入挂在嘴上，或做做样子，不愿意采取实质性的行为。短期行为是人力资源规划实施的一个障碍，有可能导致组织的发展畸形或缺少后劲，以致产生严重的后果。

解决这种短期行为的一个重要方法就是采用战略刺激法。战略刺激法就是制订具有战略性的、以克服短期行为为目的评价标准和奖励办法去克服短期行为。这种方法的大意是：对人力资源规划工作和实施者的评价标准及奖励制度，不但要与近期成绩直接挂钩，而且要与长远的发展相联系；对具体的实施者不但要同时看其近期成绩和远期的后继能力，而且要同时评价其本身的成绩和对整体规划的贡献。

（二）纠偏战略分析法

纠偏战略分析法是一种采用象限图对人力资源规划实施偏差进行战略分析的方法。横轴是实施过程中的要素变化，纵轴是偏差的程度，要素变化和偏差程度的作用结果形成四个象限，每个象限都是人力资源规划修订的具体战略选择。

（三）纠正活动法

纠正活动法实际上是指在人力资源规划实施过程中的一系列纠正偏差活动。运用纠正活动法主要完成四个方面的程序，即确定阶段目标、及时收集信息、找出问题原因和制订解决办法。

第一，把人力资源规划的实施过程划分为若干阶段，并确定每个阶段的目标。这些阶段和目标之间都要既互相联系又互相区别。一旦发现问题，就要及时地在有关阶段解决问题，不留后患。

第二，确保有关信息能及时、准确、完整地收集到。有关信息可以通过多种统计报表来收集，也可以通过调查来收集。深入现场调查实际情况是收集信息的一种好办法，可以及时发现问题，及时解决问题。

第三，找出各种偏差的原因。要考虑评价方法科学不科学、实施管理有没有问题、实施目标的途径和方法合适不合适、战略选择妥当不妥当、目标定得高不高、组织的宗旨对不对等。

第四，根据出现偏差的原因制订出解决的具体办法。解决问题的办法要可靠有效，行动要迅速稳妥，以尽可能地减少偏差所带来的损失。

(四) 应急计划法

无论多好的人力资源规划，在实施过程中总会碰到一些难以预测的突发事件，这就对人力资源发展形成了种种潜在威胁。制订备用的应急计划，是人力资源规划控制的有力措施，也是纠正偏差的必备措施。当然，应急计划并不是整个中间计划和行动计划的备用计划，而是针对某些关键因素和关键环节有可能发生意外变化的临时的替换计划。一旦变化出现，就可以从容不迫、有条不紊地使用应急计划，确保人力资源规划不致间断，而是继续实施下去。因此，应急计划的制订应该是严肃的，其使用也应该是严肃的，切忌过多和滥用。应急计划的制订和使用应注意几个方面的内容：一是分析并找出组织的关键影响因素或有可能发生变化的因素，既要注意不利的方面，也要注意有利的方面；二是评价上述因素发生变化的范围、时间和可能产生的后果；三是有针对性地制订应急计划，应急计划要按照正式的计划来制订，要注意与整体现行人力资源规划方案和实施计划方案的衔接，保证人力资源规划的顺利进行；四是严格确定使用应急计划的条件，防止滥用；五是一旦发生变化需要使用应急计划，要加强对应急计划实施过程的监督控制，注意分析评价应急计划的实施效果，如果出现问题要及时处理。

三、人力资源战略与规划实施的注意事项

在对人力资源战略与规划进行调整时，人力资源管理者要明确以下几点。

第一，根据业务需要提出调整建议。人力资源战略与规划的产生源于组织战略，它的制订和执行都是为了实现组织战略，包括组织的经营战略和业务战略。如果组织的经营和业务战略发生改变，人力资源战略与规划也需因之而动，也就是说，人力资源战略与规划的任何调整都源于组织业务发展的需要，也都要与业务发展的需要相适应。

第二，一般的调整程序为：业务变化—直线部门提出需求—修改人力资源业务规划、战略规划、人力资源战略—集团高层讨论、总裁批准。

第三，人力资源战略与规划的调整是动态的。虽然对人力资源战略与规划进行调整有时会牵一发而动全身，但环境一直在变，人力资源战略与规划不可能也不应该一成不变。只要经过了充分的调查与论证，无论是人力资源战略与规划的实施方案，还是人力资源业务规划、战略规划以及人力资源战略，即使是确定下来不久，也可以进行适当调整，以确保人员需求规划满足各部门人力资源需要，确保人员调整规划满足部门功能和业务发展需要，确保员工培训规划满足岗位技能发展需要，确保薪资福利规划具有内部平衡激励性与外部市场竞争性。当然，作为组织职能战略一部分的人力资源战略的改变也可能会影响到组织总体战略的制订，人力资源部门在对人力资源战略与规划进行调整的同时，也应该根据情况及时向组织高管提出相应的修改组织战略的建议。

第四，任何改变带来的影响不能失控。无论是对人力资源战略与规划的内容，还是对人力资源战略与规划的实施方案进行调整，都不可避免地会对各部门的工作带来或直接或间接、或大或小的影响，有的影响可能是暂时的，有的影响可能是长远的。在作出调整之前，要对这些改变可能带来的影响作出评估。既要了解可能带来的有利影响，也要对可能引发的不利影响做好各方面的充分准备，底线应是这些改变带来的影响是组织可以承受的。例如，由美国次贷危机引发的全球经济衰退给国内外众多组织带来了生存压力，此时需要对组织的人力资源战略与规划作出调整。组织是减员还是减薪？无论作出什么决定都需要对随之而来的影响了然于心，务必使一切改变均在掌控之中。

第四节　人力资源战略与规划的新发展

一、网络与知识经济时代的人力资源战略与规划

(一) 网络与知识经济时代的到来

知识经济时代以知识传播、技术创新为根本，而信息技术则是知识经济的物质基础。因此可以说，网络与知识经济时代具有信息网络化、经济全球化、资源知识化和管理人本化的特征。一方面，组织持续发展的动力，源于知识型员工的知识创造与技术创新；另一方面，网络和信息技术有利于新知识的传播、学习与应用，进而将知识转化为生产力，转化为组织竞争优势。因此，如今以技术创新，知识型员工的获取、使用和保留将成为组织之间竞争的关键。

与此同时，网络（全球互联网和移动互联网等）技术，改变了或正在改变着人与人、物与物、人与组织、人与物和人与世界的联结方式，进而改变了组织的结构形态。扁平化和网络化组织将是未来主流的结构形态，这种组织结构将具有开放包容性、动态适应性（知识经济时代的到来）。网络和信息技术在组织中的应用，组织结构变得越来越扁平化、网络化等变化，正在推动和颠覆着传统组织架构与理念、商业模式、组织发展的驱动力，进而影响组织人力资源战略选择与实践。

组织变得越来越扁平化，促成了平台型组织的出现，改变了组织内部、组织与外部信息传播的模式和速度，知识的传播与分享变得更加快速和便捷。

(二) 网络与知识经济时代的组织人力资源战略与实践

1. 扁平化和平台型组织下的大平台及小组织的人力资源战略与实践

从21世纪开始，人类社会进入网络与知识经济时代，信息与科技贯穿组织和整个经营活动，扁平化的团队组织已经成为许多高科技组织的组织形态，且正在逐步替代传统纵向控制型的组织形态，成为现代组织分工的主要形式。在这种扁平化平台型组织中，自我管理式团队将成为组织运行的主

要形式，自我管理式团队倾向于自我指导，团队成员互相依赖，以完成某些富有挑战性的目标。在平台型组织结构和形态中，人力资源专业人员的职责之一，即组织中高层管理者组建高效团队调整人力资源战略和计划，指导员工改变行为以适应组织变化等。同时，在扁平化组织中，加上信息技术的运用，组织与员工之间变得更加透明，组织需要越来越重视员工的自主性和参与意识。因此，在扁平化和平台型组织中，组织要给予员工充分的信任和自主性，采用参与式的人力资源战略。这意味着，在互联时代组织需要建立基于价值共享的新范式，在这种新范式中有关个体价值的创造会成为核心，知识型员工和新生代员工将更关注个体价值的实现，具有自主和独立性；需要管理去中心化，激发个体价值创造活力，使人力资源走向人力资本。

2. 充分利用互联网优势，实施开放式人力资源利用战略

值得提出的是，在网络知识经济时代人力资源服务外包和众包等形式不失为组织在人力低成本战略的现实选择。例如，美国的软件业利用印度的低人力成本，通过远程控制的方式把业务外包给印度组织；而众包则是通过互联网的人才集聚功能，组织把一些研发创新任务发布到特定的网站，再由这些网络上的跨领域专家自发形成团队解决组织的问题，许多国际大型组织(如宝洁、IBM 和宝马等)都是众包这种人力资源服务的受益者。正是基于这种知识的无边界性以及全球互联的时代特征，在未来人力资源外包和众包将成为组织的一些服务功能和跨领域的研发创新任务等重要的战略选择。

二、大数据时代背景下的人力资源战略与规划

(一) 大数据的特征

大数据是什么？国际数据公司（IDC）从大数据的四个特征来对其进行定义：海量的数据规模（Volume)、多样的数据类型（Variety)、快速的数据流转（Velocity)、巨大的数据价值（Value)。大数据的核心能力，是发现规律和预测未来[①]。我们认为，通过四个“V”，能够更好地把握大数据的特征。

1. 海量的数据规模（Volume）

人类进入信息社会以后，数据以自然方式增长，其产生不以人的意志

① 姚树春，周连生 . 大数据技术与应用 [M]. 成都：西南交通大学出版社，2018：5.

为转移。随着移动互联网的快速发展，人们已经可以随时随地发布包括博客、微博、微信等在内的各种信息。以后，随着物联网的推广和普及，各种传感器和摄像头将遍布人们工作和生活的各个角落，这些设备每时每刻都在自动产生大量数据。

综上所述，人类社会正经历第二次“数据爆炸”(如果把印刷在纸上的文字和图形也看作数据的话，那么人类历史上第一次“数据爆炸”发生在造纸术和印刷术发明的时期)。各种数据产生速度之快、产生数量之大，已经远远超出人类可以控制的范围，“数据爆炸”成为大数据时代的鲜明特征。

2. 多样的数据类型（Variety）

大数据的数据来源众多，科学研究、组织应用和 Web 应用等都在源源不断地生成新的数据。生物大数据、交通大数据、医疗大数据、电信大数据、电力大数据、金融大数据等都呈现井喷式增长，所涉及的数据数量巨大，已经从 TB 级别跃升到 PB 级别。

大数据的数据类型丰富，包括结构化数据和非结构化数据，其中前者占 10% 左右，主要是指存储在关系数据库中的数据；后者占 90% 左右，种类繁多，主要包括邮件、音频、视频、微信、微博、位置信息、链接信息、手机呼叫信息、网络日志等。

如此种类繁多的异构数据，对数据处理和分析技术提出了新的挑战，也带来了新的机遇。传统数据主要存储在关系数据库中，但是在类似 Web 2.0 等应用领域中，越来越多的数据开始被存储在非关系型数据库（Not Only SQL，NoSQL）中，这就必然要求在集成的过程中进行数据转换，而这种转换的过程是非常复杂和难以管理的。传统的联机分析处理（On-Line Analytical Processing，OLAP）和商务智能工具大多面向结构化数据，而在大数据时代，用户友好的、支持非结构化数据分析的商业软件也将迎来广阔的市场空间。

3. 快速的数据流转（Velocity）

大数据时代的很多应用都需要基于快速生成的数据给出实时分析结果，用于指导生产和生活实践。因此，数据处理和分析的速度通常要达到秒级响应，这一点和传统的数据挖掘技术有着本质的不同，后者通常不要求给出实时分析结果。

为了实现快速分析海量数据的目的，新兴的大数据分析技术通常采用集群处理和独特的内部设计。以谷歌公司的Dremel为例，它是一种可扩展的、交互式的实时查询系统，用于只读嵌套数据的分析。通过结合多级树状执行过程和列式数据结构，它能做到几秒内完成对万亿张表的聚合查询，系统可以扩展到成千上万的CPU上，满足谷歌上万用户操作PB级数据的需求，并且可以在2~3秒完成PB级别数据的查询。

4. 巨大的数据价值（Value）

大数据虽然看起来很美，但是价值密度远远低于传统关系数据库中已经有的那些数据。在大数据时代，很多有价值的信息都是分散在海量数据中的。以小区监控视频为例，如果没有意外事件发生，连续不断产生的数据都是没有任何价值的，当发生偷盗等意外情况时，也只有记录了事件过程的那一小段视频是有价值的。但是，为了获得发生偷盗等意外情况时的那一段宝贵的视频，人们不得不投入大量资金购买监控设备、网络设备、存储设备，耗费大量的电能和存储空间来保存摄像头连续不断传来的监控数据。

如果这个实例还不够典型的话，那么可以想象另一个更大的场景。假设一个电子商务网站希望通过微博数据进行有针对性的营销，为了实现这个目的，就必须构建一个能存储和分析新浪微博数据的大数据平台，使之能够根据用户微博内容进行有针对性的商品需求趋势预测。愿景很美好，但是现实代价很大，可能需要耗费几百万元构建整个大数据团队和平台，而最终带来的组织销售利润增加额可能比投入低许多。从这点来说，大数据的价值密度是较低的。

（二）大数据时代背景下的组织人力资源挑战

在人力资源领域，大数据将给组织带来全新的机遇和挑战，主要包括以下内容。

第一，大数据正在改变组织人力资源管理的现实环境。以前，组织在进行人力资源管理实践时，总是以相对静态的视角看问题，而在大数据时代，组织每天都能获得海量数据。组织管理人员处在一个数据的“海洋”中，大数据也使管理者和员工双方处于更加透明的状态，信息不对称产生的管理困境将因大数据而得到改善。

第二，人力资源管理的传统思维和手段将被颠覆。大数据是一种不可忽视的冲击陈旧思维模式的新浪潮，势必给组织人力资源管理带来一场思维和方法的革命。例如，对组织人力资源管理准确的可预见性和决策性，迅速准确的行动，等等。在大数据环境下，组织人力资源部门和专业人员的价值，将从后台服务发展为业务部门的合作伙伴和业务驱动者，进而成为组织的价值创造者。

第三，大数据将重新定义组织管理者的技能素质。这体现为管理者一方面需要具备大数据思维和透明的管理理念，另一方面则需要管理者具备预测数据和洞察变化的技能，以及由此作出迅速反应的能力。这意味着，组织管理人员都将成为一定程度的数据专家，需要有数据的敏感性和洞察力，并把这种对数据的理解和意义认知，转变为组织的管理效率和价值实现。

（三）大数据时代背景下的组织人力资源战略与实践

1. 基于大数据提升组织人力资源战略与规划的精确性和灵活性

无疑，大数据技术将作为组织人力资源战略与规划的必然选择。

首先，从精确性方面来说，可以利用大数据的精确预测能力，提升组织人力资源规划的科学性和有效性。在大数据相关技术产生之前，传统人力资源信息系统和分析软件只能提供并分析结构化数据；大数据技术产生后，则可以获取并分析大量的非结构数据如图文、音频和文本数据等，甚至可以做到即时获取、即时分析，如此便可以对人力资源战略和规划进行精确的数据化预测与分析。借助大数据技术，组织不仅可以有效测量和分析人力资源管理效果，而且能够更精确地掌握其人力资源发展趋势，为组织人力资源战略和规划及其实践提供全面深入的决策依据，进而提升组织人力资源战略与规划的精确性和有效性。

其次，利用大数据动态实时性技术，提升组织在不确定性和易变性商业环境中组织人力资源战略与规划的灵活性和应变性。在迅速变化的环境中，组织人力资源战略与规划向短期化转变，事实上也是向灵活性和应变性转变。这种转变的前提是组织掌握了内外部环境的实时数据流，进而迅速作出预测和战略调整，并采取相应的行动策略。事实上，人力资源战略与规划的这种灵活性和应变性，将随着大数据技术的成熟和应用变成现实。

总之，利用大数据几乎可以把一切能力量化，如数据动态捕获和分析的能力及其预测性的核心功能，实现了对组织内外部环境和人力资源活动的实时监测与预测，实现了组织人力资源战略的精准有效预测和动态灵活性。

2. 通过围绕大数据技术人力资源软实力的建设，建立组织竞争优势

世界各国和各类组织在进行大数据优势建设的竞赛过程中，已经竞相在大数据技术研发、硬件设施和系统建设等基础性工作中各自发力。然而，这些技术和系统效用的发挥离不开围绕大数据技术人力资源软实力的建设与提升，即大数据人才队伍的建设与培养。随着技术的发展，组织员工也接触和运用了越来越多的技术设备进行学习，数据分析将成为组织知识员工必备的技能。因此，首席数据官和大数据团队的开发培养将成为组织人力资源核心竞争力的关键所在。

当前，作为一个新兴的研究领域，大数据研究横跨多个学科，这方面的复合型人才非常稀缺，特别是在中国。在这样的情况下，为了抢占大数据技术人才的制高点，世界各国有实力的组织都在采用高投入的人力资源战略，外部吸引和内部开发并重。而对于实力相对较弱的组织来说，只能退而求其次，通过发挥人才团队整体效能，减小差距，采用差异化的人力资源战略，保持在这场基于大数据技术的核心竞争力提升竞赛中不致出局。总之，不管组织实力如何，未来组织一定是数据驱动型的组织，这就要求组织必须把数据人才的获取和开发上升到战略层面，以求得组织在未来的竞争优势。

结束语

在竞争激烈的全球商业环境中，现代人力资源管理与战略规划的研究日益成为组织成功的关键因素。现代人力资源管理与战略规划的研究为组织提供了全面的指导和决策支持，帮助组织在快速变化的环境中抓住机遇，应对挑战，并有效地配置、开发和管理人力资源。同时，在实践中，我们需要不断更新人力资源管理与战略规划的理念和方法。面对新的技术、市场和社会趋势，我们要具备灵活应变和持续创新的能力。因此，我们需要关注和研究新兴的概念和实践，并结合数字化、人工智能等新技术手段，加强数据分析和预测能力，不断提高人力资源管理的科学性和准确性。

参考文献

一、著作类

[1] 黄攸立．人力资源管理 [M]. 合肥：中国科学技术大学出版社，2015.

[2] 霍生平，张燕君，郑赤建，等．人力资源战略与规划 [M]. 湘潭：湘潭大学出版社，2016.

[3] 凌瑶，张钠．现代人力资源开发与管理 [M]. 北京：北京交通大学出版社，2015.

[4] 吕菊芳．人力资源管理 [M]. 武汉：武汉大学出版社，2018.

[5] 姚树春，周连生．大数据技术与应用 [M]. 成都：西南交通大学出版社，2018.

[6] 尹乐，苏杭．人力资源战略与规划 [M]. 杭州：浙江工商大学出版社，2017.

[7] 张相林，吴新辉．人力资源战略与规划 [M]. 北京：科学出版社，2017.

[8] 张永华，苏静．人力资源管理 [M]. 西安：西北工业大学出版社，2017.

二、期刊类

[1] 蔡静．H 集团人力资源需求预测与供需平衡研究 [D]. 厦门大学，2019：1.

[2] 曹兰．现代企业人力资源管理研究 [J]. 中国商论，2021(24)：140-142.

[3] 陈晚云．职业生涯规划的理论基础 [J]. 成人教育，2014，34（4）：70-72.

[4] 陈以槐．谈战略性人力资源规划理论 [J]. 企业家天地，2013（12）：47-49.

[5] 付蕾.人力资源战略管理研究综述[J].哈尔滨职业技术学院学报，2016(1)：122-124.

[6] 关瑞笑.人力资源战略规划对现代企业的意义分析[J].营销界，2021(35)：142-143.

[7] 管娇娇.基于网络的人力资源招聘[J].江苏商论，2016(10)：68-70.

[8] 广东省人才研究所课题组.我国人力资源招聘服务行业面临的机遇与挑战[J].中国人力资源开发，2011(1)：96-99.

[9] 韩龙慧.柔性人力资源管理对企业经营动态的影响[J].中国商论，2022(12)：149-151.

[10] 韩永江.AHP在人力资源招聘中的应用分析[J].当代财经，2007(2)：67-70，75.

[11] 洪姝.人力资源规划与人力资源规划的执行保障[J].人力资源管理，2015(12)：40-41.

[12] 胡宛抒.探究人力资源管理之培训与开发[J].农村经济与科技，2019，30(16)：93.

[13] 李程.新经济时代人力资源管理的创新及发展[J].中国商论，2022(3)：129-131.

[14] 李连红.基于岗位胜任力分析的人力资源招聘新模式探讨[J].中国商贸，2013(8)：34-35.

[15] 李鹏鸿.浅论人力资源战略及其在企业生存发展中的作用[J].中国集体经济，2016(33)：130-132.

[16] 李松梅.医疗设备维修管理应用SWOT分析法的相关探讨[J].中国设备工程，2023(4)：47.

[17] 李奕轩，周韵.知识型员工的培训与开发研究——以某学校的员工培训与开发为例[J].企业改革与管理，2017(1)：65.

[18] 李元薇，崔树军，任永友.职业生涯规划心理干预模型的构建及实施[J].中国成人教育，2022(18)：14-16.

[19] 栗瑞杰.绩效考核在企业人力资源管理中的运用与优化策略[J].全国流通经济，2023(13)：109.

[20] 刘春艳 . 人力资源规划制订原则 [J]. 中国高新区，2017(12)：180.

[21] 刘刚 . 企业人力资源管理创新问题分析 [J]. 中国商论，2021 (21)：140-142.

[22] 刘菁 . 企业战略和人力资源战略的协调发展分析 [J]. 企业改革与管理，2017(2)：73.

[23] 刘伟 . 探究企业战略和人力资源战略的协调发展 [J]. 时代金融，2017(11)：147.

[24] 刘雪 . 企业人力资源规划的常见问题及对策分析 [J]. 商业文化，2022(5)：78-80.

[25] 马继强，潘英飞，朱同彤，等 . 中小企业人力资源管理中的招聘问题研究 [J]. 中国商论，2022(12)：143-145.

[26] 梅林 . 企业人力资源规划浅析 [J]. 现代营销 (下旬刊)，2015 (2)：62-63.

[27] 裴敏雅 . 如何有效开展人力资源规划 [J]. 人力资源，2022 (20)：152-154.

[28] 谯涵丹 . 论人力资源规划的重要性 [J]. 科学咨询 (科技 · 管理)，2015(7)：21-22.

[29] 戎翊民 . 人力资源管理的战略作用 [J]. 现代国企研究，2015 (22)：85-86.

[30] 桑颖 . 人力资源管理中的员工招聘与培训分析 [J]. 营销界，2022 (24)：111.

[31] 苏焕 . 人力资源在人才招聘中的策略 [J]. 中国商论，2022(9)：121-123.

[32] 苏玉婷 . 互联网 + 人力资源管理新思路 [J]. 企业管理，2021 (7)：93-95.

[33] 孙显嶽 . 人力资源战略规划的制订与执行 [J]. 人力资源管理，2013 (10)：87-90.

[34] 谭翔 . 企业人力资源规划的特点及问题研究 [J]. 北方经贸，2016 (6)：160-161.

[35] 王健菊，陈维敏 . 大数据背景下企业人力资源招聘探析 [J]. 中国商论，2017(36)：186-187.

[36] 武彤．大数据时代下企业人力资源招聘体系的构建——基于胜任力模型视角 [J]. 中国商论，2018(24)：9-11.

[37] 薛志娟．事业单位人力资源管理环境分析及对策探究 [J]. 劳动保障世界，2020(8)：1.

[38] 杨剑锋，于洪基．基于文化价值观的国际人力资源招聘研究 [J]. 企业活力，2012(5)：55-59.

[39] 于俊宇．基于大数据的人力资源招聘优化 [J]. 中国商论，2018(35)：183-184.

[40] 张萍．刍议 BSC 在高职院校绩效评价指标体系构建中的应用 [J]. 商讯，2023(12)：163.

[41] 赵爽，朱方伟，苏永孟．人力资源招聘中的逆向选择问题研究 [J]. 现代管理科学，2017(10)：30-32.

[42] 郑玉恩．企业绩效考核的管理与创新研究 [J]. 全国流通经济，2023(13)：137.

[43] 周伟韬．现代企业人力资源招聘策略 [J]. 中国商贸，2011(32)：74-75.

[44] 左南．基于胜任特征模型的人力资源招聘体系及其应用 [J]. 商业时代，2011(14)：91-92.